W0334311

L'Assassinat programmé des Templiers

Du même auteur :

L'Ordre noir des templiers, Éditions Traditionnelles, 1996
Les Templiers du 3e cercle, Éditions Dervy, 1999
L'assassinat programmé des Templiers, La Table d'Émeraude, 2000
La Fraternité de la Rose, Éditions Dervy, 2001
Genèse de l'univers et intuition maçonnique, Éditions Dervy, 2002
Les Grands maîtres de l'Ordre du Temple, Éditions Dervy, 2004

© Éditions La Table d'Émeraude, 2000
© Éditions Dervy, 2006, 2011
19, rue Saint-Séverin - 75005 - Paris
ISBN : 978-2-84454-690-6

contact@dervy.fr

Jacques Rolland

L'Assassinat programmé des Templiers

Éditions Dervy

Ce livre est particulièrement dédié aux Frères Chevaliers du Temple, qui moururent glorieusement à Saint-Jean-d'Acre en 1291, l'épée à la main, un étrange sourire aux lèvres, et qui allèrent aux combats – selon Ibn Battuta – comme « s'ils montaient au Paradis »...

REMERCIEMENTS

Mes remerciements s'adressent bien évidemment aux Archives Secrètes du Vatican, qui m'ont permis d'accéder à des sources totalement inédites sur l'affaire des Templiers, à la Bibliothèque Vaticane, pour certains ouvrages parus en langue étrangère sur le sujet et particulièrement – bien que très tardivement, je m'en rends compte – aux très nombreux historiens arabes du XIIème et du XIIIème siècle, dont les renseignements très précieux ont éclairé d'un jour totalement nouveau la présence des Templiers en Terre Sainte.

Enfin et surtout à ma collaboratrice, Marie-France Hénique, qui a appris à déchiffrer le latin médiéval en décryptant mon écriture souvent illisible et qui inlassablement a procédé aux inévitables et nécessaires rectifications et corrections, pour rendre cet ouvrage dans la présentation qui est la sienne aujourd'hui.

Je n'oublierai pas Marc-Antoine Gautier de l'École des Chartes, qui a procédé à la traduction de l'ensemble des documents latins incorporés dans cet ouvrage.

INTRODUCTION

La disparition de l'Ordre du Temple demeure l'une des énigmes les plus irritantes de l'Histoire, car faire de Philippe Le Bel le seul artisan de sa destruction, est un raccourci fort sommaire, alors qu'il faut remonter vers 1250 pour en chercher les causes.

La consultation des Archives Secrètes du Vatican, l'étude d'un certain nombre d'ouvrages édités par la Bibliothèque Vaticane, ou figurant à la Bibliothèque Nationale, constituent la base même de cette thèse, à savoir l'assassinat prémédité, programmé, des Templiers.

De ce fait, le titre de ce livre n'est pas du tout provocateur : il énonce une thèse et entend la démontrer. Dès lors, la lecture de l'histoire des Templiers s'effectue d'une manière diamétralement opposée à celle relevant des récits précédemment publiés sur le sujet.

Incontestablement, les Templiers ont, dès 1250, date de la défaite de Saint Louis à La Mansourah, fait l'objet d'une attaque en règle, savamment orchestrée, mûrie longuement et qui vit son couronnement dans la défaite de Saint-Jean-d'Acre, comme pour bien marquer la disparition « physique », de l'Ordre.

Dans le cadre de cette thèse, les origines indubitablement orientales de l'Ordre et les 686 articles de la Règle, qui concernent pratiquement tous la vie conventuelle et non la vie guerrière, prouvent à l'évidence que leur comportement était réellement inspiré de la chevalerie spirituelle orientale, d'une part, et que leur attitude a toujours été dictée par leur stricte obéissance à la règle de Saint Benoît, d'autre part.

Les deux faits sont étroitement liés car leur existence s'est déroulée principalement en Orient. Les occidentaux n'en ont donc eu qu'une vision sommaire et délibérément négative à partir de 1250, ne serait-ce que les accusations répétées de collusion avec les musulmans. Et, parce que ces hommes d'une haute religiosité combattaient au nom de Dieu, ils se trouvaient ainsi totalement incapables de renier le Christ. Le sultan, Baïbar, ne fit-il pas décapiter ses prisonniers Templiers pour ce même motif ? Et, il n'était pas Philippe IV.

La « richesse » du Temple fera enfin l'étude d'un chapitre particulier car elle a fait couler beaucoup d'encre. Pourtant, elle s'explique parfaitement et les innombrables exemples cités, en référence, démontrent ce qu'il fallait véritablement entendre par là, tout en soulignant la suprême habileté financière de certains Templiers, devenus ministres des finances des puissants de l'époque.

Cet ouvrage emmène donc le lecteur au cœur de l'assassinat programmé de l'Ordre du Temple. Tout se met progressivement en place. Le décor est planté. Mais il reste, malgré tout, une dernière interrogation : les Templiers n'ont-ils vraiment rien vu venir ?

CHAPITRE I

LE TEMPLE DE SALOMON

La construction du Temple de Salomon se fit en pierres de carrière : on n'entendit ni marteaux, ni pics, ni aucun outil de fer dans le temple pendant sa construction [1].

LES PAUVRES CHEVALIERS DU CHRIST ET DU TEMPLE DE SALOMON

Le problème de la naissance de l'Ordre des Templiers est d'une rare complexité, car il repose sur des prémices apparemment contradictoires.

L'exacte dénomination les recouvrant est celle de « Pauvres Chevaliers du Christ et du Temple de Salomon », ce qui accréditera et avalisera le passage à Templiers. D'autre part, Bernard de Clairvaux, qui, non seulement aura participé à l'élaboration de leur Règle mais fera également l'éloge de cette nouvelle milice, les qualifiera de moines-soldats.

Il convient de rappeler également que Saint Bernard prononcera près de quatre vingt six sermons sur le Cantique des Cantiques, considéré comme l'œuvre maîtresse attribuée – selon la Bible – au roi Salomon [2].

1. *Livre des Rois* – VI.7
2. *Le Cantique des Cantique*s célèbre les noces mystiques de l'Éternel et de son peuple..

A partir de 1074, en Europe chrétienne, au terme de « peregrini » – ou pèlerins – s'est substitué graduellement l'appellation de « Gens Christi » puis de « Milites Christi ». Au départ donc, les Templiers sont d'abord des chevaliers du Christ et lorsque l'Ordre sera dissout, les Templiers, réfugiés ou séjournant dans la péninsule ibérique, intégreront le tout nouvel ordre des chevaliers du Christ, arborant d'ailleurs la croix pattée [3].

Pourquoi les autres ordres – antérieurs ou postérieurs – aux Templiers, se sont-ils appelés : ordre de Saint-Jean-de-Jérusalem, du Saint-Sépulcre, de Saint-Lazare, de Sainte-Marie-des-Teutons... et, pourquoi seul, celui des Templiers a-t-il été nommé : « du Temple de Salomon » ? Simplement parce qu'ils y furent logés ?

Pourquoi a-t-on retenu seulement le dernier terme, c'est-à-dire « du Temple de Salomon », pour en faire « des Templiers » ?

Il a été écrit parfois que l'exacte et primitive désignation recouvrait à la fois l'Ancien et le Nouveau Testament, par la conjonction du Christ et de Salomon. On a également voulu reconnaître par là le site où ils ont été initialement logés.

HISTOIRE DU TEMPLE DE SALOMON

Le Temple de Salomon [4]... A-t-il existé ? Bien sûr, la Bible en parle.

3. Ce qui justifiera pleinement l'idée d'une « reconversion » de l'Ordre à l'issue de sa dissolution officielle par le Concile de Vienne. Personne à l'époque ne semblera s'élever sur la dénomination quasiment voisine de ce nouvel ordre de chevalerie qui devait tant s'illustrer auprès des rois du Portugal.

4. Salomon fut le second fils de Bethsabee et le dixième fils du roi David. Il est considéré comme le troisième roi d'Israël (Samuel – V.14). Il vécut probablement au cours du IXème ou Xème siècle avant notre ère et régna conjointement avec son père. Son règne fut apparemment un des plus longs de l'histoire d'Israël – à peu près 40 années. Salomon – en hébreu She-Le-Moh – signifie Le Pacifique.

Les détails sur sa construction sont innombrables [5]. Tout semble attester de sa présence, mais il n'en reste rien. Et aucun autre document n'en fera jamais état.

Chronologiquement, le premier temple fut construit par Salomon, pendant la quatrième année de son règne, en 960 avant Jésus Christ. Il sera détruit par Nabuchodonosor en 687. Zorobabel, de retour de captivité à Babylone, le reconstruira sur le même emplacement. Puis, de nouveaux envahisseurs n'en laisseront aucune pierre, jusqu'à sa troisième réédification par Hérode, à l'époque romaine.

Le Temple dit d'Hérode, construit sur les ruines du second temple de Salomon, sera détruit par Titus en 70 après Jésus Christ. Son architecture, très souvent décrite, se compose d'un vestibule – ou ulam – d'une salle consacrée à la liturgie – ou Hekhal – et enfin du Saint des Saints – ou Debir. La construction, sans l'utilisation d'outils classiques de travail est, soit à rapprocher de l'intervention des djinns, ou peut-être d'une explication fournie par le Talmud, relative à la présence d'un ver – le shamir – dont la propriété – fort singulière au demeurant – serait de découper ou fendre les pierres [6].

De destruction en reconstruction, il est très difficile de répertorier exactement la configuration de ce temple, son emplacement exact, mais, les trois religions monothéistes y feront allusion ou référence. Salomon se trouve mentionné deux cent cinquante fois dans la Bible et figure également dans plusieurs sourates du Coran.

Pour les Juifs, Abraham était prêt à sacrifier son fils Isaac au Seigneur, à cet endroit et c'est également en ce lieu que David eut une discussion sévère avec un ange exterminateur, venu pour se venger d'Israël. En revanche, d'après les hadiths

5. Les dimensions – selon La Bible – sont de soixante coudées de longueur et vingt coudées de largeur et de trente coudées de hauteur, soit 33 x 11 x 16.5 mètres. La coudée équivalant à 55 cm.

6. Talmud – Traité Aboth 5-9.

du Coran, c'est aussi à partir de ce rocher que le Prophète eut la Mi-Raj, c'est-à-dire la vision de son ascension dans le ciel.

D'un autre côté, le roi Salomon, même pour les musulmans, a toujours été considéré comme un personnage sacré, un magicien surtout. Toute sa vie, il fut aidé, selon la légende, par les Djinns. Et le thème de sa rencontre avec la reine de Saba est à peu près repris par toutes les traditions, le Livre des Rois comme le Coran.

Mais, là s'arrêtent et la légende et l'histoire.

Après 70 par contre, se reconstruisit sur son emplacement, quelques dizaines d'années plus tard, une église chrétienne dite Sainte-Marie. Puis, avec l'irruption de l'Islam en Orient, les Arabes s'emparèrent de Jérusalem et détruisirent cette église, pour bâtir la mosquée d'El Aqsa en 632. Enfin, lors de la prise de Jérusalem par Saladin en 1188, celui-ci ordonna le démantèlement des bâtiments élevés par les Croisés et les Templiers occupant cette partie d'esplanade, afin de ne garder que la mosquée, puisque la mosquée d'Omar, dite du rocher, avait été laissée intacte par les Croisés.

Les Templiers obtinrent d'être logés dans les « écuries » du temple. Le terme sera tardif. Nul ne sait vraiment où seront logés les Templiers. Les « écuries » désignèrent seulement l'endroit où les Croisés eux-mêmes logèrent leurs chevaux. Par contre, il existe vraiment à Meggido, au nord de Jérusalem, les ruines de casernes ou de temples dont les écuries éventuelles de Salomon. Une fois dissipée la confusion, il n'en reste pas moins que les Templiers furent logés non loin du rocher d'Omar.

Les fouilles étant totalement interdites, le temple dit de Salomon reste une hypothèse archéologique. L'énigme demeure de la présence, pendant une période aussi longue, des futurs Templiers dans une partie de ce monument. Assurément, ils y furent logés. Mais qu'y firent-ils vraiment ? Aucun historien n'a jamais pu avancer une raison précise, en dehors des lieux communs, connus du grand public [7].

Il est intéressant de noter une phrase singulière de la Règle templière, car elle peut permettre de mieux comprendre la curieuse appellation de Chevaliers du Christ et du Temple de Salomon. L'article 34 dit notamment

« pour tous les chevaliers séculiers qui désirent servir à terme avec Jésus Christ et avec la maison du Temple de Salomon... »

Il n'a peut-être pas été porté assez d'attention à ce morceau de phrase, car pourquoi revenir sur le Temple de Salomon : Jésus Christ n'aurait-il pas suffi ? On peut également s'interroger sur la mention « Maison du Temple de Salomon » : le Temple de Salomon ne constitue-t-il pas déjà une demeure, certes spirituelle, tout autant qu'un lieu de séjour biblique ? Existerait-il donc une intention, ou une volonté, de relier le tout nouvel ordre soit à l'Ancien Testament comme aux trois religions monothéistes ? La question demeurera posée.

Cependant, la Bible utilise pour le désigner deux termes sensiblement différents : Hekhal, qui signifie Temple ou enceinte sacrée [8] et Bayith, qui veut dire maison [9]. Il semblerait donc qu'il y eut une distinction entre maison et temple.

Par ailleurs, dans les pénalités que nous serons amenés à examiner, il est très souvent mentionné que le coupable sera « chassé de la maison ». Est-ce seulement une allusion à la

7. Découverte de l'Arche d'Alliance, des Tables de la Loi, des évangiles « véridiques » de Jésus-Christ. Tout semble avoir été évoqué pour justifier de leurs prétendues découvertes sur laquelle nous refusons de nous prononcer.

8. Confère Samuel 1.9

9. Confère *Livre des Rois* XI.10

maison chevêtaine – qui est le palais principal, la capitale de l'Ordre – ou une allusion claire à la référence de l'article précité ?

Enfin, toujours selon la Bible, Salomon, au soir de sa vie, s'étant détourné de l'Éternel pour adorer les dieux de ses épouses, fut abandonné par l'Éternel et après sa mort, des ennemis envahirent son royaume et détruisirent le Temple. N'existe-t-il pas aussi dans la fin de Salomon [10] et celle des Templiers une correspondance secrète ?

DESCRIPTION DU TEMPLE DE SALOMON

Le descriptif du temple de Salomon (document n° 1), présenté en fin de chapitre a été établi selon l'étude de l'historien arabe, Ibn Battuta.

Sur le plan établi au XIIème siècle – avant la prise de la ville par Saladin – on identifie l'église, construite sur la précédente mosquée, qui elle même avait remplacé la basilique, édifiée au premier siècle de notre ère.

Le Temple dit de Salomon devait donc se situer en dessous et l'angle gauche – en bas – devait, en principe, abriter les fameuses écuries de Salomon, occupées initialement par les Templiers.

Après 1130, ceux-ci créèrent leur maison chevêtaine, à partir du monument construit sur l'esplanade. Ce sont ces mêmes bâtiments, et l'église, qui furent démantelés en 1188, lors de la prise de Jérusalem par les Ayyoubites, pour ne laisser que la mosquée dite El Aqsa.

Les deux mosquées sont orientées vers le sud, qui est donc à gauche du plan.

La situation des « écuries », au dessus de la petite vallée de Josephat, a pu faire croire à l'existence de souterrains, en rai-

10. *Livre des Rois* – X.4.5.

son de la dénivellation du terrain mais il ne semble pas que les fouilles, qui ont pu être entreprises avant le XIXème siècle, aient pu démontrer valablement leur existence.

L'esplanade, qui est un vaste plateau dominant la vallée de Josephat, se nomme Haram-Al-Sharif.

Al Masdjid Al Aqsa signifie en arabe : « la mosquée la plus éloignée » et veut dire la plus éloignée de Médine, d'où est parti le Prophète et son élévation au ciel – ou ascension, en terme de vision – s'est effectuée à partir de Qubbat-Al-Sakhra, devenue Mosquée d'Omar en hommage au deuxième successeur du Prophète. Elle a pris de nos jours l'appellation « Dôme du Rocher » en raison de l'énorme rocher – haut de deux mètres – dressé en son intérieur.

Il a été situé sur le plan les différentes couches, ou strates, permettant de reconstituer l'évolution possible des constructions successives, se superposant les unes au-dessus des autres.

LA RÉFÉRENCE ORIENTALE

Bernard de Clairvaux a-t-il lu le Coran ou sa traduction ? La réponse est affirmative puisque dans sa 17ème épître à Bernard de Clairvaux, Pierre le Vénérable écrit : « qu'il lui fait l'envoi d'une nouvelle traduction du Coran, de l'arabe en latin, exécutée par Pierre de Tolède ».

L'appellation, « Les Pauvres Chevaliers du Christ et de la Maison du Temple de Salomon », est donc d'une rare précision et semble avoir été conçue avec un soin attentif des termes.

Nous avons examiné le cas des autres ordres chevaleresques, s'inspirant d'un saint. Là, il s'agit de tout autre chose. Indépendamment du référentiel biblique, l'évocation non seulement de l'Orient est édifiante mais, surtout le fait que Salomon est, pour les trois religions monothéistes, un grand et illustre personnage – roi, prophète et mage – alliant le spirituel et le temporel [11].

Sans vouloir chercher dans le Temple, dit de Salomon, ce qui ne s'y trouve pas, il faut simplement relever le symbolisme du nom et l'ancrage de l'Ordre en Orient.

Le Temple de Salomon est passé dans la mémoire collective des peuples comme un complexe psychique, bien avant d'être un édifice de pierres. Il est dès lors porteur de toutes les légendes. Il peut donc exister dans le terme « Templiers » une irrésistible évocation de ce roi devenu un mythe universel.

L'imprégnation orientale de cet ordre de moines-soldats est évidente, même s'il existe nécessairement des adaptations au monde occidental, notamment au niveau de la guerre sainte qui est d'abord et surtout une lutte contre soi-même, ce qui constituait la base même de la révolution cistercienne à l'encontre de Cluny, jugé trop mondain, trop riche, trop fardé.

Une lente maturation s'est faite jour tout au long du XIème siècle pour aboutir, au début du XIIème, à l'émergence de cet ordre monastico-chevaleresque, où les commandements spirituels étaient beaucoup plus importants que les instructions strictement militaires, comme la Règle templière le montre à l'évidence.

11. Sans nécessairement y voir un syncrétisme religieux.

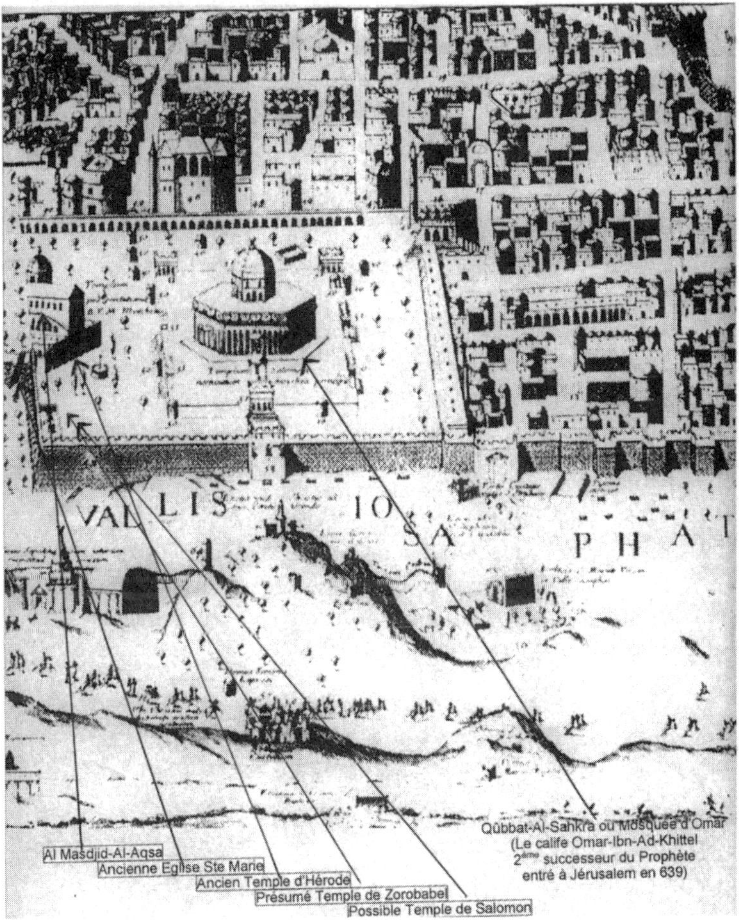

Document n° 1

TEMPLE DE SALOMON

Plan Général de Haram-Al-sharif ou Esplanade, reconstitué d'après la description d'Ibn Battuta

CHAPITRE II

LES ORIGINES ORIENTALES DU TEMPLE

Dès qu'un historien des religions tente d'établir des comparaisons entre les diverses religions monothéistes, et singulièrement à l'époque médiévale, il ne peut manquer d'être surpris par les similitudes, non à l'égard des textes retenus mais au niveau des comportements.

Existe-t-il véritablement une distinction fondamentale entre le djihad, la guerre sainte prêchée par les musulmans mais d'abord menée contre ses ennemis intérieurs pour rencontrer le Paradis d'Allah, et la Jérusalem céleste recherchée par Bernard de Clairvaux ? N'observe-t-on pas un parallélisme étonnant entre les guerriers d'Allah et les moines-soldats de ce même Bernard de Clairvaux ? Entre les Cavaliers de la Foi musulmans et la fameuse milice chrétienne ?

L'apparition d'une Chevalerie Spirituelle dans les deux courants – musulman et chrétien – se joua sur une dizaine d'années tout au plus. Un simple problème de communication qui doit être relativisé par le fait que futurs Croisés et Sarrasins se côtoyaient soit sur le champ de bataille ibérique ou lors de pèlerinages en Terre Sainte.

Il existe à l'évidence une correspondance frappante entre les deux chevaleries spirituelles, que nous allons nous efforcer d'analyser dans la perspective d'une conclusion étonnante : l'Ordre du Temple a bel et bien trouvé ses racines en Orient et non en Occident.

Car alors, tout s'explique : la vie et la mort du Temple. Coupé, non seulement de ses racines mais surtout de sa raison d'être, il disparaît. L'Occident n'est que le réservoir d'hommes, la source de recrutement, la possibilité de financement des campagnes et l'entretien de l'obédience. Le Visiteur général ne porte-t-il pas d'ailleurs le titre de Visiteur cismarin ou d'outre-mer, l'outre-mer étant curieusement l'Occident et non comme on pourrait le croire, l'Orient ?

DES COUVENTS-FORTERESSES ET DES MOINES-SOLDATS, MAIS EN ORIENT

Dans la deuxième partie du XIème siècle, une lente maturation a permis de passer à la fois du pèlerinage pénitentiel à Jérusalem à l'idée de croisade, pour reconquérir cette cité sainte, et de la reconquête de terres et de populations chrétiennes à l'organisation d'une armée de combattants de la foi, préfiguratrice d'une armée permanente, pour que cette reconquête ne soit plus ponctuelle. Il fallait pour cela souder ces nouveaux guerriers, non par l'attrait de l'argent, de viols, de pillages, mais par l'exaltation d'un idéal sublimé.

Les luttes pour la reconquête de l'Espagne musulmane, coupées de très nombreuses trêves, permirent aux Espagnols et aux Portugais, d'examiner le cas de ces rabitas musulmanes, couvents-forteresses aux marches du royaume, d'où partaient de fanatiques « cavaliers d'Allah » [1] pour se battre contre les Francs : des moines et des soldats zélés, pieux, s'abîmant dans d'interminables prières mais redoutables guerriers à l'occasion.

1. Les termes sont mis entre guillemets car il s'agit de la terminologie musulmane.

De la même manière, les Fatimides d'Égypte [2], pour faire triompher le shiisme [3] visionnaire et révolutionnaire sur le sunnisme [4] traditionnel et conservateur, créèrent au Caire une université, où étaient tout aussi bien enseignés le droit canon islamique que l'apprentissage de la guerre. Ce furent les « missionnaires de la foi », prompts à réveiller le courage des soldats mais guerriers eux-mêmes, promettant le paradis d'Allah à ceux qui acceptaient de combattre pour la vraie foi.

A l'extrême nord de l'Orient, en Irak et en Perse, se développa parallèlement une chevalerie spirituelle, mettant aux prises le « Malin » avec les partisans du « Bien », mise en scène par le poète et métaphysicien persan, Sohravardi [5]. Elle parlait déjà, et bien avant Chrétien de Troyes et Wolfram von Eschenbach, d'un Graâl à aller chercher très loin au terme d'une interminable quête.

Enfin, à Alamut, le « refuge de l'aigle », à très haute altitude dans l'Elbrouz, près de la mer Caspienne, la secte ismaélienne du Vieux de La Montagne se créa pour combattre les propres infidèles de la foi musulmane, accusés de tiédeur, de lâcheté spirituelle. Selon lui, la foi était un problème de contact personnel avec la divinité. Ces nouveaux combattants furent nommés « Les Assassins du Vieux de La Montagne » et représentèrent pendant plus d'un siècle une redoutable armée disposant de puissantes forteresses. Ils furent également, à l'occasion, les alliés des Croisés.

Il s'agissait donc bien là d'un très vaste et très large mouvement d'une spiritualité guerrière, où la quête individuelle et

2. Les Fatimides tirent leur nom de Fatima, la fille du Prophète.

3. Shiisme : mot dérivé de l'arabe *shi-a* ou foi visionnaire et mystique s'attachant plus à l'ésotérisme du Coran.

4. Sunnisme : mot dérivé de l'arabe *sunna* ou tradition, se préoccupe plus du respect intégral de la loi coranique.

5. Shihâboddin Haya Sohravardi (1159-1191) fut décapité à Alep par Saladin pour avoir voulu ressusciter la théosophie de l'ancien Iran zoroastrien, pré-islamique.

chevaleresque devait céder le pas à une armée de métier, pour que cette quête précisément aboutisse. L'idée de couvents-forteresses fit son chemin, ainsi que celle de moines-soldats, tout aussi habiles au maniement des armes qu'à la lecture de textes sacrés, et prit lentement corps dans la mentalité occidentale.

LA CROISADE DE 1095 ET LES PREMIÈRES CONQUÊTES TERRITORIALES

La croisade prêchée en 1095, lors du concile de Clermont, obéissait, elle, à une autre raison : l'expansion démographique, jointe à la trêve de Dieu – interdisant de se battre entre le jeudi et le dimanche –, laissait sans emploi du temps les cadets de famille. Se battre contre les infidèles, qui avaient « repris » Jérusalem, était un bon expédient pour occuper cette jeunesse turbulente. Mais, à aucun moment, semble-t-il, l'établissement d'un état latin ou d'une colonie n'a été sérieusement envisagé. Par contre, placer cette croisade sous l'autorité spirituelle et réelle du légat du pape démontre à l'évidence que les papes entendaient bien contrôler la vie temporelle et religieuse de l'époque.

Or, la croisade ne se passa pas comme prévu.

D'abord, elle mit quatre ans pour arriver à Jérusalem, s'attarda en chemin et surtout s'en prit aux riches états du nord du Proche Orient [6]. Les chefs croisés s'aperçurent qu'on pouvait non seulement les conquérir mais s'y établir et se tailler sinon des royaumes du moins d'importants fiefs.

Rapidement, on se trouva en présence non d'une colonie mais de plusieurs provinces séparées géographiquement. Même

6. L'Arménie, la Cilicie, la Province d'Antioche, les territoires autour d'Edesse, dont la plupart étaient d'anciennes positions byzantines, peuplées d'ailleurs de chrétiens orientaux, ce qui ne peut que renforcer le paradoxe de la situation.

si certains Croisés repartaient, leur vœu accompli, la plupart restaient. Désormais, quatre secteurs géographiques se trouvaient aux mains des Croisés : le Comté d'Edesse au Nord Est après l'Euphrate, la principauté d'Antioche, le Comté de Tripoli et enfin le « Royaume Latin de Jérusalem » avec pour premier souverain, Godefroi de Bouillon, qui prit le titre « d'avoué » car, au nom du Christ, il choisit ce titre de préférence à celui de roi.

Les légats des Papes sentirent que non seulement la croisade risquait de leur échapper mais, également leur autorité non spirituelle mais temporelle. Il faut se souvenir que les commerçants amalfitains, pour augmenter leurs revenus étrangers, avaient établi, dès 1060 à Jérusalem, un hospitalet avec des bâtiments d'accueil pour les pèlerins, prémices de l'Ordre de Saint-Jean-de-Jérusalem, dont les frères prononçaient déjà les trois vœux monastiques.

L'idée dut germer, ces derniers étant soumis à la juridiction pontificale, d'en avoir un plus militaire qu'hospitalier, mais qui, sous couvert de protection encore une fois des pèlerins, pouvait servir les vues de Rome.

Il est intéressant d'envisager cette hypothèse car elle peut expliquer pourquoi le Pape en 1128, date du retour probable d'Hugues de Payen en Europe, accueillit aussi favorablement un « pauvre chevalier », à la tête seulement de six autres, revenus en Occident avec lui. Hugues de Payen relevait du patriarche de Jérusalem, lui-même soumis au Légat du Pape que nous retrouverons agissant avec la plus extrême attention et bienveillance à leur égard. Il paraît normal que les neuf premiers chevaliers de 1118 aient pu voir leur nombre grossir en dix ans, embryon d'un petit contingent armé mais aussi religieux, et aux seuls ordres du légat du Pape.

Entre 1099 et 1125, les états latins du Levant prirent de l'importance. Les musulmans n'ont pas réagi vigoureusement à l'arrivée des chrétiens ou à leur installation, même si les chrétiens orientaux, allégrement massacrés dans le quartier arménien de Jérusalem, leur en voulaient de ce comportement sanguinaire.

Par ailleurs, les chefs très charismatiques de cette croisade, issus de familles importantes d'Occident, établirent ou voulaient établir directement leur suprématie administrative et militaire en Orient, en élisant un des leurs, roi de Jérusalem : Baudouin Ier n'était-il pas le cousin de Godefroi de Bouillon ? Or, si en Europe les Papes étaient parvenus, du moins pour un certain temps, à établir leur autorité temporelle, territoriale et religieuse, il ne semble pas qu'il en allait de même en Orient.

Il y a donc eu nécessairement convergence d'idées entre cette chevalerie champenoise, bourguignonne et languedocienne – l'origine des neuf premiers chevaliers [7] – ayant plus ou moins combattu tant en Espagne reconquise qu'en Orient, et les vues de Rome. Il semble avéré qu'Hugues de Payen soit venu en rendre compte au Pape, parce que son « Ordre » devenait déjà numériquement important, ou proposer la création d'un « Ordre » sensiblement différent de celui de Saint-Jean-de-Jérusalem, qui n'était pour le moment qu'hospitalier.

Ce serait donc par réaction contre ces vassaux d'Orient turbulents que les Papes auraient suggéré, proposé, ou accepté l'idée de la naissance d'un ordre de moines-soldats, car la réunion d'un concile – celui de Troyes en 1128 – qui était quand même au Moyen Âge le fruit d'une longue préparation – ne serait-ce qu'au plan de la communication, de l'information – a obéi à cette raison. D'ailleurs, l'absence de toute autre discussion – sauf document contradictoire – explique parfaitement cette convocation car il ne faut pas oublier que le

7. En revenant ultérieurement sur les origines indiscutablement « françaises « de l'Ordre, il pourra être expliqué la raison de l'émergence d'autres ordres de chevalerie étrangère, dont celui des Teutoniques, typiquement « germanique ».

fameux concile de Clermont, qui décida de la première croisade, fit l'objet de nombreuses discussions de liturgie, de vie monastique, de droit canon pour ne parler du prêche d'une croisade qu'à la toute dernière minute.

Or, tout au contraire, le concile de Troyes n'eut pour objet que la création de cet ordre chevaleresque mi-militaire, mi-religieux.

L'APPARITION D'UNE ARMÉE DE MÉTIER : L'ORDRE DES TEMPLIERS

Chronologiquement, l'ordre des Hospitaliers, composé de laïcs liés par des vœux, obéissant à une règle, et dont la vocation première était de soigner les malades, précéda celui des Templiers. Il semble bien que cette tâche – incombant à des civils et non à des militaires – apparut au début du XIIème siècle, à une époque où les pèlerinages pénitentiels reprirent un cours normal.

Nous ne possédons pas de documents attestant de la date exacte de la transformation de cet ordre religieux en un ordre militaire, mais il le devint de manière effective dès que la royauté « élective » de Jérusalem parut avoir besoin d'un solide soutien armé.

Le problème de la première croisade, et des mouvements croisés tout au long du XIIème siècle, réside dans le fait que l'on partait combattre les infidèles pour un temps limité. Sitôt arrivés en Terre Sainte, les Croisés européens se rendaient à Jérusalem, toujours au titre du pèlerinage pénitentiel, s'en prenaient aux musulmans vivant aux marches du fragile royaume, puis repartaient éventuellement.

Les états francs d'Orient manquèrent de ce fait dès le début d'une solide assise militaire. C'est bien pourquoi, ils furent obligés de se limiter à des villes côtières, à une étroite bande sur le littoral et à un territoire assez marqué entourant

Jérusalem, à l'exception toutefois du grand comté d'Edesse.

L'apparition d'une « armée de métier » date de cette époque. Il ne s'agit plus de chevaliers venus rejoindre l'ost de leurs princes, le temps d'une campagne, mais de chevaliers liés par « contrat », moral ou non. Dès lors, la transformation d'un ordre d'inspiration hospitalière en un ordre chevaleresque fut rendu possible par la nécessité impérieuse de protéger les pèlerins, s'enhardissant au-delà des défilés où les infidèles leur tendaient impitoyablement des embuscades.

Rapidement, l'Ordre des Templiers supplanta l'ordre des hospitaliers, d'abord au plan de cette vocation militaire, puis il devint très vite un ordre supranational.

Désormais, les rois de Jérusalem eurent à leur disposition un embryon d'armée de métier, mobilisable instantanément ou pouvant demeurer, même avec une maigre garnison, dans des citadelles réputées imprenables pour défendre le royaume sur ses frontières imprécises.

L'INFLUENCE INCONTESTABLE DE L'ISLAM SUR LA CRÉATION DE L'ORDRE

Nous allons examiner le contexte politico-religieux de l'Islam, pour tenter d'y déchiffrer les ressorts ayant fait agir les musulmans et ceux qui précisément auraient pu influencer la création d'un ordre de moines-soldats en Occident. L'étude portera donc sur :

- Les missionnaires shiites de la foi, en Égypte fatimide ;
- Les cavaliers d'« Allah », en Espagne musulmane ;
- La chevalerie spirituelle de Kay Khosran en Perse ;
- Les Assassins du Vieux de La Montagne, au nord de la Syrie.

Les Missionnaires Shiites de la Foi

A partir du Xème siècle, les irrésistibles invasions turques bouleversèrent l'échiquier moyen oriental. Il est inexact de dire que les califes de Damas et Bagdad succombèrent. Ils ne combattirent même pas. Par contre, ils réussirent ce singulier tour de force : convertir leurs envahisseurs à l'Islam et plus encore leur faire adopter la tendance orthodoxe, celle du sunnisme.

D'autre part, ce fut l'habileté des conquérants que de laisser en place l'organisation administrative et religieuse arabe, tout en substituant à l'administration militaire, leurs propres forces armées. La défaite des Byzantins à Manzikert ne venait-elle pas de renforcer leur puissance militaire ?

Désormais, la carte de l'Orient se dessinait de la façon suivante : au nord, l'empire turc sunnite – certes encore morcelé –, au sud, l'immense empire fatimide, qui sera puissant encore pendant un siècle, jusqu'à la défaite d'Acre en 1191.

Les deux royaumes ne cesseront de se combattre au nom de la foi religieuse, et, quelques fois, s'allieront contre les invasions franques. Mais, à aucun moment, les très nombreuses églises chrétiennes orientales ne furent inquiétées, d'autant que déjà la plus puissante d'entre elles, la nestorienne [8], voyait nombre de ses fidèles servir dans les rangs turcs.

8.Nestorianisme :
Doctrine prêchée par l'évêque Nestorius et condamnée par Rome, relative à la double nature, divine et humaine du Christ, à la non-reconnaissance de Marie comme « mère d'un Dieu » et au renoncement au culte des images.
Le nestorianisme, à partir de 500 après JC, se développe principalement en Asie, c'est-à-dire, en Haute Mésopotamie et jusqu'aux confins de la Chine. Les Khans mongols utilisèrent à maintes reprises les nestoriens comme ambassadeurs, gouverneurs des provinces, et épousèrent souvent des princesses nestoriennes.
Le nestorianisme devait disparaître sous la domination de l'empire ottoman et du développement de l'Islam.

Les « Dâ'î » furent ces missionnaires de la foi fatimide, plus guerriers que moines, non seulement zélés mais intransigeants, audacieux, convaincants [9].

Le long règne que connut le huitième calife, Al Mustansir, 1036-1094, vit l'apogée de l'empire fatimide du Caire régnant sur d'immenses territoires : Syrie, Égypte, Arabie, Yémen, Tunisie, Afrique du Nord, Sicile.

Son pouvoir fut renforcé par la venue du gouverneur militaire d'Acre, Badr-Al-Jamâli, qui prit la tête de l'armée, celle des combattants et celle des missionnaires.

A sa mort, son fils Al Asraf lui succéda. C'est lui qui devait prendre Jérusalem aux Turcs en 1094-1095 [10].

Or, il demeure impossible de ne pas considérer que l'essor foudroyant des Fatimides, au XIème siècle, dépendit de la race des combattants de la foi shiite, défendue, enseignée et répandue par la très importante mosquée-université de Al Azhar au Caire.

Et, de ce fait, la tentation est très forte d'assimiler les Fatimides du Caire, et notamment les « missionnaires de la Foi », aux moines-soldats.

Il faut donc, pour l'étude des Fatimides, remonter à 969, date de l'installation du calife tunisien Al Mu'izz au Caire, pour s'apercevoir que déjà des religieux accompagnaient les soldats au combat pour les encourager à mourir, afin de rejoindre le paradis d'Allah.

Les premiers étudiaient dans la reconnue université du Caire, la plus importante de l'Orient – à l'exception de celle de Damas –, le Coran, les hadiths [11], c'est-à-dire les prescriptions

9. *Les Assassins – Terrorisme et Politique de l'Islam Médiéval*, Bernard Lewis page 66.

10. *Les Assassins – Terrorisme et Politique de l'Islam Médiéval*, Bernard Lewis page 70.

11. Les Hadiths permettent de concilier les variantes entre les écoles juridiques et de compléter la jurisprudence et l'administration de la justice. Le recueil le plus important est le Sahih (l'authentique) de Boukhar.

annotées du Prophète et le ta'wil [12], c'est-à-dire le sens ésotérique du Coran, pour en pénétrer toute la signification réelle. S'ils combattaient, en effet, les infidèles, les missionnaires de la Foi s'attaquaient tout aussi bien aux propres rebelles dans leur foi, les accusant de passivité, de tiédeur, de relâchement.

Mais au combat, quoique la comparaison soit peut-être hasardeuse, ils se comportaient plus en « commissaires politiques » qu'en réels combattants, afin de ranimer la flamme de leurs soldats, punissant sans faillir toute défection. Dès lors, nous ne sommes pas loin des instructions de la Règle, sanctionnant très durement toute désertion lors d'un combat et n'accordant le droit de le quitter que lorsque tout tournait « à déconfiture ».

Les Cavaliers d'Allah

L'emprunt à un ordre mi-religieux mi-guerrier musulman peut être trouvé dans l'étude des Ahmoravides d'Espagne, au contact desquels se trouvèrent les premiers chevaliers bourguignons envoyés dans la guerre de reconquête. Les Ahmoravides, ou plus précisément les Al Mourabitoum, étaient une dynastie berbère, dénommés les « guerriers de la foi ».

Très rapidement, ils construisirent des couvents-forteresses à la limite extrême du royaume musulman.

Ces guerriers de la foi, venus selon les historiens du fleuve Sénégal, furent islamisés au VIIIème siècle, avant de se lancer dans une guerre de conquête du Maghreb et avant de s'attaquer dans le milieu du XIème siècle à l'Espagne, déjà aux mains d'autres musulmans.

Marrakech fut d'abord leur capitale mais en 1070, après la

12. Le sens du mot ta'wil est de reconduire chaque donnée extérieure à la région de l'être intérieur qui lui correspond.

prise de Tolède par les chrétiens, Ibn Tadjin franchit le détroit de Gibraltar et infligea à Alfonso VI de Castille, une sévère défaite près de Badajoz [13].

Le fondateur de cette dynastie, Ibn Tâshfîn, proclamait l'unicité de Dieu, qui correspond au terme arabe « Al Mouwahhidoum », qui semble également influencer fortement l'idée du lieu où l'on pouvait retrouver cette unicité.

Il est donc très difficile de préciser si le terme de rabita [14], qui désigne ces couvents-forteresses, vient de l'étymologie même de leur nom – « Al Mouwahhidoum » ou Al Mourabitoun – ou si c'est l'inverse. Toujours est-il que ces puissantes casernes-mosquées étaient des lieux où résidaient de fanatiques guerriers, combattant au nom d'Allah. Il est donc très vraisemblable d'envisager qu'une commanderie fortifiée – et c'est surtout le cas en Espagne et au Portugal – soit d'inspiration directe des rabitas.

Les hommes de la reconquête ibérique ne furent pas longs à s'apercevoir que ces nouveaux arrivants étaient de tous les guerriers les plus redoutables, s'appuyant sur ces forteresses religieuses fort nombreuses et constituant autant d'îlots de résistance farouche à ces tentatives de reprendre pied sur le sol qui leur avait appartenu au VIIème siècle.

Leur fanatisme dans leur nouvelle foi – ce qui est le propre de tous les prosélytes ou de tout nouveau converti à une foi ou doctrine religieuse – était d'accompagner d'une ardeur non moindre à la faire triompher par les armes, sur les « infidèles ». Il n'y avait donc qu'un pas de terminologie ou de sémantique à franchir pour passer du « miles christi » au « guerrier d'Allah ». La guerre pouvait être sainte, quel que soit le côté auquel on se trouvait. C'était à Dieu – mais lequel ? – à reconnaître les siens.

13 *L'Islam – Des origines au début de l'empire ottoman* – Claude Cahen page 359.
14 *Dictionnaire de Civilisation Musulmane* – Yves Thoraval.

Il est, par ailleurs, intéressant de noter que l'ordre militaire espagnol de Calatrava a été fondé dans cette ville, après sa conquête par les Templiers sur les musulmans, dans les années 1160 ; la cité s'appelait alors Qala-al-Ribbât.

La Chevalerie Spirituelle en Perse

Nous allons examiner, sinon l'emprunt, du moins la correspondance ayant pu exister au niveau de la contemporanéité entre l'Ordre du Temple et la chevalerie Khosranienne, telle que peut nous la présenter le poète Sohravardi, qui vécut au XIIème siècle.

Le récit concernant Kay Khosran est tiré des légendes de l'ancienne Perse [15], largement répandues en Orient depuis le Xème siècle, dont il a réussi une merveilleuse translation et interprétation.

Kay Khosran était l'un des huit souverains de la dynastie des Kayanides, précédant la venue du prophète Zoroastre.

Son père, le prince Siyâvâkhshi, fut assassiné par le touranien Afrâsyâb, l'éternel antagoniste de la chevalerie iranienne. Or, ce même prince Siyâvâkhshi construisit un étrange château fort nommé Kany-Dêz où, paraît-il, il se retira une fois mort.

Il est situé, ce château, dans une contrée inaccessible, au sommet d'une montagne, ou au cœur de cette même montagne. Et, dans cette citadelle, vivaient l'un des fils de Zoroastre, Khorshad, ainsi que d'autres compagnons chevaliers, qu'il conduira à la victoire finale contre les puissances Ahrimaniennes.

15 *En Islam Iranien* – Henri Corbin page 424.

Certaines similitudes peuvent être relevées entre l'enfance de Kay Khosran et celle de Parzifal [16] car c'est à l'intervention d'un songe, au courage de sa mère, à la rencontre de chevaliers iraniens lancés à la poursuite d'un irréalisable idéal, que Kay Khosran doit de survivre.

Comme Parzifal, il sera élevé par sa mère, au milieu des forêts. Muni d'une lance magique, il parcourra le monde étoilé à la poursuite du touranien Afrâsyâb, qui n'est autre que l'autre face d'une même entité, Ahriman ou les ténèbres.

Il finira par le rejoindre dans la citadelle souterraine, où il s'est réfugié et détruira et l'une et l'autre. Maintenant, il faut que le héros puisse revenir car la contrée où il se trouve est introuvable sur une carte géographique.

Mais, s'il retourne dans le monde des vivants, c'est aussitôt pour le quitter afin de rejoindre, définitivement, le lieu, insituable lui aussi en termes de données géographiques, où se trouve le château de Dany-Dêz.

Des compagnons chevaliers pourront l'accompagner, au nombre de huit [17], mais non le suivre, sauf ceux d'entre eux qui décideront de ne pas le perdre de vue et qui seront ensevelis dans une tempête de neige. Ils ne se réveilleront plus à ce monde.

Kay Khosran vit désormais dans ce château mystique, dont nul mortel n'approche et d'où il reviendra un jour [18, 19, 20].

Le personnage de Kay Khosran apparaît à plusieurs reprises dans l'œuvre de Sohravardi où précisément sa stature spirituelle se révèle, par l'existence en son armée d'une force « victoriale ».

16 Le héros du poète Wolfram Von Eschenbach.
17 A rapprocher éventuellement des huit chevaliers ayant accompagné Hugues de Payen.
18 *Face de Dieu, Face de l'Homme* – Henri Corbin page 206 à 208.
19 Pour Parzifal et la relation avec Kay Khosran, se reporter au même ouvrage page 169.
20 *En Islam Iranien*, Henri Corbin page 410.

Sohravardi a écrit d'innombrables récits visionnaires, où il parle notamment de la lumière « Espashod » – ancien terme iranien désignant à la fois la commanderie et la chevalerie – pour désigner les lumières spirituelles, seules capables de diriger le corps.

L'évocation allusive à une élite chevaleresque se découvre donc dans la transformation du héros spirituel. Occulté de ce monde, de combattant il va devenir théosophe, c'est-à-dire le sage de Dieu et va se retirer pour se consacrer à lui.

La chevalerie spirituelle, l'étrange association de moines et de soldats, vise une élite, universelle, et le monde qu'elle typifie est un monde parfait, où mourir pour Dieu est réellement une victoire.

La fraternité d'armes unit plus encore les compagnons chevaliers par la communauté de prière. Le service de Dieu passera donc de toute façon avant tout autre service, puis il arrivera à se confondre avec lui. C'est bien pourquoi, dans le commandement de la première Règle des Templiers, les articles relatifs à la vie militaire sont si peu nombreux.

L'incroyable succès des Templiers, dès leur officialisation, tint peut-être à cette coexistence d'un monde irréel et de ce monde bien réel. Il était désormais offert aux chevaliers d'Occident, à cette élite guerrière, un sens profond à leur existence. Combattre les infidèles pour la Jérusalem, à condition qu'elle soit céleste, revenait à s'échapper d'une terre connue, pour galoper au rythme de son cheval sur une terre d'Orient inconnue.

Sohravardi, un des plus grands visionnaires musulmans, mourra, décapité par le sultan Saladin, sous la pression des « oulemas » ou docteurs sunnites de la loi, au motif de ses thèses illuminationnistes, en 1191, ce qui ne peut que plonger dans des abîmes de perplexité les exégètes de Saladin, considéré jusqu'alors comme un défenseur de la foi, et un homme épris de chevalerie spirituelle. N'ira-t-on pas jusqu'à prétendre qu'il demandât à être fait chevalier [21] ?

Il faut bien percevoir que les récits chevaleresques, qui prévalurent en Occident, furent écrits pratiquement deux siècles après les épopées chevaleresques citées en référence et, depuis fort longtemps, transmises par la voie orale de la tradition dans tout le Proche-Orient. Les Croisés n'ont pu manquer d'en être informés et de le rapporter dans leur pays.

Les Assassins du « Vieux de la Montagne » [22]

Vers la fin du XIème siècle, après un certain nombre de tribulations et d'avatars, un Kurde servant chez les Fatimides d'Égypte s'inscrivit en faux contre la tendance shiite professée en Égypte, en l'accusant de tiédeur dans l'exercice de la foi coranique, tout en combattant énergiquement les sunnites de Syrie, incapables de dépasser le simple enseignement doctrinal.

A la tête d'un petit groupe de fidèles, il alla s'installer dans une citadelle imprenable située à Alamut, dans le massif de l'Elbrouz, au sud ouest de la Caspienne [23].

Le retour à la véritable foi du Prophète, le strict exercice de

21 La personnalité exacte de Saladin demeure ambiguë car il ne semble pas qu'il ait été – à l'image d'ailleurs de son contemporain, Richard Cœur de Lion – l'homme idéalisé par l'histoire ou la légende, ne serait-ce que pour cet exemple de terrorisme religieux, tout comme son attitude peu chevaleresque envers le Grand Maître, Eudes de Saint-Amand, lorsque celui-ci fut capturé : il le laissa périr au fond d'un cul de basse-fosse.
22 L'appellation " Le Vieux de La Montagne ", ou Cheikh-El-Djebel, devrait plutôt être remplacée par la traduction exacte du persan signifiant " Le Prêtre ou l'Initié de la Montagne ". Chez les soufis, le Cheikh est " l'aîné ", détenteur d'une autorité et maître de ce fait d'une confrérie à l'exemple des " Oulemas ".
23 Alamut signifie en persan : le nid de l'aigle.

la discipline de vie exigée par lui, l'anéantissement dans des visions mystiques, la destruction des infidèles – les sunnites – furent les mobiles de son action. Il promettait en outre le paradis d'Allah, à ceux qui allaient mourir pour le combat de la vraie foi.

Rapidement, cette secte se réclamant d'Ismaël, le septième Iman, se développa et, indépendamment des vertus guerrières innées de ses combattants, parvint à conquérir d'autres forteresses au nord de l'Iran, infligeant de sérieux revers au calife de Bagdad.

La secte atteignit son apogée au début du XIIème siècle et eut un très grand retentissement en Orient, par la pratique d'assassinats religieux, perpétrés généralement le vendredi à l'heure de la prière de midi, dans une mosquée où venaient se recueillir les musulmans.

Un grand nombre de musulmans, turco-syriens ou arabes, périrent ainsi de la main des sicaires du Vieux de la Montagne et la rumeur se répandit que les meurtriers, presque immédiatement arrêtés, étaient bourrés de chanvre et totalement intoxiqués.

Le nom dérivé de la dénomination de la secte, les Haschashins, devint, occidentalisé, les « Assassins » [24].

« A l'homme pieux, la doctrine proposait le respect du livre, de la tradition et de la loi. A l'intellectuel, elle offrait une explication philosophique de l'univers. Au religieux, elle apportait une foi chaleureuse, personnelle, l'expérience de la passion et la connaissance de la vérité. Elle attirait les mécontents en tant que mouvement d'opposition bien organisé, puissant, et semblait procurer le moyen de renverser l'ordre existant pour établir une société nouvelle et juste. »

24 Il a été aisé d'associer " haschashins " avec le " haschisch " sans que pour autant l'affirmation puisse être vérifiée.

« A l'initié l'ismaélisme offrait l'attrait et l'exaltation de la connaissance et de l'action secrète. On accédait à la connaissance au moyen de l'interprétation ésotérique ou Ta-Wil Al-Bâtin, dogme particulier de la secte qui donna naissance au terme de bâtinien par lequel on la désigne parfois [25]. »

Il était très tentant de citer ces deux paragraphes du livre de Lewis car, bien qu'il se défende de tout spiritualisme anachronique, son interprétation du shiisme septimain, s'exprimant dans la radicalisation de la secte du Vieux de la Montagne, semblerait plus s'appliquer à cette chevalerie nouvelle décrite par Saint Bernard. A juste titre, on pourrait y voir une singulière analogie.

Mais, là s'arrêtera notre comparaison, qui n'a été entrevue que pour permettre de considérer que le monde musulman, à l'époque des croisades, n'était guère éloigné des préoccupations du Moyen Âge chrétien.

Les différences fondamentales entre le shiisme septimain, revendiqué par les Ismaéliens, et le shiisme duodécimain, tel qu'il est pratiqué majoritairement en Orient, résident dans l'occultation du septième ou du douzième imam et sa réapparition – d'où le terme de « Al Mahdi », personnifiant l'imam revenu – le dernier jour, celui de la parousie.

Mais, fondamentalement, ils se rejoignent à la fois sur la notion de « combattants de la foi » et celle de l'approfondissement de la connaissance de Dieu, par l'étude systématique du Coran et le mysticisme pouvant en découler.

L'imam est le guide, le chef prophétique, pris dans l'aspect visionnaire du terme. Son représentant sur terre, le sage, est le Cheikh. D'où le nom de Cheikh-El-Djebel, donné à l'époque

25 *Les Assassins - Terrorisme et Politique de l'Islam Médiéval,* Bernard Lewis page 63.

qui nous concerne, au chef de la secte ou Vieux, ou Ancien, de La Montagne.

Rappelons que depuis le XVIème siècle le shiisme duodécimain est la religion officielle de l'Iran.

Il n'est pas certain que l'étude de l'État musulman n'ait pas eu une influence sur les voyageurs, ou pèlerins, fréquentant l'Orient peu avant les croisades.

L'État musulman est une organisation religieuse, établie et maintenue sous la loi divine, et dont le représentant, le calife, cumulait entre ses mains le pouvoir séculier et régulier, ce que tentèrent de faire les papes à partir du XIème siècle. Pour les musulmans, l'Église et l'État sont une seule et même entité.

Les troupes du « Vieux de La Montagne » luttèrent ainsi durant le XIIème siècle contre les ennemis de la foi, en véritables « guerriers d'Allah ». Ils eurent à l'évidence des contacts avec les Francs de Palestine, et notamment les Templiers, au gré des alliances et contre-alliances fréquentes en Orient, mais devaient succomber au milieu du XIIIème siècle, lors de la prise et de la destruction d'Alamut par le Mongol Hülagü.

Bernard Lewis cite le moine Mathieu Paris, racontant l'arrivée en Europe, en 1238, d'une délégation envoyée par Le Vieux de la Montagne, demandant l'aide contre les Mongols. De la même manière, il parle du voyageur Guillaume de Rubrouk narrant sa rencontre avec la secte [26].

Nous sommes obligatoirement plus réservés à l'encontre des fidèles du Vieux de La Montagne, que nous avons étudié pour exemplifier au maximum cette récurrence, une chevalerie spirituelle venue d'Orient et qui aurait fortement imprégné les futurs Templiers.

La raison essentielle de cette réticence se trouve obligatoirement dans l'assassinat systématique de leurs adversaires,

26 Ibid page 40.

dans des circonstances bien choisies, pour frapper l'imagination des populations, c'est-à-dire le vendredi, lors de la prière de midi, dans la mosquée principale d'une ville.

Bien évidemment, il ne viendrait à l'idée de personne de soupçonner les Templiers d'assassiner leurs ennemis, le dimanche, lors d'une grande messe. Mais la distinction, certes fondamentale, s'arrête là car, à Alamut, la citadelle capitale des Assassins, comme dans certains hauts lieux de leur histoire, était enseigné, d'une manière très minutieuse, le Coran et les Ismaéliens croyant à la réapparition du XIIème imam n'étaient somme toute guère éloignés des chrétiens ou des juifs mettant leur foi dans leur messie, venu ou à venir.

Il faut également noter que ces mêmes Ismaéliens s'insurgeaient contre leurs propres coreligionnaires, accusés de relâchement au niveau de leur foi religieuse. Ce point nous rapproche des constantes accusations de certains ordres monastiques à l'encontre de l'Église de Rome au Moyen Âge, jugée trop « mondaine ». Ce mouvement révolutionnaire monachique conduisit les moines de Cluny à Molesmes, de Cîteaux à Clairvaux, pour un rigorisme plus dur, une foi plus vivante, un silence propre à l'ascèse spirituelle.

Il existe donc un parallélisme évident entre ces courants spirituels d'Orient et d'Occident. et une interpénétration profonde, due à la permanence de relations, même si celles-ci étaient armées.

CHAPITRE III

LES TEMPLIERS : DES MOINES-SOLDATS

Nous allons à présent examiner comment une lente maturation des idées spirituelles, venues d'Orient et d'Espagne musulmane, a pu influencer les nobles d'Occident, au point d'aboutir à cet exceptionnel phénomène médiéval que sont les moines-soldats du Temple.

L'analyse portera donc sur :

- L'apparition d'un vocabulaire nouveau dans les écrits de la Papauté et relatif à l'élaboration d'une guerre « juste » ;
- Les prémices de la lente « reconquête » sur l'Espagne musulmane ;
- L'appellation de « moines-soldats » ;

LE VOCABULAIRE

A partir de 1074 – date des premières lettres adressées par le Pape Grégoire VII aux rois et princes d'Europe – le vocabulaire, employé pour parler de la reconquête des territoires occupés par les infidèles, change au point d'utiliser désormais les termes de « Milites Sancti Petri » ou « Milites Christi ».

La milice des soldats de Saint-Pierre a été, au départ, constituée par des mercenaires soldés, c'est-à-dire, payés au terme d'une campagne. Mais, en promettant des récompenses spirituelles, le Pape espère gagner à sa cause des chevaliers avides de prouesses guerrières. On passera alors insensiblement au terme de « Milites Christi » et on parlera pour la première fois de reprendre Jérusalem.

En 1077, dans une lettre envoyée aux princes d'Espagne, Grégoire VII rappelle que la péninsule ibérique fait partie de sa souveraineté, en vertu d'un acte de Constantin [1]. Pape en 1074, il avait écrit au Comte de Haute Bourgogne, lui réclamant les « services de Saint-Pierre » et son assistance, promise pour la reconquête [2].

Enfin, toujours en 1074, s'étant plus ou moins réconcilié avec l'empereur d'Allemagne Henri IV, il lui annonce son intention de mener lui-même une expédition contre les Sarrasins [3].

Pour terminer avec sa correspondance, citons également une missive adressée à Hugues de Cluny, en 1075, où il s'en prend aux princes chrétiens d'Occident, qui laissent les Turcs massacrer les chrétiens.

Dans le cartulaire de Paray-Le-Monial, constitué entre 1080 et 1109, apparaissent pour la première fois les qualificatifs de « miles » ou de « milites [4] ». C'est ainsi que le sire de Beaujeu, dans la charte qu'il fait rédiger en son nom, utilise ce terme. Et Georges Duby, que nous citons ici, de préciser que dans l'ensemble des chartes du Mâconnais, le mot « milites [5] » s'est substitué définitivement au mot « Nobiles » – ou gentilshommes – à partir de 1030, en indiquant qu'un des

1 *Cahiers des Civilisations Médiévales* – J. Flori page 326.
2 Ibid page 330.
3 Ibid page 330.
4 *La Société Chevaleresque* – Georges Duby page 37.
5 *La Société Chevaleresque* – Georges Duby page 49.

abbés du Mâconnais, Odon de Cluny, précise les missions de l'homme armé : combattre à désormais une valeur spirituelle, si le combattant allie à son action la pratique de l'humilité et le souci du pauvre.

Par là, nous avons voulu souligner le lent cheminement de l'appellation « Milites Christi », que l'on retrouvera dans la désignation même de l'Ordre du Temple : « Les pauvres chevaliers du Christ et du Temple de Salomon ». Les mots « Milites Christi » apparaissent ainsi quelques 60 ans avant l'officielle consécration des Templiers.

LA « RECONQUÊTE » ESPAGNOLE

Les Espagnols et Portugais livraient, plus ou moins isolés, au gré de l'humeur de leurs princes, une difficile guerre de reconquête sur les musulmans, installés là depuis le VIIIème siècle.

Or, en plus de deux siècles, les territoires s'effacent, les frontières deviennent imprécises. Plus encore, et ce point est capital, le droit de propriété disparaît. Ce qui n'appartient plus à personne, ce qui est terre étrangère et qui peut redevenir terre chrétienne, appartiendra nécessairement à celui qui en prendra le premier possession.

Ainsi firent les ducs de Bourgogne. Donc, avant 1070 il y eut, encouragés par les abbés clunisiens, de petits raids sans importance avec des chevaliers bourguignons. On venait s'entraider. On participait pour le printemps et l'été à de belles escarmouches sans gravité.

Le Pape, Grégoire VII, lança le premier l'idée d'un pèlerinage militaire, et cela n'a pas assez été mis en évidence, à partir d'une encyclique passée inaperçue « ad universas fidèles » où on peut lire cette phrase très poétique :

jusqu'au tombeau du seigneur
sous sa conduite, parvenir.

Au même moment, Henri Ier, duc de Bourgogne, décide d'une véritable expédition, en Espagne, pour s'emparer de territoires, bref pour agrandir son domaine. Et puis, on s'en doute, pour se frotter à cette étrange culture et civilisation arabes de cette fin du Moyen Âge [6].

Si l'on reparle à nouveau de Cluny, c'est que ce duc de Bourgogne, une fois son expédition terminée, laisse ses troupes et ses barons au nord de la péninsule ibérique et part se retirer à Cluny, dont il finira abbé.

Il n'est pas sans intérêt de noter que les premières donations faites aux Templiers intervinrent au Portugal et certains historiens n'hésitent pas à les dater d'avant le Concile de Troyes, c'est-à-dire, dès la fin de 1127.

C'est ainsi que, selon la généalogie des ducs de Bourgogne, Henri de Bourgogne épousa Teresa de Castille et leur fils Alfonso Henriques, fit don des territoires de Soure [7] aux Templiers, qui ne portaient pas encore ce nom, à Grapa en 1128. Il y ajouta surtout l'obligation de les repeupler et de les rendre productifs. Ce fut selon les manuscrits conservés, Raimondo Bernardo [8], maître Templier pour le Portugal, la Castille et Leòn, qui reçut la donation royale.

Une interrogation cependant demeure : comment un maître Templier a-t-il pu recevoir une telle donation, deux mois à peine après le concile de Troyes ? Cette indication peut, elle, tendre à prouver que l'organisation de l'Ordre, son infrastructure et surtout son influence, étaient déjà bien établies avant 1128.

6 *Histoire du Portugal* – J.F. Labourdette page 9 et 10.
7 Et non de la cité de Soure, c'est-à-dire un assez vaste territoire.
8 *La Chevalerie Militaire au Portugal* – F. Gutton page 12.

LES MOINES-SOLDATS

On entend dire qu'une armée d'un nouveau genre s'est levée sur la terre... infatigablement elle lance une double attaque contre la chair et le sang et contre les esprits mauvais... Soldat sans peur, sûr de tous côtés, qui cuirasse son corps de fer, et son âme de foi... muni de ces deux armes il ne craint ni homme ni diable... il ne craint même pas la mort puisqu'il désire mourir... et que mourir est un gain... [9]

Cet extrait de « De Laude Novae Militiae ad Milites Templi », ou louange de la nouvelle milice des chevaliers du Temple, a été écrit par Saint Bernard, durant les années qui suivirent le concile de Troyes.

Pour comprendre le phénomène cistercien, il est utile d'en rappeler les origines et, une fois opérée la différenciation d'avec l'ordre monastique de Cluny dont il est issu, d'en appréhender les contours. Car le phénomène templier, lui également, a été profondément marqué par le cistercien Bernard de Clairvaux.

Ce seront les cisterciens qui se feront traduire les premiers un exemplaire du Coran en latin, puis des traités d'astronomie, ceux précisément de Ptolémée, intéressés qu'ils furent de savoir pourquoi les mystiques musulmans appuyaient parfois leurs méditations, ou plutôt leurs visions, sur la voûte étoilée, et la position des constellations et des sept planètes connues à l'époque.

On venait prier à Cîteaux, on pouvait fréquenter les bibliothèques ; les prêches développaient d'étranges idées sur des rêves impossibles, la reconquête non de la Jérusalem terrestre mais sous couvert de cette guerre, la fusion avec la Jérusalem

9 Saint Bernard – *La Puissance d'un Grand Initié* – Cl. Clément page 368.

céleste. Voilà qu'on offrait à ces chevaliers brûlant d'en découdre – faute d'ailleurs de batailles en Europe – un idéal justifiant la guerre.

Ce fut le point d'orgue du mouvement cistercien que d'avoir su évoquer cet idéal religieux, hautement spirituel, derrière une guerre que l'on pourrait bien déjà nommer « sainte ». Non seulement on humanisait la guerre mais on la justifiait.

Bien sûr, il y aurait des tueries sans précédent, des pillages, des destructions. Cela c'était l'aspect profane, matériel. Derrière, coexistait un autre idéal, celui de parvenir à rejoindre la Jérusalem céleste. L'élite de la chevalerie ne s'y trompa pas, car c'était d'abord à elle que le discours s'adressait.

Et l'on poussa le raisonnement et la méthode à l'extrême, pour atteindre comme idéal de faire la guerre tout en la justifiant spirituellement, et, plus on s'éloignait du monde, mieux on y parvenait. Et c'est là que se place le paradoxe dont nous parlions.

Bien sûr, il devait y avoir des moines, bien sûr il pouvait y avoir des chevaliers. Mais, si un homme réunissait, conjoignait en lui même les deux aspects, le matériel et l'immatériel, le sacré et le profane, cela devenait lumineux, merveilleux et digne d'être tenté. Les chevaliers de la Table Ronde, de la geste de Wolfram von Eschenbach et de Chrétien de Troyes, étaient à leur manière des « chevaliers spirituels ».

La qualification de moines-soldats doit être examinée. Passe encore dans les premières années, où les Chevaliers du Temple assuraient des tâches purement défensives, celles de protection des pèlerins. Sitôt rentrés dans leurs tours ou la maison chevêtaine de Jérusalem, ils redevenaient des moines.

Mais alors, s'interroge-t-on, qu'en fut-il lorsqu'ils participèrent localement à des opérations militaires requérant des sièges des cités adverses, des combats rapprochés, des batailles en rase campagne et qui duraient des semaines ?

La question ne demeure pas posée longtemps car dès la deuxième croisade, ils participèrent activement aux combats, notamment en arrière-garde.

Si, par ailleurs, un moine, indépendamment des heures fort nombreuses consacrées à la prière, est un homme de lecture, d'études et de travail au champ, alors on peut même percevoir la singulière association de moine et de soldat.

Un moine est, par définition, le plus souvent – à l'exception des frères convers – un homme qui sait lire et écrire. Et traduire s'il connaît une autre langue. L'implantation de monastères de la chrétienté de Rome, à côté de ceux des églises chrétiennes orientales, favorisa également la connaissance de l'arménien, du turc, de l'arabe, du persan, du mongol. Ainsi des premières commanderies installées en Syrie musulmane, au nord du comté d'Edesse, comme du Wadi Rûm, très loin au sud, à l'exemple de Kerak.

L'élite de la chevalerie templière apprit la langue des ethnies qu'elle fréquenta, ce qui facilita la compréhension et le rapprochement et donna lieu aux fameuses accusations de trahison. Ne vit-on pas en 1193, lors des discussions relatives au traité de paix entre Richard Cœur de Lion et Saladin, les Croisés obligés de requérir la présence de Conrad de Montferrat – accusé la veille de collusion, trahison... – car il était le seul à pouvoir s'exprimer dans la langue du Kurde Saladin et qu'il fallait que les conversations demeurassent secrètes [10] ?

Un moine également devient un gestionnaire, un administrateur, pour son couvent. Il doit l'organiser, ainsi que les pro-

10 Les exemples sont multiples, où les Croisés furent contraints d'en appeler aux Templiers d'Orient pour mener à bonne fin de difficiles négociations, lors de leurs déboires en Terre Sainte, ou de leurs défaites. Qu'il s'agisse de Geoffroy Foucher, le premier Visiteur de l'Ordre, d'Armand de Périgord, de Bertrand de Blanquefort, d'Eudes de Saint-Amand, la plupart des Grands Maîtres surent parler l'arabe, le turc, ou l'égyptien. Ce à quoi jamais les barons francs ou les rois de Jérusalem ne purent se résoudre.

duits et les charges, échanger des produits de la terre contre des étoffes etc. Bref avoir plus ou moins, même caricaturalement, une fonction économique.

L'argent lui passe nécessairement entre les mains. Ce que ne fera jamais le seigneur d'un château fort ou un simple chevalier, qui ignorent tout des premiers éléments de commerce. Les Templiers n'ont-ils pas été accusés d'être des banquiers, des usuriers, détenteurs de considérables richesses ? On ne le devient pas nécessairement en étant moine mais on peut apprendre à le devenir.

L'élite de la chevalerie, la mieux éduquée pourrait-on dire, sans parler de vertus guerrières, dut se consacrer à des activités autres que militaires : de ce fait les Templiers devinrent, à l'image des orientaux, des érudits, astronomes, chirurgiens, architectes, mathématiciens, et toujours à l'image des orientaux, devaient se passionner pour les travaux dits économiques, à commencer par la mise en valeur des terres qui leur étaient concédées. Ils trouvèrent dans les territoires arabes des innovations, permettant précisément des cultures intensives, et des instruments aratoires dont ils firent profiter leurs commanderies européennes.

Le fameux drainage des étangs, favorisant et l'assainissement du sol et la mise en friche d'hectares importants, le socle de charrue profondément enfoui dans le sol, la jachère reposant la terre, des canaux souterrains ou l'eau coule sans être évaporée à l'image des constructions arabes, les transformèrent, non en agriculteurs ou paysans, mais en ingénieurs agronomes.

Pris dans sa large acception, le terme de moine dès lors leur convient parfaitement.

Par cet exemple, nous avons voulu apporter des éléments confortant cette désignation de moines-soldats que ne peut pas prendre le sens restrictif du terme.

De nombreux Templiers deviendront des mystiques et préféreront même finir leurs jours dans un monastère, plutôt que de continuer à agir dans le monde profane, à commencer par certains de leurs « grands » maîtres comme Everard de Barres ou Philippe de Milly [11].

La fréquentation de mystiques et visionnaires ismaéliens n'est d'ailleurs pas étrangère à cette attitude, car c'est véritablement en revenant d'Orient que les Templiers décidaient d'entrer définitivement dans un monastère cistercien.

Enfin et surtout, les trois vœux de tout ordre monastique – chasteté, pauvreté, obéissance – confèrent à leur organisation véritablement ce statut très particulier de moines-soldats. La stricte observance du vœu d'obéissance et de pauvreté est antinomique avec le comportement d'un simple chevalier. Ils préfigurent de ce fait le corps plus ou moins militaire des jésuites d'Ignace de Loyola.

A ceux pour lesquels un tel idéal paraissait trop dur, ou trop élevé, les Templiers proposèrent des solutions, des arrangements. Les chevaliers désireux de se joindre à eux, tout en s'engageant au niveau spirituel des trois vœux, pouvaient souscrire un temps de trois années seulement leur permettant de servir en Orient, temps renouvelable par ailleurs [12].

L'accusation d'accueillir n'importe qui leur fut opposée, non pas à l'occasion de leur procès, mais à l'apogée même du Temple. N'engagèrent-ils pas des assassins, des violeurs, des voleurs, des excommuniés surtout et précisément à cette époque du Moyen Âge où ils se comptaient par centaines et non des moindres ?

11 Nous avons placé " grands " entre guillemets car le terme sera tardif. Dans la Règle, comme dans les écrits dont nous disposons, il s'agit toujours du Maître de l'Ordre. Nous avons quelques fois utilisé l'appellation Grand Maître, car c'est celle qui est la plus couramment admise et reconnue.
12 Ce point sera étudié dans le chapitre consacré à la Règle des Templiers.

Ce fut un tour de passe-passe de Robert de Craon, le deuxième Grand Maître, qui permit l'assimilation des uns comme des autres, surtout les excommuniés, c'est-à-dire ceux mis au ban de l'Église. Ce qui constitue un autre paradoxe lorsqu'on se place soi même, volontairement, sous la tutelle pontificale. Ne va-t-on pas irriter son protecteur [13] ?

Dans le chapitre V de son éloge célèbre sur la milice du Temple, Bernard de Clairvaux n'écrivait-il pas « que les scélérats de toute espèce, les impies, les sacrilèges, les adultères, les parjures, les homicides, affluaient dans l'Ordre, en expiation de leurs péchés et de leurs crimes. Leur conversion procure deux biens : elle débarrasse le pays de ses ennemis et amène des secours en Terre Sainte et le Christ trouve parmi eux ses plus ardents défenseurs. »

Moines-soldats ou légion étrangère avant la lettre ? Érudits et excellents combattants, d'une part. Mystiques et excommuniés pour ne pas dire visionnaires et guerriers farouches, d'autre part.

On voit par là que les accusations de leur vivant, et au faite de leur puissance, ne leur ont pas manqué. Et c'est bien ce qui constitue la singularité de cet ordre, car ce ne fut pas le cas pour les autres ordres hospitaliers et chevaleresques.

Enfin, il convient de noter qu'il leur était attribué deux habits : un pour combattre, un pour prier. Il existe de très nombreuses fresques représentant les Templiers en habits chevaleresques avec la huque – ou coule blanche frappée d'une croix rouge – par dessus la cotte de maille, et en habits dits de chœur pour les prières.

13 Ibid. Cf Transformation de la Règle primitive latine en une règle française.

CHAPITRE IV

LA RÈGLE DU TEMPLE, CODE DE CONDUITE DES TEMPLIERS

Exerendus nunc utique gladius…

Il faut à présent sortir les deux glaives, écrit Bernard de Clairvaux à Eugène III, *la foi et l'Épée*. [1]

Dans le cadre de cette thèse sur l'assassinat programmé des Templiers, nous allons consacrer un chapitre important à l'étude de la Règle templière car cette Règle a subi de constantes modifications tout au long de l'histoire de l'Ordre, à commencer par l'étude des fautes pouvant être commises et des pénalités les sanctionnant. N'observe-t-on pas que, quoique dans les dernières décennies du XIIIème siècle des manquements soient notés, dénoncés, et leurs auteurs punis immédiatement, nous n'en relevons absolument aucun relatif aux divers chefs d'accusation qui leur furent opposés à partir de 1307.

1 Lettre 56 de Bernard de Clairvaux, citée par M. Lavocat - *Procès des Frères et de l'Ordre du Temple*.

Les aveux précisément portent sur les modalités de la réception des impétrants dans l'Ordre. Tout y est : baisers obscènes, reniement du christ, crachat sur la croix, commerce sexuel avec les frères. Or, dès son élaboration, la Règle prévoit très exactement la cérémonie d'initiation. Le laïc n'est pas fait chevalier. Il revêt les habits de frère du Temple et les circonstances de cette initiation suivent un rituel bien établi : référence à Notre Dame, à Dieu… c'est-à-dire en totale contradiction avec la manière d'opérer, décrite complaisamment par les inquisiteurs.

Il nous est donc apparu comme impératif d'examiner cette Règle – au demeurant fort peu décryptée, à l'exclusion d'ouvrages spécialisés. Elle ne contient absolument rien de contraire à la morale, bien au contraire, et fait preuve d'une extrême sévérité dans le châtiment des fautes. Comme nous le verrons, tout y est minutieusement décrit ; ce pourrait être véritablement un travail de bénédictin.

LE PARADOXE TEMPLIER DANS L'HISTOIRE DES CROISADES

L'Église a certes suscité la première croisade mais, entre celle de 1095 et celle de Conrad III et Louis VII en 1143, près de cinquante ans vont s'écouler et l'Ordre du Temple verra consacrer son existence en 1128, c'est-à-dire trente-trois ans après le prêche de Clermont-Ferrand. Il n'existe apparemment donc pas de lien entre la première croisade et la création de cet ordre de moines-soldats.

De ce fait, l'histoire des croisades, fort curieusement, ne peut pas nécessairement se confondre avec l'histoire de l'Ordre du Temple et l'existence du Royaume Latin de Jérusalem, ou a fortiori celle des états francs d'Orient, c'est-à-dire incorporant le Comté d'Edesse, le comté de Tripoli et la principauté d'Antioche, peut ne pas nécessairement être reliée à celle des Templiers.

Par ailleurs, si l'Église n'a pas cessé d'encourager la reconquête sur l'Espagne musulmane, à l'exclusion de la prééminence des Bourguignons à la fin du XIème siècle et l'importance très particulière des donations faites aux Templiers dans la province de Castille, de Léon, du Portugal, la présence des Templiers, se fera plus discrète au fil des décennies. Là encore, leur histoire ne peut pas se confondre avec celle de l'établissement des royaumes catholiques ibériques.

Nous voulons simplement envisager que faire correspondre dans l'histoire médiévale les différents courants de pensée – et d'action – relève plus d'un arrangement commode de leurs dates respectives que d'une phénoménologie historique, c'est-à-dire qui consiste à ramener un fait à sa source réelle.

Dans les années 1130 – 1140, l'état de paix armée régnait en Orient, non préservé cependant de courtes batailles, traquenards, exécutions de tout ordre, d'alliances et de contre-alliances... Il n'a cependant jamais opposé sur un champ de bataille les Sarrasins et les Francs. Il n'y eut pas non plus de dramatiques sièges de cités. Bien au contraire, une intense activité commerciale se développa grâce à l'implantation des comptoirs des républiques italiennes de Pise, Gênes, Amalfi et surtout Venise.

C'est bien pourquoi la fort curieuse appellation, prêtée à Saint Bernard, de « moines-soldats », a pu au départ très naturellement provoquer un choc délibéré. Il s'agissait donc bel et bien d'un ordre monastique, doublé d'un ordre militaire. L'hypothèse est à ce point juste, que la Règle compte plus d'articles relatifs à la vie conventuelle des frères qu'à leurs activités militaires.

Les Templiers pouvaient seulement être qualifiés de cisterciens militarisés ou en uniforme.

La question du vêtement est importante. Ils disposaient, suivant les articles 17 à 22 de la Règle, de deux vêtements, l'un pour prier, l'autre pour combattre et de ce fait ils ne pouvaient sortir en « civil ». Ou bien ils étaient habillés en cisterciens, ce qui constituait déjà en soi un uniforme fort reconnaissable, ou ils sortaient en chevaliers et ils étaient, là encore, bien reconnaissables. L'appellation, souvent reprise, d'une armée de métier est fort bien trouvée et c'est, peut-être, ce qui a été voulu par leurs créateurs ou leurs parrains.

L'avant-dernière idée, dans l'histoire des croisades et de l'intervention des Templiers, repose sur le curieux concept que leur office était la police des routes. Mais, il n'est pas aussi anodin ou étrange qu'il n'y parait, l'accélération des pèlerinages pénitentiels permettant de supposer qu'un nombre croissant de pèlerins ont pris le chemin de Jérusalem. Pour cela, il fallait tenir des places fortes, des sites hospitaliers également pour assurer le logement, et le couvert, d'où l'idée sous-jacente de la commanderie.

Nous en venons à présent au dernier aspect du paradoxe Templier. La guerre dite Sainte, c'est-à-dire trouvant sa justification dans le combat contre l'infidèle, est menée pour Dieu, contre des hommes, et prêchée au nom de Dieu par ses représentants sur terre. Pour justifier ce sophisme, Saint Bernard, trouvera une imparable dialectique car il y ajoutera un nouveau terme.

Il ne dira pas, dans ses sermons :

allez et combattez l'infidèle et tuez le

mais, il basera sa prédication sur le fait que :

vous, chevaliers, ne devez pas craindre la mort...

et déjà ce pouvait être celle des autres. Mais, son raisonnement est bien spécieux lorsqu'il ajoutera :

vous, chevaliers, vous devez même la désirer car votre salut est encore plus assuré si vous êtes tués que si vous tuez

Promettre le salut aux chevaliers d'Occident est le parallèle avec les guerriers musulmans morts rejoignant le paradis d'Allah. Par contre, souligner que le salut est encore plus assuré – quoique on ne voit pas très bien ce que cela peut signifier théologiquement – si le chevalier est tué, constitue la raison même de la guerre sainte. Ces paroles sous-entendent que la guerre est sainte, car il peut être tué au nom de Dieu… et si, dans l'intervalle, il massacre des infidèles, la guerre est toujours sainte.

LA TENUE DU CONCILE DE TROYES

Lambert de Fagnani, sous le nom d'Honorius II, après avoir écouté les observations d'Hugues de Payen, et prit conseil, fit convoquer un Concile à Troyes – en Champagne – pour la fête de la Saint Hilaire, c'est-à-dire, le 14 janvier 1128.

L'article 1 de la Règle écrite par un clerc, Jehan Michel, mais élaborée probablement par les abbés de Cîteaux et de Clairvaux, tout comme par Hugues de Payen pour la partie plus militaire [2], fut alors présenté aux membres du concile présidé par le Légat du Pape, Mathieu d'Albano, et en présence notamment du patriarche de Jérusalem.

Etienne de la Ferté avait en effet effectué le voyage depuis la Terre Sainte, ce qui tendrait à démontrer l'importance accordée à cet ordre de chevalerie spirituelle, tant par les autorités pontificales que par les dignitaires du royaume latin

2 Nous devrions plutôt substituer les mots « équipement des chevaliers » au terme « militaire ».

de Jérusalem [3]. L'article 1 est même adressé aux futurs chevaliers, « à ceux qui veulent servir avec courage la chevalerie du souverain roi ». Il n'y a pas d'équivoque possible : il s'agit de servir Dieu.

Le « divin travail » de Saint Bernard

Les différents articles de la Règle dite primitive, en latin, par opposition à la Règle française plus tardive et sensiblement différente quant à son contenu – sans qu'il s'agisse nécessairement d'erreurs ou de fautes intentionnelles de traduction, à une exception près et de taille comme nous l'étudierons – permettent de se figurer l'imposante participation de membres du clergé, comme de hauts seigneurs, à ce concile très particulier.

En effet, un concile, généralement réuni à la requête du Pape sur demande des évêques, l'est pour examiner un certain nombre de points du droit canon, des aspects de la vie liturgique, des manquements ou déviations observés dans le déroulement de la vie monastique, des problèmes d'excommunication... Ce fut notamment le cas pour le concile de Clermont, le 27 novembre 1095, où apparemment l'idée d'une croisade – but, semble-t-il, effectif du concile – n'apparut qu'à la dernière journée, succédant à toute une série de décisions relatives à la théologie, à la liturgie etc.

Si l'article 3 et 4 précisent le jour du Concile de Troyes, la présence d'Hugues de Payen, du patriarche de Jérusalem, l'article 5 souligne notamment et la présence et la collaboration de Bernard, abbé de Clairvaux. Ce point paraît important car il doit mettre fin à la controverse sur le rôle exact de Saint Bernard, présenté par certains comme s'étant violemment opposé à la tenue de ce concile et par d'autres

3 *La Règle du Temple* – Henri de Curzon – L'énumération est précisée dans les articles 3 et 4.

comme n'ayant absolument pas participé à la conception – pour ne pas dire la rédaction – des premiers articles de la Règle.

« Donc, moi, Jehan Michel… Je méritais d'être l'humble écrivain de la présente Règle, comme me le demande le concile et le vénérable père Bernard, abbé de Clairvaux, qu'on avait chargé de ce divin travail. »

Le rôle de Bernard de Clairvaux est univoque et ne peut prêter à interprétation car les familles de Tiercelin de Fontaine – celle de Saint Bernard -, d'Hugues de Champagne, et celle d'Hugues de Payen étaient alliées. De ce fait, les trois hommes se connaissaient bien.

Le mouvement cistercien de Clairvaux a signifié le retour à une pauvreté plus spirituelle que matérielle, dans la mesure où elle symbolisait le désir de la connaissance de Dieu pour en recevoir la lumière, la pauvreté seule permettant de partager ce qu'on a reçu. Il s'agissait bien de convergences spirituelles.

Par ailleurs, on a voulu opposer violemment Bernard de Clairvaux à Hugues de Champagne, au motif que le premier aurait voulu que le second entrât à Clairvaux, plutôt que de privilégier ce nouvel ordre de chevalerie mais les auteurs parlant de ces faits n'indiquent pas leurs sources, ce qui reste un élément purement anecdotique.

Etienne Harding, abbé de Cîteaux, inspirateur en son temps de Bernard de Clairvaux, à la personnalité complexe, était un érudit ayant entrepris une réécriture de la Bible en rapprochant la Bible dite chrétienne de la Bible en usage dans les synagogues – à commencer par la plus importante de Champagne, celle de Troyes – et surtout à une relecture des textes sacrés pour y trouver par des raisonnements anagogiques, une véritable herméneutique.

De ce fait, la présence attestée de Bernard de Clairvaux au concile et sa participation à un « divin travail » de la Règle ne peuvent être mises en doute, d'autant que Saint Bernard va accomplir un magistral travail d'informations de la chrétienté sur cet ordre de moines-soldats, par sa louange très lyrique et universellement répandue.

L'IMPORTANCE DES PARTICIPANTS AU CONCILE

Hugues de Payen et ses disciples

Le moine Jehan-Michel parle des chevaliers présents à Troyes : Hugues de Payen, qualifié d'ores et déjà de maître de la chevalerie – c'est la première mention du qualificatif de supérieur de l'Ordre – puis Godefroi, Geoffroy Bissot, Payen de Montdidier, Archanbaud de Saint-Amand et les deux frères Rotland [4].

Avec Hugues de Payen, nous trouvons donc six chevaliers. Sont-ils revenus avec lui de Terre Sainte ? Ont-ils été reçus chevaliers durant le voyage ou une fois en Europe ? Nous n'en avons pas la trace. Il a été fait remarquer que par rapport aux neuf premiers chevaliers, ce nombre de six était important.

Hugues de Payen n'aurait pas laissé à la garde d'un défilé seulement trois frères, ce qui signifie que leur nombre devait bien être plus important. C'est ignorer rapidement que même si le texte n'en fait pas mention, il paraît logique de supposer que, pendant ces neuf années séparant leur installation à Jérusalem et le concile de Troyes, un nombre croissant de disciples soit venu le rejoindre.

La plupart des historiens citant le don de la forteresse de Soure, par Thérèse de Portugal, aux Templiers en 1127, on peut fatalement supposer que le premier groupe a rapidement

4 Ibid art. 7.

essaimé pour être suffisamment connu. D'ailleurs, la présence de chevaliers bourguignons et champenois, combattant les musulmans dans la péninsule ibérique et notamment au Portugal, atteste suffisamment qu'ils étaient connus de leurs compatriotes et que certains, même en Europe, s'étaient joints, indirectement peut-être, à l'Ordre naissant.

De la même manière, la liste des membres du Clergé est à la fois impressionnante – l'énumération est fort longue – et significative [5]. Si Honorius II ne participe pas au concile, il est représenté par son légat, Mathieu cardinal d'Albano, précédemment supérieur de Saint-Martin-Des-Champs à Paris.

Le choix de Troyes en Champagne

Tout se passe bien en Champagne. Troyes n'a pas été choisie au hasard. Certains auteurs se sont demandés pourquoi une autre ville n'a pas été retenue : Toulouse, d'où partirent nombre de chevaliers pour la reconquête espagnole, Avignon, point de rassemblement des Croisés avant de s'embarquer, Lyon, et pourquoi pas Clermont, lieu du premier concile parlant d'une croisade.

En fait, la réponse paraît simple. Si on admet que les abbayes de Cîteaux, puis de Clairvaux, furent non pas directement à l'origine du Temple mais constituèrent un lieu de rencontres et de décisions privilégiées, il devient acceptable que Troyes ait été préférée.

De plus, seuls sont venus les évêques des provinces avoisinantes : Renaud, archevêque de Reims, Henri, archevêque de Sens, puis les évêques d'Orléans, d'Auxerre, de Beauvais, Soissons etc.

Plus intéressante encore la présence de certains abbés ayant pu jouer un rôle déterminant, toujours cités par le clerc

5 Ibid art. 6.

Jehan-Michel : les abbés de Cîteaux, de Vézelay, de Pontigny [6], de Molesmes et de Clairvaux.

Les noms cités correspondent d'ailleurs à l'expansion des abbayes relevant de Saint Benoît. Cluny est à l'origine de Molesmes, puis Molesmes de Cîteaux et enfin Cîteaux de Clairvaux et de Pontigny, respectivement les premières et deuxièmes filles de Cîteaux.

Examinons à présent les personnalités derrière les fonctions : l'abbé de Cîteaux n'est autre qu'Etienne Harding, l'âme du renouveau de la Règle de Saint Benoît, précurseur de Bernard de Clairvaux. C'est à lui qu'on doit une relecture de l'Ancien Testament pour en percevoir l'herméneutique spirituelle, les premières demandes de traductions de traités arabes et notamment du Coran, dont la traduction prit trois années dans les années 1117.

L'abbé de Vézelay n'est autre que Bernard de Saumur, qui gravit rapidement les marches de la hiérarchie catholique pour devenir l'archevêque de Lyon, centre important de recrutement de l'Ordre du Temple.

Nous trouvons également Guy, abbé des Trois Fontaines, Hugues de Mâcon, abbé de Pontigny et bien évidemment Bernard de Clairvaux.

Une autre raison de la tenue de ce concile, à Troyes, réside dans la présence d'Hatton, évêque de Troyes, considéré comme un des grands bienfaiteurs de l'Ordre, et dans celle de Thibaud IV, devenu Comte de champagne à la mort de son oncle, Hugues, et qui demanda son admission dans l'Ordre. Hatton, Hugues, et Thibaud furent les protecteurs des chevaliers en leur accordant immédiatement d'importants territoires sur leurs propriétés : bourgs, villages, châteaux, domaines, rivières, terres fertiles…

6 En 1312, Jacques de Thérines, qui fut le seul avocat avec Raymond Lulle de la défense des Templiers au concile de Vienne pour la rédaction d'une réfutation générale des accusations, faisait partie de l'abbaye de Pontigny. Cf Infra Le Concile de Vienne.

LA RÈGLE, LES STATUTS, LES RETRAITS

Composée dans sa version primitive de soixante-douze articles et quatre commandements, la Règle templière n'en comporte néanmoins pas un seul relatif à la vocation militaire de l'Ordre, si l'on veut bien excepter ceux relatifs à leurs vêtements et à leur équipement.

Au cours du XIIème siècle et au début du XIIIème, la Règle s'accroît de ce que l'on a nommé les Statuts hiérarchiques – au nombre de 120 – mais dont seul le n°98 traite des escortes en temps de guerre, le n° 101 des droits du Maréchal en cas de conflit, le n°127 de la défense de la vraie croix pendant toute la bataille, le n°126 de l'approvisionnement des châteaux, et enfin du n°156 au n°168 de l'équipement en campagne, du comportement au combat et de la discipline.

La dernière partie de la Règle comprend 488 stipulations sur l'élection du Maître, la vie conventuelle, le déroulement des chapitres, la réception des nouveaux membres, et enfin la pénalisation des frères. C'est curieusement dans ce dernier chapitre [7] qu'apparaissent d'une façon claire les commandements relatifs à l'état de guerre, alors que celui-ci était censé représenter la priorité de l'activité de l'ordre.

Il existe donc une relative invraisemblance au niveau de l'élaboration de la Règle, qui tendrait à faire de ces chevaliers des moines davantage que des soldats, puisque l'Ordre se préoccupait bien davantage de leur âme que de leur corps.

L'historien Henri de Curzon recense 686 articles sur un peu plus d'un siècle (1128-1242), dont seulement 49 se réfèrent à la mission militaire alors que les Templiers ont passé, selon les historiens, davantage de temps à se battre qu'à prier. C'est ce point particulier que nous nous efforcerons d'analyser.

7 Le terme " chapitre " est utilisé pour désigner – comme chez les ordres monastiques – l'assemblée générale des frères Templiers.

Il n'existe pas beaucoup d'exemplaires de la Règle. Ont-ils disparu ? hormis ceux conservés à la Bibliothèque Nationale, à la Bibliothèque Municipale de Dijon et à la Bibliothèque Vaticane ? Soit moins d'une dizaine au total. Qu'en était-il en Terre Sainte ? Existaient-ils là-bas des exemplaires de la Règle ?

Il semblerait que l'existence des Templiers se soit en majeure partie bien déroulée en Orient alors que les 6 à 9000 commanderies recensées se trouvaient en Occident. La méconnaissance de cette Règle a été mise en évidence – mais là encore il convient d'être prudent – lors de leur procès, les accusateurs dans leurs attendus indiquant que les Templiers jugés étaient dans la plus complète ignorance des statuts de leur Ordre.

Entre 1118 et 1128, Hugues de Payen [8], s'il était cistercien de cœur et d'esprit, a préféré choisir la règle augustinienne, pour des raisons de commodités géographiques, et non celle de Saint Benoît, lorsqu'il s'est placé sous la juridiction du patriarche de Jérusalem, Garimond. Il ne semble pas que nous disposions de sources écrites relatives au fait qu'il ait ou non, ainsi que ses premiers compagnons, prononcé ses vœux à ce moment, ou plutôt qu'il se soit simplement soumis à l'autorité spirituelle de Garimond comme un chanoine séculier. Rappelons que l'Ordre de Saint Jean de Jérusalem, ordre hospitalier au départ, eut pu parfaitement l'accueillir.

Il faut rappeler que le patriarche de Jérusalem, Etienne de la Ferté – qui succéda à Garimond – fut abbé de Saint-Jean en Vallée, abbaye augustinienne.

Or, la Règle des Templiers relève tant de celle de Saint Augustin que de celle de Saint Benoît, pour l'essentiel de ses articles – en ce qui concerne la vie religieuse –. A saint

8 Certains historiens indiquent qu'il fut marié et eut deux enfants, mais nous n'avons pas retracé les sources de cette affirmation.

Augustin donc la pauvreté, la charité [9], la fraternité. A Saint Benoît, mais à partir de 1137 [10], c'est-à-dire lors de la transcription en français, la minutieuse description de toutes les heures du jour et de la nuit, ce caractère législatif devenant un chemin vers la perfection.

Il est donc difficile d'affirmer que les rédacteurs de la Règle aient tenté de tirer des deux règles monastiques ce qu'elles avaient de meilleur, puisqu'élaborées à différentes périodes.

Il faut alors distinguer dans la Règle :

- Les articles 1 à 5 : concernant l'organisation du concile et la présence d'Hugues de Payen ;
- Les articles 6 à 8 : concernant les participants au concile et la présentation des premiers chevaliers de l'Ordre ;
- Les articles 9 à 72 : relatifs à l'organisation de l'Ordre au niveau de la vie conventuelle ;
- Enfin quatre commandements, qui apparaissent un peu plus tardivement et s'appliquent aux fêtes et aux jeûnes religieux.

Sur les soixante douze articles, soixante huit décrivent donc l'organisation conventuelle des frères chevaliers, leurs conditions d'admission, les équipements. Par organisation conventuelle il faut comprendre le comportement du frère qui est occupé toute la journée – les heures canoniales de prières, la méditation, les repas pris au palais [11], les vêtements ; l'équipement est relatif non seulement à l'habit mais à sa couleur : blanc pour le frère chevalier, noir pour les frères ser-

9 Cette notion de pauvreté est d'autant plus significative qu'elle s'applique à des chevaliers – seigneurs ou non – titulaires de fiefs, de biens qu'ils doivent abandonner en entrant dans le Temple. Ils n'en seront que plus dénudés.

10 Date de la bulle " omne datum optimum " qui précisera les attributions de l'Ordre.

11 Nom donné au réfectoire templier.

gents. Quatre articles sont consacrés aux conditions d'admission des hommes mariés, aux chevaliers dits séculiers – qui ne serviront que le temps d'une campagne – au rejet des femmes et notamment à la position vis-à-vis des excommuniés.

Il semblerait que tous les cas de figure pouvant se présenter aient été examinés, afin de permettre un très large recrutement, même si l'admission définitive était plus dure d'accès. Les premiers frères chevaliers ou frères sergents enrôlés pouvaient provenir d'horizons très différents et l'on parlera effectivement de « légion étrangère », dès lors que le Temple admettra en son sein des assassins, des voleurs… Mais, cette affirmation doit être considérée avec prudence car la Règle paraît très stricte quand aux questions qui sont posées aux futurs impétrants. L'accusation a été tardive et reprise mezza voce lors des procès.

La règle religieuse du Temple est plus importante que la règle militaire et les autres ordres chevaleresques ayant succédé aux Templiers s'en inspireront, à commencer par l'Ordre des chevaliers Teutoniques, puis l'Ordre des chevaliers Porte-Glaive de Livonie qui devait fusionner avec le premier ultérieurement.

Les « Retraits » ou Statuts Hiérarchiques à partir de l'article 77

Les activités, équipements, responsabilités et personnel du Maître, du Sénéchal – son remplaçant en cas d'absence ou d'empêchement majeur – du Maréchal – responsable de la conduite de la guerre – sont minutieusement décrits, comme ceux des Commandeurs du Royaume de Jérusalem, de la cité de Jérusalem, des Commandeurs de Tripoli, d'Antioche, de la Voûte à Acre – correspondant au grade d'amiral de la flotte – et des commanderies des provinces de France, d'Angleterre, de Hongrie, Poitou, Aragon, Portugal, Pouilles…

Il faut noter que le Commandeur de province joue le rôle de Visiteur de l'Ordre car il doit faire respecter la Règle dans les différentes parties de la province qu'il administre et pour laquelle des Commandeurs régionaux sont désignés.

Le descriptif fait notamment allusion au fait que des écuyers peuvent être faits frères chevaliers, que le Maître a à sa disposition un interprète nommé écrivain sarrasinois, et parmi les chevaux qu'il possède, un turcoman, cheval pur-sang arabe.

Il convient de revenir sur la mention de Commandeur d'Acre, qui a la responsabilité des vaisseaux de guerre. Il est ainsi nommé Commandeur de la Voûte d'Acre, qui fut le bâtiment le plus important du Temple à Saint-Jean-d'Acre et qui devint la maison chevêtaine, après la chute de Jérusalem en 1187. L'origine du terme n'est pas connue. Par ailleurs, c'est la première allusion dans la Règle, à l'article 119, de la présence d'une flotte templière, marchande et militaire, car il y est indiqué que ce Commandeur dispose des hommes, comme des produits apportés ou remportés.

La « vraie croix », qui a fait couler beaucoup d'encre, fait partie de l'article 122, puisqu'il y est noté que « le Commandeur de Jérusalem, ainsi que dix chevaliers, en ont la responsabilité jour et nuit ». Rappelons qu'il s'agissait en fait d'une croix de bois, dans laquelle était incorporé un morceau de la croix sur laquelle le Christ fut crucifié. Elle donna lieu à d'innombrables polémiques. Saladin s'en empara, dit-on, lors du désastre de Hattin [12], en 1187, et refusa de la rendre lors de l'armistice, signé après la conquête par les Croisés de Saint-Jean-d'Acre, en 1191. Il lui fut alors répondu, par les envoyés de Richard Cœur de Lion et de Philippe Auguste, qu'il pouvait bien la garder,

12 Cf. chapitre VI.

après tout, car elle était fausse [13]. Il existe donc une contradiction flagrante entre la présence de la « vraie » croix et sa garde par dix chevaliers, et l'accusation de cracher sur « la » croix.

Les articles 131 à 141 rendent parfaitement compte de l'habillement et de l'équipement militaire depuis le haubert, le haubergeon, le casque de fer, la masse turque, jusqu'aux chausses de fer, jupons d'armes noirs pour les sergents etc.

La participation aux combats relève de la décision du Maréchal, à qui est confiée la garde du gonfanon Beaucéant, qui ne doit pas être abaissé. C'est dire que chaque frère chevalier doit pouvoir et l'apercevoir et se porter à son secours pour le redresser.

« Et s'il advenait que la chrétienté tournât en déconfiture, aucun frère ne doit partir du champ tant que le gonfanon Beaucéant y est : car s'il en partait il en perdrait la maison pour toujours ». [14]

Enfin, les derniers articles concernent les obligations et devoirs du frère drapier et du frère infirmier.

Élection du maître du temple – article 198 à 223

L'article 200 est sans équivoque pour souligner que la maison souveraine du Temple est bien à Jérusalem, ou dans le

13 L'anecdote doit être complétée par le fait qu'il fut dit qu'un Templier l'enterra secrètement au soir de la déroute de Hattin mais qu'il ne put retrouver son emplacement quelques années plus tard.

14 Le fait que le gonfanon soit abaissé, donc perdu de vue par les chevaliers, signifiait simplement que la bataille était perdue. La responsabilité du porteur du gonfanon était donc terriblement importante car d'une maladresse de sa part pouvait résulter des conséquences très fâcheuses.
Le gonfanon Beaucéant du Temple était d'argent au chef de sable.

royaume franc de Jérusalem, et n'admet aucune controverse sur le fait que l'activité du Temple s'est bien déroulée en Orient, les commanderies d'Europe n'étant que les réserves de l'Ordre, tant au niveau recrutement que gestion de leurs biens.

Dès le trépas d'un Maître annoncé, il appartient au Maréchal – normalement le rôle devrait être dévolu au Sénéchal – de convoquer une assemblée de Commandeurs des provinces, afin d'élire le Grand Commandeur chargé, lui, d'organiser, l'élection du nouveau Maître. Dans l'intervalle, il prend le sceau du Maître et « fait tous les commandements à sa place. » Le jour du conseil, treize électeurs doivent être réunis « et de diverses provinces et de diverses nations », qui, toute la nuit précédant l'élection, doivent demeurer en oraison.

Les préparatifs de l'élection sont ainsi entourés d'un halo de recueillement, de méditations et de prières. Au petit matin, les frères électeurs entendent la messe, au cours de laquelle le Grand Commandeur leur souligne qu'ils doivent appeler, sur le choix du nouveau Maître, la grâce du Saint Esprit.

La vie quotidienne

Les pénalités et la profession de foi se trouvent, sans nécessité, répertoriées ensemble dans les articles 224 à 278. Les pénalités traitent tous les cas où la désobéissance à la Règle entraîne le renvoi de l'Ordre : commerce avec les femmes, simonie, lâcheté au combat, agressivité à l'égard d'un frère, désir de quitter l'Ordre.

Puis, le frère chapelain voit ses prérogatives précisées, notamment au niveau de la confession et de l'absolution.

Enfin, les derniers chapitres abordent les vœux d'obéissance, de pauvreté et de chasteté, ainsi de l'article 275.

Le fait de découvrir les faits accomplis dans le Temple à une personne du monde – article 225 – a été abordé dans le secret de la Règle.

La discipline reste celle d'un ordre monastique dans les grandes lignes, si ce n'est qu'elle parait renforcée et appliquée, s'agissant également d'un ordre militaire. C'est pourquoi l'article 267 prévoit la liste de dix punitions établies suivant les cas.

La vie conventuelle des frères ne doit être guère éloignée de la règle monastique propre à chaque ordre. Elle prévoit les heures canoniales de prière, le silence, même au réfectoire, les habits à porter, la nourriture prise, y compris pendant les périodes de jeûne, et, de l'article 279 à 385, elle examine l'ensemble du temps du frère, afin qu'il soit toujours convenablement occupé.

Si des textes saints sont lus, soit au réfectoire soit au moustier – ou chapelle -, il ne paraît pas que l'étude d'autres textes soit envisagée, du moins à l'échelon des frères chevaliers.

Les articles 386 à 415 traitent de la tenue de chapitres, ou réunions des frères chevaliers, où sont débattus les problèmes de la commanderie, comme des reproches que des frères peuvent adresser à d'autres : manquement à l'obéissance… etc.

Les chapitres extraordinaires, ou très importants, étaient généralement tenus à la maison chevêtaine, d'abord à Jérusalem, puis, à la perte de la cité en 1187 et après 1191, à Saint-Jean-d'Acre. Mais, il pouvait advenir que des chapitres importants puissent être convoqués dans certains lieux du royaume et ce fut certainement le cas pour Césarée, où l'archevêque de la ville leur était très favorable dans les années 1250.

Les pénitences sont innombrables et les exemples soigneusement décrits. C'est assurément la partie de la Règle la plus confuse et la plus importante, numériquement, au plan des articles 416 à 543, qui ont été élaborés pratiquement sur les deux siècles de l'existence de l'Ordre.

Dans certains cas, la Règle ne fait que reprendre ce qui a été énoncé dans d'autres articles, précédemment évoqués : découverte du secret de l'Ordre à des profanes, motifs de rejet de la maison… en y ajoutant que, au delà d'être exclu, le coupable peut être amené à finir son existence dans un couvent cistercien.

On revient également sur les frères chevaliers, abandonnant le champ de bataille alors que celle-ci fait rage encore, ou qui ont abaissé le Beaucéant…

L'article 429 est intéressant car il prévoit qu'un frère ne peut quitter l'Ordre pour entrer dans un autre ordre chevaleresque, ou même dans une abbaye qui ne serait pas cistercienne.

LA VIE DES TEMPLIERS A PARTIR DE LA RÈGLE

Réception dans l'ordre : – article 657 à 686 -

Puisque les chefs d'accusation portent sur les conditions immorales de leur admission, nous allons examiner très attentivement les commandements de la Règle, concernant la réception des impétrants :

Art. 657 :	Il est d'abord demandé aux autres frères chevaliers s'ils ont à exprimer un avis contraire sur le futur frère Templier.
Art. 658 :	Il est rappelé au candidat « qu'il souffrira tout pour Dieu », tout en lui désignant « les charitables commandements de la maison. »
Art. 660 :	L'impétrant doit s'agenouiller devant celui qui lui tient les mains jointes et dire « Sire, je suis venu devant Dieu et

devant vous et vous prier et vous demander par Dieu et Notre Dame que vous m'accueillez en votre compagnie. »

Art. 667 : Celui qui tient le chapitre, lui répétant cet art. 660, lui demande de « bien réfléchir » et l'impétrant doit répondre
« sire, oui, s'il plaît à Dieu. »

Art. 668 à 674 : L'impétrant, à genou, tient les évangiles ouverts et doit reconnaître qu'il est sain de corps et d'esprit,
qu'il n'est pas engagé dans un autre ordre religieux, ni serf d'aucun seigneur.

Art. 676 : Toujours à genou, il doit également promettre que « tous les jours de sa vie il combattra pour la sainte terre de Jérusalem, avec la force et le pouvoir que Dieu lui aura donné » et il doit répondre « oui, Sire, s'il plaît à Dieu. »

Art. 679 : « Vous ne devez jamais jurer ni de Dieu, ni de Notre Dame, ni de saint ni de sainte. »

La Règle, en contradiction avec les accusations

Ces articles reflètent parfaitement l'esprit de la règle, basé sur l'anéantissement de la volonté du frère chevalier, qui doit obéir comme « un serf et un esclave ». Il lui est aussi durement indiqué les faits pouvant amener l'Ordre à le rejeter.

L'évocation de la Sainte Terre de Jérusalem peut conduire à supposer qu'il s'agit plus – et c'était notamment le cas pour Saint Bernard – de la Jérusalem céleste que de la Jérusalem terrestre. Enfin, le rappel de la protection des chrétiens n'est pas sans évoquer la protection des pèlerins, but de la présence des premiers chevaliers en Orient.

Il faudrait considérer les articles 661 et 676 comme très révélateurs de la mentalité et de l'esprit ayant prévalu pour la création de l'Ordre : une obéissance parfaite – signe évident de la discipline d'une chevalerie nouvelle –, la reconquête de la Jérusalem céleste – c'est-à-dire le salut de l'âme, la rencontre avec Dieu – et la protection des chrétiens, ceux qui se sont mis en marche, et surtout même pour un voyage intérieur.

Il convient de noter tout particulièrement l'absence totale d'une croix simple, ou d'une croix portant un supplicié, en s'interrogeant sur le fait de savoir si les accusateurs connaissaient ou non la Règle. Pourquoi, dès lors, les Templiers torturés n'ont-ils pas, après coup, dévoilé le rituel exact de leur admission ?

Il est impossible de croire que dans la propre maison du Temple à Paris il n'y eut pas un seul exemplaire de la Règle qu'il eut été loisible de faire lire aux inquisiteurs. Même si on admet qu'il y eut parfois des dérives par rapport à cette Règle, un certain laxisme..., à aucun moment il n'est fait mention de cracher sur la croix, de renier le Christ etc.

L'historien peut également relever la curieuse absence de référence au Christ, précisément tout au long des différents articles. Bien au contraire, seule Notre Dame est citée, à maintes reprises, et parler de Jérusalem sans évoquer le tombeau du Christ semble soudainement une énigmatique anachronie. Sauf, bien entendu, s'il s'agit de la Jérusalem céleste à nouveau.

C'est bien pourquoi cracher sur la croix, renier le Christ, qui constituèrent les véritables chefs d'accusation, alors que le Christ n'est pas mentionné dans les rituels, demeure une énigme angoissante au niveau de son intitulé [15]. Il est, de même, interdit aux frères Templiers de jurer sur le nom de Dieu ou sur celui de Notre Dame. Il y a là une contradiction à ce point flagrante qu'elle en paraît gênante lorsqu'on se trouve

15 La première dénomination de l'Ordre était : " L'Ordre des pauvres chevaliers du Christ et du Temple de Salomon ", mais a très rapidement disparu.

confrontés avec la réalité de leur assassinat. Et il ne s'est trouvé personne, absolument personne, pour dire que c'était faux.

Alors, il peut exister une explication, sommaire il est vrai, celle qui consiste à dire que si pour les musulmans le Christ était seulement un prophète, les Templiers avaient très bien pu faire leur cette doctrine. Par ailleurs, pour les chrétiens orientaux monophysites, seule une apparence du Christ a véritablement été crucifiée, non son corps terrestre car un Dieu – dans la mesure où l'on parlait de consubstantialité entre le Père et le Fils – ne pouvait pas être crucifié comme un vulgaire larron.

Par voie de conséquence, dans le cadre de cette explication, aucune référence n'a été faite au Christ si paradoxalement Notre Dame intervient à plusieurs reprises dans les citations. C'est ce qui constitue la faiblesse de cette argumentation car évoquer Notre Dame, jurer devant elle, et ne pas reconnaître le Christ qui est son fils fait tourner le croyant, comme l'incroyant, dans un labyrinthe théologique inextricable.

La partie relative aux détails et exemples de pénalités est certainement la plus vivante car, pour la première fois, elle cite des noms et donne des cas très précis de fautes, afin peut-être que les frères chevaliers en saisissent toute l'importance. C'est seulement à partir de la maîtrise de Pierre de Montaigu, vers 1225, que les exemples et les noms sont bien caractérisés, ce qui ne veut pas dire que les siècles précédents il n'y ait pas eu de manquements à la Règle.

C'est donc dans cette partie de la Règle que l'on voit vivre et agir quatre Maîtres de l'Ordre, des Commandeurs de province au-delà des mers – du Portugal, d'Espagne – des Commandeurs d'Orient, celui responsable d'Acre et notamment le Visiteur de l'Ordre, sans parler du Maréchal. Nous allons de ce fait les présenter séparément.

Les Maîtres :

- Armand de Périgord. Art. 545. Amené à réunir un conseil d'hommes d'expérience, pour délibérer sur un cas de simonie.
- Guillaume de Sonnac – Art. 549. Requis de se prononcer sur la réinsertion dans l'Ordre de frères qui avaient quitté leur uniforme.
- Pierre de Montaigu – Art. 552. Obligé de sévir à nouveau, après une désobéissance non suivie de la pénitence prononcée – Cité à nouveau art. 620 –
- Renaud de Vichier – Art. 616. Se prononce sur le maintien de l'habit à des frères qui, ayant désobéi, livrèrent combat à des Sarrasins, combat où il y eut des morts.

Le Visiteur Cismarin ou d'Outre-Mer :

– Non nommé. L'art. 579 précise ses attributions et ce qu'on est tenu de faire en sa présence. En fait, il est le Visiteur en Occident, pour le compte du Grand Maître, et détient ainsi une redoutable autorité.

Le Maréchal :

– Hugues de Montlaur. Art. 592 décidant de la mise aux fers d'un frère ayant jeté des vêtements à terre, de colère.

Les Commandeurs d'Occident et d'Orient :

- Maître Sanchez. Art. 584. Commandeur du Portugal. Le cas est examiné car il meurt pendant sa baillie.
- Guillaume Foulque art. 582. Commandeur d'Espagne. Malade, il se fit remplacer par frère Adam mais le choix fut contesté et le frère Raymond Lunel lui fut préféré. Il fut, paraît-il, Maître pour les trois royaumes : Portugal, Castille et Leòn.

- Commandeur de la Voûte d'Acre – ou amiral – art. 609. Non nommé mais blâmé pour avoir laissé pourrir un chargement de froment.

- Jacques de Ravenne. Art 610. Commandeur du palais d'Acre, blâmé pour avoir fait une chevauchée contre les Sarrasins sans autorisation.

- frère Baudouin de Borrage, Commandeur de chevaliers, blâmé pour avoir refusé de quitter un terrain où une troupe plus importante allait se présenter. Il dut baisser le gonfanon. Tous les Templiers moururent, sauf lui. Il fut envoyé en Occident dans une abbaye.

- D'autres frères chevaliers sortent enfin de leur anonymat, pour venir témoigner sous nos yeux du caractère pénitentiel de la faute commise : Frère Paris à Antioche, frère Hugues à Acre, frère Roger l'Allemand, frère Georges le Masson à Acre, frère Jean Bouche de Lièvre et frère Mathieu à Chypre, qui avaient tous commis des larcins plus ou moins graves (vol de viande, ivresse, désertion…).

Le cas est souvent prévu car la fuite est assimilée à une désertion, tel le passage à l'ennemi de frère Georges le Masson art. 603, qui fut rattrapé, envoyé à château Pèlerin où il mourut. Le cas de nomination d'un nouveau Commandeur dans une bataille, ou un petit combat, est prévu également, si le Commandeur en place disparaît – art. 575-576.

Ainsi, sur près de 120 articles, la vie des Templiers se déroule sous nos yeux. Il a été souvent regretté l'absence de documents sur l'existence des Templiers, mais il suffit peut-être de se plonger dans la Règle pour la découvrir.

ORGANISATION DES COMMANDERIES :

Il faut d'abord noter que les commanderies en Palestine n'étaient jamais à plus d'une journée de marche à cheval l'une de l'autre.

Les commanderies, en Occident – mais plus rarement en Orient – à l'exception des plus importantes, ne comportaient pas de chapelle. C'est ainsi que le palais ou réfectoire servait indifféremment de moustier, ou chapelle, tout comme de lieu de réunion des chapitres.

A cet égard, il convient d'observer que le responsable d'une commanderie, également nommé Commandeur, pouvait très bien être un sergent. En cas de réception d'un frère, il lui suffisait de faire appel à un frère chevalier et que le chapelain se déplaçât.

A côté des guerriers – chevaliers écuyers, sergents – et des prêtres – chapelains – l'Ordre comptait des frères servants : cuisiniers, infirmiers, bergers, laboureurs... ainsi que des frères de métiers : drapiers, armuriers, selliers, casaliers, maréchaux-ferrants, maçons, charpentiers, tailleurs de pierre... qui n'étaient pas obligatoirement liés par les mêmes vœux monastiques.

Ce point très important peut expliquer le nombre relativement élevé des Templiers, dès lors que s'y trouvent incorporés les frères servants comme ceux des métiers.

Un simple calcul peut permettre d'avancer un chiffre. Si l'on considère 9000 commanderies en Orient et en Occident [16], et si l'on accepte que la plupart aient été des « petites commanderies », on peut admettre ce nombre de 30000 personnes, appartenant de près ou de loin au Temple, avancé par la plupart des historiens.

Certaines églises templières recèlent des pierres tombales précisant et la présence et l'appartenance des frères de métiers aux Templiers ; généralement la pierre tombale comporte des symboles géométriques tels que l'équerre, le levier, le marteau de tailleur de pierre [17] etc.

16 Chiffre généralement adopté par les historiens.
17 Ainsi des églises de Bure-Les-Templiers près de Dijon ou de Brezlevencq en Armor.

INTRODUCTION DE MODIFICATIONS

Des modifications substantielles sont apparues entre la Règle latine et la Règle française rédigée en 1139/1140, soit douze ans après le Concile de Troyes. Elles ont été apportées sous le magistère de Robert de Craon par le patriarche Etienne de la Ferté – en 1131 – puis par le Pape Innocent II, en 1139, par sa bulle « Omne Datum Optimum », accordant à l'Ordre des privilèges nouveaux et considérables, notamment son indépendance vis-à-vis du pouvoir des évêques, ne relevant que de l'autorité pontificale. Cette bulle est d'abord effectivement adressée à

« notre très cher fils Robert, Maître de la chevalerie religieuse du Temple qui est située à Jérusalem. »

C'est la première fois qu'apparaît le terme de chevalerie religieuse, qui fait suite à la désignation de « moines-soldats » de Bernard de Clairvaux. La supranationalité de l'Ordre est très clairement mentionnée :

« Nous déclarons que votre maison, avec toutes ses possessions acquises par la libéralité des princes ou de n'importe quelle autre manière, demeure sous la tutelle et la protection du Saint Siège. [18] »

Les rectifications dues à Etienne de la Ferté et à Robert de Craon portent sur le fait que désormais l'Ordre a ses propres prêtres et la plus importante est, assurément, celle de Robert de Craon concernant l'excommunication ou les excommuniés. Il en profitera également pour supprimer la période de noviciat.

18 D'Albon – *Cartulaire Général* – Bullaire –MS5 page 375.

L'article initial de la Règle latine prévoyait que « là où vous savez qu'il y a une réunion de chevaliers excommuniés, nous vous commandons de ne pas y aller » et l'article 61 de la Règle Française qui lui correspond indique par un magnifique tour de passe-passe :

« chaque fois que vous savez qu'il y a réunion de chevaliers excommuniés nous vous commandons d'aller. »

C'est d'ailleurs la raison pour laquelle la qualification de légion étrangère avant la lettre a très souvent été appliquée à l'Ordre du Temple.

L'examen attentif de la Règle templière met en lumière les données significatives suivantes :

Il s'agit d'abord, à n'en pas douter, de la règle d'un ordre monastique avant tout. Les Templiers sont d'abord des moines et leur vie toute entière est parfaitement réglée, comme le serait celle des cisterciens. Si l'on excepte les articles ou divers statuts et retraits relatifs à l'organisation de l'intendance d'une troupe « armée », peu d'articles concernent véritablement l'aspect militaire.

Mais, n'étant pas complètement des moines, c'est-à-dire retirés derrière leurs murailles claustrales, ces chevaliers ou sergents sont astreints à une très stricte et impitoyable obéissance. Voilà l'élément majeur qui les distingue des autres chevaliers, venus combattre pour le tombeau du Christ. Mais, cette discipline de fer se comprend aisément, dès lors que l'Ordre a pu compter à son apogée près de trente mille personnes, toutes catégories de frères confondues.

La supranationalité de l'Ordre ensuite ne fait aucun doute. Il ne relève ni des princes ou seigneurs sur le territoire desquels les commanderies sont installées, ni même, et cela constituera la charnière de leur procès, des rois ou des empereurs. Innocent II le précise très bien dans sa lettre à Robert de Craon. La « maison » du Temple relève de la seule tutelle et protection du Saint Siège.

S'il ne reste que peu d'exemplaires de la Règle templière, cela n'exclut pas une assez large diffusion lorsque l'Ordre était puissant et surtout une information des nouveaux frères. Le cas sera étudié ultérieurement mais l'aveu – fort étonnant au demeurant – du propre Visiteur général, Hugues de Pairaud, en 1307, reconnaissant avoir procédé à l'initiation de nouveaux impétrants suivant cette caricature de rituel, laisse fort perplexe l'historien et notamment par rapport à la dite Règle qu'un tel personnage ne pouvait ignorer.

Certains historiens trouvent la justification dans l'attitude parallèle de Jacques de Molay dans son affirmation « je ne sais ni lire ni écrire » qui, indépendamment de l'aspect ésotérique évident, ne signifiait au Moyen Âge qu'être illettré, c'est-à-dire ne pas connaître le latin. Ce qui, en tout état de cause, est remarquablement inexact car l'ensemble des documents à la disposition des ordres monastiques, et des ordres monastico-chevaleresques, étaient rédigés en latin.

La comparaison entre le rituel de la Règle et la redite des aveux est accablante en effet pour les accusés, mais tout aussi paradoxalement, constituera un cas exemplaire dans un retournement de dialectique de la part de Jacques de Thérines lors du concile de Vienne, comme nous le verrons lors de l'étude du concile.

De ce fait, l'assassinat programmé des Templiers peut l'avoir été avec la complicité involontaire de ces derniers.

CHAPITRE V

UNE TRILATÉRALE AVANT LA LETTRE

L'EXTRAORDINAIRE PUISSANCE SOUTERRAINE DU TEMPLE

L'inventaire des divers documents se répartissant entre la Bibliothèque Nationale, les Archives Nationales, la Bibliothèque de l'École des Chartes, le Recueil des Historiens des Croisades, montre l'étonnant emploi – s'agissant d'un Ordre de moines-soldats – des verbes suivants : « ils fournissent… prêtent, encaissent, recouvrent… acquittent… avancent, soldent, transfèrent, remboursent… »

Il s'agit là de verbes « économiques », n'ayant qu'un très lointain rapport avec la théologie ou l'art militaire. Nous avons donc choisi de nombreux cas exemplifiant cette attitude économique, où se déploie l'intense activité financière de l'Ordre du Temple.

L'Ordre du Temple était-il devenu une trilatérale avant la lettre ? De nos jours, la trilatérale qui réunit ses membres, dûment sélectionnés, à Davos ou à Saint Moritz, est une assemblée « ouverte » des plus puissantes sociétés mondiales, incorporant ce qui se fait de mieux au niveau politique : un jockey club international pour ne pas dire supranational.

Officiellement toujours, ses débats, dont la presse rend compte, portent sur des sujets très mineurs comme l'organisation du travail dans les pays émergents, la faim dans le monde etc.

Derrière cette façade banale se dissimule des appétits féroces et la mainmise sur le monde industriel et sur celui qui le deviendra. Il s'agit d'une répartition des activités et des tâches visant à contrôler le flux financier, l'exploitation des matières premières etc.

Au milieu du XIIIème siècle, le Temple est très puissant.

Neuf mille commanderies en Occident, quatre millions d'hectares de terres fertiles, des quartiers entiers dans des villes lui appartiennent.

Il possède la quasi totalité de certains ports, comme La Rochelle, ainsi que deux flottes, l'une méditerranéenne, l'autre atlantique. L'existence de deux flottes permet d'envisager non seulement, à l'aller, le transport d'hommes nouveaux, mais encore, au retour, un trafic des produits inestimables d'Orient : épices, parfums, soieries, aromates, tapis, etc., sans parler des esclaves, denrée fort recherchée.

Il détient les plus redoutables forteresses aux marches des états francs d'Orient, et le pouvoir politique et économique de ces états, comme à Saint Jean d'Acre.

Le bilan est impressionnant.

S'y ajoute les qualités d'audit et de gestionnaire – termes bien modernes, nous en convenons -. N'est-il pas chargé de contrôler, vérifier, diriger la comptabilité des principaux princes d'Occident, et des papes, comme nous l'étudierons en détail dans ce chapitre ?

Certains papes sont des leurs [1], certains rois ou empereurs

1 Bernard Paganelli - ancien abbé de Sainte-Anastase - régnera sous le nom d'Eugène III. Il conservera la coule cistercienne blanche. C'est depuis cette époque d'ailleurs que les papes sont vêtus de blanc.

ont essayé d'en faire partie, à l'exemple de Frédéric II de Hohenstoffen [2]. Ils ont la protection des rois et reines, ne serait-ce qu'Aliénor d'Aquitaine [3]. Bref, ils sont tout puissants et dans tous les domaines : une trilatérale avant la lettre…

Ils font et défont les papes, ils décident ou non de prêcher une croisade, de la stratégie politique et militaire en Orient. Contrôlant les flux financiers, ils décident de la valeur de la monnaie, réalisant de très substantiels et appréciables profits, pour le plus grand bien de l'Ordre, évidemment.

Dès lors, l'assassinat programmé, dès le milieu de ce XIIIème siècle, s'explique parfaitement. L'Ordre contrôlait pratiquement toute la vie économique, politique, religieuse de l'Occident médiéval, en s'imposant territorialement en Orient. Ne leur a-t-on pas confié d'immenses territoires à administrer, ne serait-ce que le comté d'Edesse au nord de l'Euphrate ?

Certains pensent qu'ils outrepassent leurs droits, qu'ils deviennent incontournables. Réaction : il faut les faire disparaître.

Cela prendra beaucoup de temps assurément mais, dès lors, le complot visant à les abattre va d'abord se mettre en place, inconsciemment, dans la tête des puissants de l'époque. Ils seront aidés en cela par les rivaux des Templiers, les autres ordres hospitaliers et militaires, ainsi que les rivaux économiques des Vénitiens – alliés des Templiers – c'est-à-dire Gênes, Pise, Amalfi… bref, toutes les communes marchandes italiennes refusant que la Méditerranée soit une mer vénitienne ou templière.

2 A l'exemple aussi de Raymond Berenger, comte de Barcelone et de Provence, qui, très âgé, fit à nouveau le voyage à Jérusalem, dans les années 1130 et sollicita son entrée dans le Temple.
3 Ainsi de Alphonse Ier, roi de Navarre et d'Aragon, qui leur abandonnera, par testament, le tiers de ses états. La validité de ce testament fut ensuite contestée par les seigneurs du royaume.

L'étude des richesses de l'Ordre, vue sous l'angle du contrôle des flux financiers et de son intervention permanente dans les actes politiques de l'époque, permet de mieux saisir l'implication des mêmes hommes qui en étaient les bénéficiaires et qui devinrent graduellement des assistés financièrement, des aigris visant à couper la main qui pourtant les a aidés.

Personne n'aime recevoir des leçons de gestion de sa propre trésorerie, ni être obligé de payer de forts intérêts de retard pour le non-remboursement d'emprunts contractés auprès du Temple.

Comment celui-ci se fait-il payer ? Tout naturellement, il se fait octroyer d'autres privilèges, alors qu'on ne cesse de proclamer que ceux qu'il détient sont déjà exorbitants. Ou, il obtient de nouvelles terres fertiles, dont le rendement servira à l'édification de nouvelles forteresses et les donne à exploiter à des serfs, qui apprendront ainsi de nouvelles méthodes de travail et de pensée, germes d'idées révolutionnaires, comme cette demande de convocation d'Etats Généraux qui fit frémir de peur Philippe Le Bel. Et pourtant, on était déjà en 1302 !

Manque-t-il des bateaux pour une expédition ? Il faut les noliser auprès des Templiers. Le roi de Sicile a-t-il besoin d'esclaves maures pour les réparations de ses palais ? Les Templiers les lui fourniront. Les rois catholiques hésitent-ils à leur remettre certaines citadelles comme ils s'y étaient engagés, en péninsule ibérique ? Les Templiers ne participeront pas aux prochaines batailles et il faudra l'intervention du pape pour qu'ils enlèvent la victoire de Las Navas de Tolosa.

Les exemples sont innombrables de leur puissance, de leur action souterraine. Moralité : il faut qu'ils disparaissent. Les princes d'Occident, à commencer par les rois de France, mettront un demi-siècle pour y parvenir.

Le partage de la Méditerranée, et des circuits commerciaux y afférents, entre Vénitiens et Templiers a fait couler beaucoup d'encre. Mais, Venise sut tirer habilement son épingle du jeu, en payant aux Mamelouks des tributs énormes pour continuer l'exploitation de ses comptoirs commerciaux, dans les principaux ports du futur empire ottoman. Ce qui constitue les siècles d'or de la république de Venise sonna malheureusement le glas de l'Ordre.

La raison ? Sa supranationalité qui devenait intolérable. Non seulement l'Ordre était perçu comme un état dans l'État mais ne relevait – en principe, car vers la fin de son existence ce fait ne fut plus aussi pertinent – que de la papauté. Sa disparition, dès lors, arrangeait fort les affaires des souverains d'Europe. La machine infernale était en marche.

LE TEMPLE DE PARIS, PLAQUE TOURNANTE FINANCIÈRE

Le monde plein du Moyen Âge s'accompagne d'un remarquable développement économique. Le marchand est le frère du moine, lui-même celui du guerrier. Le compagnon franc est le cousin de l'armateur, parti à Trébizonde pour achalander les foires de Champagne où se construisent en même temps les cathédrales.

Les pages qui suivent, et les très nombreux exemples cités, démontrent l'intense activité financière du Temple, qui dépasse de très loin les opérations classiques de change de prêteurs juifs ou les mouvements de fonds des banquiers lombards, qui n'apparurent que tardivement dans la seconde moitié du XIIIème siècle. Par ailleurs, s'il était d'un usage relativement courant de déposer parfois des bijoux ou de la vaisselle ou des pièces de monnaie dans un monastère, jamais on ne vit une telle concentration entre les mains d'un seul ordre monastico-chevaleresque.

Car c'est bien là que réside l'interrogation. Une église, un couvent, un prêteur sur gage, un établissement financier italien, peut servir à l'occasion de « banque de dépôt » ou fournir une « caution » mais jamais on ne vit ces opérations financières, dignes de notre siècle, se situer sur une aussi grande échelle. Comment pouvons-nous tenter de l'expliquer ?

La confiance, d'abord. Les recettes ecclésiastiques pouvaient être confiées non à l'évêché local mais à la maison régionale du Temple, pour être acheminées ensuite vers le Temple de Paris : pourquoi ? Tout simplement à cause de la protection armée qu'offrait la maison du Temple. Personne n'aurait oser s'attaquer aux Templiers pour s'emparer de coffres d'or.

Mais, ensuite et surtout, il n'y avait que très rarement des transferts de fonds. Lorsqu'il est écrit que les dites recettes sont déposées à la maison d'Arles pour se retrouver au Temple de Paris, cela peut signifier qu'il n'y eut que transmission d'un document, sans aucune valeur pour qui aurait voulu l'intercepter : d'où le mécanisme de la lettre de change, de l'endossement, toutes choses bien connues aujourd'hui.

Maître Pierre Marc – correcteur des lettres apostoliques – fut envoyé par Innocent III dans le midi de la France pour y recueillir les cens dus à Rome et il mit sa recette entre les mains des maîtres des maisons de Montpellier, de Saint-Gilles et d'Arles, lesquels devaient les faire parvenir au trésorier du Temple à Paris.

En 1220, Honorius III invita son légat, Pandolfi, à envoyer d'Angleterre à Paris les produits du denier de Saint Pierre [4].

Honorius III – en 1220 toujours – s'adressa aux Templiers pour un envoi important d'argent en Terre Sainte, au légat

4 Cité par L. Delisle – *Mémoires sur Les Opérations Financières de l'Ordre du Temple*.

Pelage. Il lui arriva même de reprocher au trésorier du Temple de Paris d'avoir disposé à sa guise des produits du vingtième – dîme ecclésiastique – d'Angleterre, avant de les lui faire parvenir [5].

Grégoire X emprunta en 1274, 1500 marcs d'argent à des marchands lombards, qui furent remboursés par le Temple de Paris [6].

LES TEMPLIERS, BANQUIERS DES CROISADES ET DE L'EUROPE

Jamais les croisades – du moins la première – n'auraient pu être possibles sans une formidable logistique, ce qui nous semble aujourd'hui évident : or, rien ne l'était moins à l'époque.

On était loin du rituel pèlerinage annuel, accompli à pied par plusieurs milliers d'individus, dont fort peu, à dire vrai, revenaient indemnes. La première croisade suscita un tel enthousiasme qu'elle réunit, on le sait, d'abord l'élite de la chevalerie européenne, par milliers, puis des dizaines de milliers de ses gens d'armes et un nombre fort impressionnant de religieux, sans parler des civils, accompagnant inévitablement leurs seigneurs. Au bas mot, près de 80.000 personnes, un exode en quelque sorte qu'il fallut bien gérer, organiser, coordonner.

La question se pose de savoir si cette première croisade de 1095/1099 aurait pu avoir lieu un siècle plus tôt. Mais la réponse tombe très vite, immédiate : non, c'était impossible.

Non pas que ces troupes n'eussent pu se rendre jusqu'en Palestine mais, il est très facile d'envisager l'incroyable complexité financière que cette croisade impliquait. Les seigneurs

5 *Recueil des Historiens des Croisades* – Tome XIX page 705.
6 Bibliothèque Nationale – Manuscrit n° 9820.

devaient subvenir eux-mêmes à leur subsistance et à celle de leurs gens.

Allaient-ils partir avec des caisses cloutées remplies d'or, de vaisselles pour payer au fur et à mesure ? Qui allait payer les bateaux vénitiens ou pisans ? Qui allait aux étapes préparer les camps immenses ? que l'on imagine des tentes pour 80.000 personnes. Or, la première croisade durera quatre ans.

Elle eut nécessairement des implications économiques, avant, pendant et après. Et les conséquences peuvent être estimées, mesurées à l'aune, du développement économique de ce Moyen Âge.

Nous pouvons avancer une hypothèse à savoir que ce furent les marchands et les banquiers – terme bien nouveau à l'époque – qui firent les croisades. Les financèrent-ils ? En partie. Les provoquèrent-ils ? C'est là que se trouve en effet le nœud de l'affaire.

Fantastique élan spirituel, désir d'en découdre avec les infidèles, sont des motifs tardifs pour justifier rétroactivement de l'événement. Car il fallut bien un plan initial. Qui eut donc le premier l'idée de la croisade ?

Il convient de s'interroger sur les événements, ou l'événement, qui ont rendu possible le financement de la première croisade.

Revenons un instant sur ce curieux pape de l'an mil, Sylvestre II, qui débat de problèmes économiques tout autant que théologiques, qui entretient de grandes discussions sur les prêts, avec ou sans intérêt, et sur l'idée de l'usure. « Peut-on prêter », dira-t'il, « pour une juste cause ? Peut-on avancer de l'argent ? Gager sa vaisselle ou ses terres si c'est pour le salut de son âme ? »

En mêlant très adroitement le salut de l'âme, et le crédit à court terme ou le prêt avec intérêts, il rend ces deux derniers facteurs financiers valables. Mieux, il les légalise, leur substitue une connotation d'usage, à un rejet sans rémission, tant il est vrai qu'on parlait même d'excommunications pour des prêts à forte usure.

Le XIème siècle, peu à peu, s'initiera à cette idée de monnayer l'argent, d'acheter avant de donner ou voir la marchandise, de recevoir ici et de payer ailleurs. Mieux, les revenus des terres pontificales furent les premiers – pour des raisons de sécurité – à être versés par exemple à Barcelone mais rendus à Rome, à Rome même, sans transport, sans transfert. Ou plutôt si, avec le transfert d'un papier : la première lettre de change que les Templiers venaient de réintroduire puisque l'idée nous vient de la Grèce antique.

Peu à peu, le monde médiéval, très marqué par les fondements théologiques du travail et du profit rémunérateur, vit les mentalités se modifier. Le crédit accompagne donc, dès le début, l'expansion économique.

Pour partir, il fallait soit obtenir un moratoire sur ses dettes – quand on en avait – avec un intérêt bien calculé, soit gager, hypothéquer ses biens – vaisselles, ameublement, arpents de terre – et de plus indiquer ce qu'il en adviendrait si on ne revenait pas. Car c'était là le risque majeur.

Inutile de préciser que les premiers banquiers [7], s'ils eurent des pertes inévitables, firent aussi de bien substantiels gains.

Dès la seconde croisade, en 1148 – soit à peine dix années après l'officielle installation de l'Ordre – le roi de France s'adresse aux Templiers pour leur demander de l'argent pour continuer à la financer et payer ses soldats.

7 Le terme de banquier, vient très simplement du " banc " sur lequel, faute de table, on monnayait l'échange en question.

Nous disposons de trois lettres très précises de Louis VII à Suger [8]. Il s'agit des documents n° 2 (Lettre 22), n° 3 (Lettre 50), n° 4 (Lettre 58), et n° 5 (lettre adressée par la maison du Temple à Acre à son Maître Everard de Barres, retourné en France avec Louis VII, après l'expédition de Damas, pour lui demander de l'argent et des chevaliers), présentés en fin de chapitre.

Là où les Templiers jouèrent un coup de maître, se situe non pas seulement dans le rétablissement de la lettre de change mais aussi dans le rachat des créances, à partir de la deuxième croisade et de la reprise sur une grande échelle des pèlerinages pénitentiels. Sitôt partis les pèlerins, ou les premiers Croisés, les prêteurs commençaient très naturellement à s'inquiéter.

Les commanderies furent les premiers instruments de crédit lorsqu'elles furent sollicitées et, très habilement, proposèrent à ces marchands, ou autres prêteurs, de leur racheter leurs créances, peut-être pas à vil prix, mais assurément à moitié prix, en payant comptant.

Les Templiers passèrent très facilement d'une activité à une autre, ainsi de la gestion des comptes des seigneurs et autres souverains d'Europe.

Les revenus de la Reine Blanche de Castille étaient gérés par eux. Nous possédons le compte qu'ils en rendirent au terme de la Chandeleur de 1243, soit : 24431 livres, 15 sous, 4 deniers.

Les comptes de Charles, comte d'Anjou, étaient également tenus par les Templiers :

- ainsi Marguerite de Flandre reconnaît lui devoir 16 000 livres ;
- Charles dut constituer pour Béatrix, comtesse de Provence, une pension viagère de 6000 livres ;

8 Abbé de Saint-Denis et " ministre d'Etat " de Louis VII.

• pour indemniser Marie d'Antioche de l'abandon de ses droits à la couronne de Jérusalem, il lui verse une rente annuelle de 4000 livres [9].

Il en fut de même pour la tenue des comptes de Robert d'Artois, Robert de France, comte de Clermont, Robert, comte de Nevers, Jeanne, Reine de Navarre.

Avant 1182, Henri II avait confié au Temple les capitaux qu'il réservait pour la défense du royaume de Jérusalem.

Lors de l'établissement de la dîme saladine, il fut convenu que les Templiers constitueraient la commission chargée de lever la contribution dans les états d'Henri II.

Grégoire X, en 1274, fit mettre au Temple de Paris les produits du dixième des revenus de l'ordre de Cîteaux, qu'il s'était réservé en vue de sa participation à une prochaine croisade [10].

LE TEMPLE, BANQUE DE DÉPÔTS ET D'AFFAIRES

Les Templiers se transformèrent en banquiers, et de banquiers, ils devinrent notaires, pour la rédaction des actes correspondant à ces échanges, cautions, avals etc., des documents donc fort compromettants ou qui le deviendront au fil des années.

A quoi pouvait bien ressembler une commanderie, indépendamment du réfectoire, du dortoir, des salles d'armes, de la chapelle, de l'infirmerie, et surtout les maisons du Temple à Londres, Paris, Saint-Jean-d'Acre ? en caricaturant légèrement : à une agence commerciale, à un comptoir financier, à un gigantesque coffre-fort car l'argent y était à l'abri.

9 Layettes du Trésor des Chartes - Tome III page 330.
10 Charles-Victor Langlois – *Règne de Philippe Le Hardi.*

Peut-on prêter l'argent déposé ? Nul ne posa jamais la question. Un seigneur partant en croisade, un marchand allant acheter en Asie, dépose des florins, des ducats, des deniers et recevra à Tyr ou à Trébizonde des dinars, avec au passage un bénéfice pour la banque, en jouant simplement sur les inévitables différences de change.

Jean Sans Terre en 1213 ordonna de payer au Maître d'Angleterre des marcs d'argent en remboursement d'un prêt.

En 1257, les ambassadeurs d'Henri III à Paris se firent prêter par des Templiers 550 marcs d'esterlin, remboursables au mois de mai suivant au Temple de Londres [11].

Eudes de Nevers, mort en 1286, avait emprunté aux Templiers une somme de 3000 besants d'or, qui furent remboursés par ses exécuteurs testamentaires [12].

Geoffroy de Sartines leur avait emprunté 3000 livres tournois. Il meurt en Terre Sainte, sa femme se remarie. Le Parlement de Paris condamne son nouveau mari à rembourser la somme aux Templiers [13].

Dans les archives de la commanderie de Saint Etienne de Renneville – diocèse d'Evreux – on trouve beaucoup de chartes du XIIIème relatives aux rentes que les paysans s'engageaient à servir au Temple comme équivalent des sommes qu'ils avaient reçues d'eux [14].

LES TEMPLIERS, CAUTION DE DIVERSES OPÉRATIONS FINANCIÈRES

En 1215, de grosses sommes d'argent furent avancées par les Templiers, pour le passage de chevaliers poitevins que le

11 Shirley – *Letters Illustrative of the Reign of Henri III.* Cité par Delisle dans : *Mémoires sur les Opérations Financières de l'Ordre du Temple.*
12 D'après l'inventaire de ses comptes, un besant valait : six sous huit deniers.
13 Bibliothèque de l'Ecole des Chartes – 4ème série – Tome IV page 113.
14 Archives Nationales – Série S.

roi appelait à son secours en Angleterre. Emeri de Saint Marc aurait avancé 1100 marcs d'argent. Mais, le crédit de Jean Sans Terre n'étant pas très solide, les Templiers lui demandèrent d'offrir en garantie une certaine quantité d'or.

Les Templiers intervinrent à maintes reprises pour la mise en liberté des prisonniers de guerre. En 1206, ils eurent à payer la rançon de Gérard d'Arthois, homme de confiance de Jean Sans Terre, capturé par Philippe Auguste.

Le paiement de 30.000 marcs d'argent, consécutifs à la naissance d'un fils né du mariage de Louis, fils aîné de Saint Louis et de sa femme Bérengère, fut garanti par les Templiers [15].

La pension de 2750 livres d'Angers, promise par Henri II à Marguerite de France, était payable à la commanderie de Sainte Vaubourg près de Rouen [16].

En 1259, lors de son traité de paix avec Henri III d'Angleterre, Saint Louis s'engagea à leur verser la valeur des revenus de l'Agenois, la caution étant assurée par le Temple [17].

LES TEMPLIERS, « MINISTRES DES FINANCES » DES SOUVERAINS OU DES PAPES

Il semblerait que ce ne soit qu'à partir de Philippe Auguste, que les Templiers devinrent les « comptables » du Trésor du Royaume.

Les noms les plus connus sont ceux de frère Adam et surtout de frère Haimard, qui fut le « ministre des Finances » de ce roi. De 1202 à 1227, il assuma les fonctions de Commandeur des maisons du Temple en France, tout en remplissant sa charge auprès du roi. Il fut choisi d'ailleurs par

15 *Layette du Trésor des Chartes* – Tome III.
16 Catalogue des Actes de Philippe Auguste – Ibid page 497.
17 Sauval - *Antiquités de Paris* - tome II page 325.

Philippe Auguste comme son exécuteur testamentaire. Puis, lui succéda frère Jean de Milly de 1228 à 1234.

De très nombreux frères du Temple servirent de « comptables » ou de « ministres des finances » à divers souverains d'Europe : ainsi de frère Arnoul pour Charles 1er roi de Naples, de frère Vasco pour Jaime 1er roi d'Aragon, de frère Simon pour Henri III d'Angleterre et de frère Hugues pour Jean Sans Terre.

Ils furent également les trésoriers de Saint Louis – ce qui l'irrita parfois – de Philippe le Hardi et bien entendu de Philippe Le Bel. A cet égard, le document le plus instructif est un compte établi à la chandeleur de 1287 [18] et qui prouve que l'administration des finances royales était complètement entre les mains des Templiers.

C'est à frère Jehan de La Tour que revint le redoutable honneur d'être le « trésorier » de Philippe Le Bel à partir de 1293. Pour être complet, il faut toutefois préciser qu'il semblerait qu'un deuxième « trésor », ou un deuxième compte, ait fonctionné à partir de 1295, pour la gestion des finances royales [19].

Toutes les sommes provenant des recettes de l'Église étaient d'abord déposées au Temple du pays concerné mais, pour être ensuite envoyées au Temple de Paris, qui joua véritablement le rôle de plaque tournante financière.

Suivant un relevé de Delisle, dans les années 1270-1280, les sommes ou dépôts, du Temple de Paris, dépassaient les 250.000 livres-tournois. Il cite, à ce sujet, des lettres de Martin IV à Philippe le Hardi, concernant environ 100.000 livres qui auraient dû servir pour une nouvelle croisade.

Clément V avait à ses côtés, à Poitiers, en 1306, des frères Templiers s'occupant de ses finances [20].

18 Bibliothèque Nationale - Manuscrit n° 20683.
19 E. Boutaric : *La France sous Philippe Le Bel* – cité par L. Delisle.
20 *Vie et Mort de l'Ordre du Temple* - Alain Demurger page 257.

LES MONNAIES TEMPLIÈRES

La présence d'une croix pattée, au verso de certaines pièces de monnaie, d'argent ou d'or, atteste de la confiance en cette monnaie. Une monnaie « templière » pouvait être [21] acceptée partout en Orient.

Ce sont les Templiers qui payèrent – à contre cœur d'ailleurs – la rançon du roi Saint Louis, lorsqu'il fut fait prisonnier à La Mansourah en 1250, et les Égyptiens acceptèrent à l'évidence leurs pièces d'or.

Il y eut également un cas où Bohémond d'Antioche, capturé par les Turcs, dut accepter une reconnaissance de dettes payable à terme, à condition que les Templiers s'engagent à la payer, s'il ne pouvait pas le faire.

Par ailleurs, nous savons que Saladin, lors des négociations de paix ayant suivi la chute de Saint Jean d'Acre en 1191, proposa que ce soient les Templiers qui garantissent la bonne exécution, et le bon déroulement, de diverses contributions financières prévues dans les traités de paix [22].

Pour comprendre l'importance de la circulation monétaire en Orient à cette époque, il faut revenir à la Règle et notamment à l'article 111 – rédigé vraisemblablement dans les années 1140-1150 – où il est écrit : « Le Commandeur de la Terre de Jérusalem est le Trésorier de l'Ordre et tous les avoirs de la maison et même en deçà des mers » – c'est-à-dire en Occident – « doivent lui être rendus. »

21 Les pièces de monnaie dite " templières " sont très recherchées et d'une très grande valeur aujourd'hui selon les numismates. Cf document n° 6 (Dinar d'or, millésimes 1251 à 1254, Saint-Jean-d'Acre) présenté en fin de chapitre.

22 Bahad-Ad-Din - *Recueil des Historiens des Croisades – Récits Orientaux des Croisades* – Saint-Jean-d'Acre et Saladin.

Ainsi, le quatrième personnage de l'Ordre, après le Maître, le Sénéchal et le Maréchal, était-il ce Commandeur de la Terre de Jérusalem. L'argent provenant des commanderies d'Europe était sous sa juridiction et toutes les opérations financières passaient entre ses mains.

L'emploi du mot « trésor » d'une commanderie ne doit pas faire illusion. Il s'agit simplement de l'argent nécessaire à son entretien. Il est très possible, par contre, qu'il y eut tardivement une confusion entre un tel « trésor » et le « trésor des Templiers ».

LES RAISONS DE LA RICHESSE DU TEMPLE

Les dons, legs, acquisitions foncières étaient exemptés de droits féodaux, tailles ou aides. Le principal privilège, de ce fait, en matière domaniale garantissait l'intégrité de la fortune foncière avec l'amortissement général de leurs biens, plusieurs fois confirmés, tant par Saint Louis en 1258 que même par Philippe Le Bel, en fin 1304 [23, 24].

Parmi les exemptions ou privilèges, portant sur d'autres produits que les revenus des terres, citons : l'exemption de l'impôt sur les denrées, la permission de vendre les vins en gros et en détail sans frais, alors que l'ensemble de la nation, y compris les seigneurs et évêques, y étaient soumis [25].

Autres privilèges, non moins importants, l'exemption des dons « offerts » aux rois en diverses circonstances : droits du joyeux avènement et subsides occasionnels [26].

23 Cf Archives Nationales K37 n° 25 – *Amortissement Général des biens du Temple*

24 Cf Archives Nationales – Accord entre Philippe III et les Templiers relatifs aux droits et privilèges du Temple de Paris.

25 Henri de Curzon – *La Maison du Temple à Paris* page 161.

26 Henri de Curzon – *La Maison du Temple à Paris* page 162.

L'exemption de certaines impositions ordinaires et extraordinaires, exigées de la nation et du clergé en temps de guerre, « décimes et droits féodaux d'ost et de chevauchées [27] ».

Enfin, certaines bulles pontificales recommandaient aux fidèles, en vue d'obtenir des jours d'indulgence, de venir en aide au Temple par des aumônes, lors de leur visite à l'église du Temple de Paris [28].

Par ailleurs, l'enclos du Temple vit rapidement apparaître, à l'écart des monuments ou autres bâtiments, un espace réservé à l'établissement de certains métiers – dont notamment les boucheries – payant au Temple une redevance pour leur étal. Et, chaque année, le 28 octobre, jour de Saint Simon, se tenait une vaste foire de trois journées où, là encore, les tenanciers payaient leur écot, en fonction de la disposition de leur étal [29].

Les sommes provenant des baillis étaient versées directement, sous Saint Louis, au Trésor du Temple à Paris. Les recettes extraordinaires – subsides, avènement, naissances… – l'étaient également par les sénéchaux [30].

Une des raisons motivant les princes, évêques, seigneurs, à confier leur argent au Temple, résidait dans l'impressionnante forteresse établie en plein cœur de Paris.

Il s'agissait en fait de deux énormes tours, l'une le donjon ou grosse tour ; l'autre surnommée la Tour de César, légèrement inférieure. Ce donjon semblait être édifié sur près de six étages et aurait compté de nombreuses salles souterraines,

27 Henri de Curzon – Ibid page 162.
28 Cf bulles de Honorius III de 1217.
29 Henri de Curzon – Ibid page 257.
30 E. Boutaric – *Saint Louis et Alphonse de Poitiers* – page 344, Paris, 1870. Cité par Henri de Curzon dans *La Maison du Temple à Paris*, Hachette 1888, Bibliothèque Mazarine n° 47815.

également étagées. L'autre tour aurait eu des proportions moindres, tout en étant également fortifiée, ce qui en garantissait la sécurité.

Elles n'ont, semble-t-il, jamais été construites d'un point de vue défensif, vis-à-vis d'un agresseur européen, mais plutôt à des fins psychologiques pour, tout à la fois, impressionner Paris et garantir la sécurité des biens ou archives qui pourraient y être déposés. C'est bien pourquoi l'indication qu'elles furent trouvées vides de tout « trésor », et de toute archive, laisse perplexe en raison des comptes que devait rendre le Temple, aux différents seigneurs, le jour de la Pentecôte.

Il faut bien se figurer l'importance du lieu dit « l'Enclos du Temple à Paris » au début du XIVème siècle : 16440 toises, 11 pieds, soit 60.000 m2 environ. Cette superficie de 6 ha devait au moins représenter le tiers de la capitale [31].

Des reconstitutions ont permis de délimiter la surface de l'enclos du Temple mais, très rapidement, au fur et à mesure de l'édification de nouvelles enceintes par Philippe Auguste, reculant les bornes de Paris, le Temple se situa aussi bien à l'intérieur qu'à l'extérieur de Paris. Les noms de rues ou des quartiers sont désormais familiers aux parisiens. Citons pour mémoire les rues de : La Bûcherie, d'Angoumois, Barbette, Barre du Bec, Billette, jusqu'aux Blancs-Manteaux, Sainte Croix de la Bretonnerie, Saint-Gervais etc.

Les rois de France, en levant les yeux depuis Le Louvre, pouvaient très bien apercevoir la « grosse tour » et la citadelle templière, là sous leurs yeux : un état dans l'État.

31 Henri de Curzon – Ibid page 144.

488 EPISTOLÆ SUGERII ABBATIS S. DIONYSII.

Epist. 22, p. 499. XIII. *LUDOVICI Francorum Regis ad SUGERIUM.* A

Scribit de adventu suo Constantinopolim, et de perquirenda pecunia quæ ipsi mittatur.

An. 1147. *LUDOVICUS, Dei gratiâ Rex Francorum et Dux Aquitanorum, carissimo suo Sugerio, venerabili abbati S. Dionysii, salutem et plurimam gratiam ac dilectionem.* SACROSANCTÆ peregrinationis iter laboriosum sub ope divina sequentes, inter labores vix tolerabiles et infinita pericula sani lætique transivimus, et usque Constan-
Octob. die 4. tinopolim cum omni prosperitate et gaudio, die sabbati* ante festum sancti Dionysii, Domino ducente, pervenimus. Ab hac itaque civitate, ubi per aliquot dies dietavimus *(a)*, scripsimus vobis, universa de nobis læta et prospera vobis annunciantes. Plurimi quidem exercitûs nostri jam transierant et transibant, et nos et ipsi parati eramus ad transitum. Sit itaque diligentia vestra sollicita de dirigendis gressibus B nostris per orationum suffragia, sit prudens et circumspecta in administratione regni vobis commissa. De perquirenda verò pecunia, quam nobis in usus quotidianos pernecessariam vestra prudentia non ignorat, vos rogamus, et quantâ possumus precum instantiâ petimus; et per debitam nobis dilectionem et fidem vos obsecramus, ut vigili sollicitudine, quibuscumque poteritis modis, mittendam nobis pecuniam diligenter colligere, collectamque mittere festinanter sine cunctatione studeatis. Sanctis orationibus vestris et ecclesiæ beati Dionysii nos commendamus. Venerabilis frater vester episcopus Atrebatensis felici consummatione migravit ad Dominum *(b)*. Dilectus filius vester Odo *(c)* monachus vos salutat, quem pro reverentia beati Dionysii honorificè nobiscum habemus.

Document n° 2
Lettre ° 22 -Année 1147 – Louis VII à Suger, lui demandant d'envoyer de l'argent pour continuer la croisade.
Cliché Bibliothèque Nationale de France

Epist. 50, p. 510. XXXVII. *LUDOVICI Francorum Regis ad SAMSONEM Remensem archiepiscopum, SUGERIUM S. Dionysii abbatem et RADULFUM Comitem de Perona.*

Mandat ut persolvi curent pecuniam quam mutuò acceperat per Ebrardum magistrum Templi.

An. 1148. *LUDOVICUS, Dei gratiâ Rex Francorum et Dux Aquitaniæ, S.* * *Remensi archiepiscopo, Sugerio S. Dionysii abbati famosissimo, et R.* * *Comiti de Perona cognato et amico nostro carissimo (d), salutem et gratiam nostram.* DILECTION[I] vestræ mandamus quatinus ea quæ Ebrardus magister Templi vobis mandaverit certa habeatis. Nos siquidem eum ab Antiochia, ad mutuò accipiendam pecuniam nobis necessariam, sexto idus maii *Acaron* * misimus. Ex Dei itaque parte vobi[s] mandamus et nostra, quatinus eis persolvi pecuniam quàm citiùs faciatis, quam pe[r] eos nobis mutuò acquisitam ex literis vobis missis audieritis.

* Samsoni. * Radulfo. * Accon seu Ptolemais.

Document n° 3

Lettre n° 50 – Année 1148 – Louis VII fait savoir à Suger qu'il vient d'envoyer Everard de Barres – qui commandait l'arrière-garde templière à Cadmos et à qui il doit la victoire – à Antioche pour y récolter de l'argent et peut être même à Saint-Jean-d'Acre si cela était nécessaire, afin de poursuivre sa campagne.

Cliché Bibliothèque Nationale de France

α

LII. *LUDOVICI Francorum Regis ad SUGERIUM.*

Multùm se militibus Templi debere significat, et mandat ut pecunia quam ab eis mutuam acceperat, sine dilatione restituatur. Tum scribit de dilato reditu suo.

LUDOVICUS, Dei gratiâ Francorum Rex et Dux Aquitaniæ, dilecto et fidelissimo amico suo Sugerio, B. Dionysii abbati reverentissimo, salutem et gratiam. HONORIS ac reverentiæ et sustentationis summam, quam mihi et meis fratres Templi contulerunt, postquam in partes Orientis perveni, discretionem tuam latere minimè volo. Non enim video nec videre possum quomodo etiam per parvi temporis spatium in E partibus illis permanere vel moram facere potuissem, nisi eorum præcedente auxilio et sustentatione, quæ nunquam mihi defecit à primo die quo in partibus illis fui, usque in hunc diem quo literæ istæ à me discesserunt : et tunc maximè in eodem perseverabant. Quocirca tuam obnixè deprecor dilectionem, quòd, si antea Dei amore ipsos diligebas, nunc quàm maximè Dei et nostrî amore eos diligere et manutenere non renuas, ita quòd sentiant me pro ipsis intercessisse. De cætero autem

(a) *Andreselles*, tribus circiter leucis distantem ab urbe Meloduno.

(b) Odo-Archimbaldus filius erat Guillelmi, primogeniti Stephani Comitis Carnotensis et Adelæ filiæ Guillelmi Conquestoris Angliæ Regis : qui Guillelmus, ductâ in uxorem Agnete filiâ et hærede Gilonis de Soliaco, terras et honores plurimos reliquit in Bituricensi regione.

...neo, pro cujus redditu, ne domus eorum diffametur vel destruatur, non convenit ut eos mendaces faciam, ne et ego cum illis turpiter mendax inveniar. Tibi ergo mandando supplico quatinus sine dilatione duo millia marcas argenti eis reddas. Alia verò quæ supersunt in debito, præcepi G.* de Rancone ut ea illis diligenter reddere non differat : quod se facturum mihi benignè promisit. Debet autem eis reddere triginta millia solidorum Pictaviensis *(a)* monetæ : de quibus, licèt mihi bonum responsum dederit, tamen si fortè eos reddere noluerit, mandando tibi præcipio ut ipsum eos reddere moneas, et reddere facias. Hoc enim illi præcepi, ne nimis pro tanto debito gravareris. Vale, sciens et intelligens quoniam in hoc primo transitu repatriare credidi : sed Orientalis ecclesiæ oppressionem et instantem ipsius terræ necessitatem inspiciens, pietate commotus, et totius Orientalis ecclesiæ precibus victus, usque ad Paschæ* transitum remanere ad ipsius ecclesiæ sustentationem promisi. Tunc verò B repatriare, et ad regnum à Deo mihi præstitum redire, ipso favente et concedente, remotâ omni ambiguitate, proposui et in animo firmavi. Similes literas comiti R.* scripsi de hac pecunia.

Document n° 4 :
Lettre n° 58 – Année 1148 – Louis VII demandant à Suger de lui envoyer sans délai 2000 mars d'argent par l'intermédiaire du précepteur Templier Gaufrido de Rancone.
Cliché Bibliothèque Nationale de France

Spicil. in-4° tom. II, p. 511; in-fol. tom. III, p. 501.

EPISTOLA A. DAPIFERI MILITIÆ TEMPLI,

Ad EBRARDUM *magistrum ejusdem militiæ.*

Expositis terræ Orientalis calamitatibus post cædem Principis Antiocheni, rogat ut citò revertatur, opem laturus Christianis ad angustias redactis. C

An. 1149 vel 1150.

D. E..... (a), Dei gratiâ pauperis militiæ Templi magistro, domino et patri suo, frater A... ejusdem militiæ dapifer dictus, et omnium fratrum humillimus conventus, cum salute obedientiam ac devotarum orationum munus. POSTQUAM à nobis discessistis, peccatis nostris exigentibus, contigit quòd Principem Antiochiæ *(b)*, cum suis omnibus baronibus et hominibus, mortuum in quodam prælio perdidimus. Quo mortuo, statim Parthi terram Antiochiæ invadentes, nullo resistente, illam totam acceperunt, et castella munierunt, et munita tenuerunt, tenent et tenebunt, nisi divina nobis subvenerit clementia. Post hoc flebile infortunium, cum Rege Jerusalem congregatis fratribus nostris, Antiochiam venire subveniendi gratiâ non distulimus. In quo exercitu centum et viginti milites, armigeros et servientes bene armatos usque ad mille pugnantes duximus. Pro quorum apparatu, antequam pontem Tyri transisse- D mus, septem millia bissantiorum Accar, et mille Jerusalem mutuò accepimus. Sed, quia vos petitioni domini nostri Regis Francorum concessimus, et, ut audistis, inopiâ militum et servientium et pecuniæ undique coarctamur, supplicamus vestræ paternitati ut citò ad nos revertamini, et ita munitus, quatinus, Deo auxiliante, armis et pecúniis, militibus et servientibus, matri vestræ Orientali ecclesiæ, miserabiliter
Job. XIX, 21. depressæ, subvenire possimus. Clamat enim ad vos : *Miseremini meî, miseremini meî, saltem vos*, ô filii mei, qui proposuistis mori pro mea defensione : manus enim inimicorum Domini graviter tangit me. Et dum Antiochiam venissemus, superveniente soltano de Estanconia, et ex alia parte Parthis de Corrozana irruentibus, ut intra muros civitatis nos incluserunt, messes et vindemias nobis ex toto abstulerunt.

His igitur doloribus compulsi, vobis scribimus ut, omni dilatione remotâ, ad E nos redire festinetis. Meliorem enim causam revertendi nunquam habebitis, nec ullo tempore adventus vester Deo poterit esse gratior, domuique nostræ et Jerosolymitanæ terræ utilior. Domus namque nostra, patre rectoreque suo vivente, non debet esse orbata. Et quidquid de nobis sit, de quibus nihil nisi misericordiam Dei exspectare potestis, venite. Sicut enim potens est Deus de lapidibus suscitare filios Abrahæ, ita, si ei placuerit, de manibus inimicorum suorum liberare ; tamen nobis nulla

(a) Domno Ebrardo. Is Ebrardus, *des Barres* cognominatus ab Odone de Diogilo, anno 1149 in Franciam redierat cum Rege Ludovico VII.

(b) Raimundum Pictavensem, qui anno 1149 cæsus fuit à Turcis in prælio die 27 junii commisso, uti narrat Willelmus Tyrius, lib. XVII, cap. 9.

A patet evasio, nisi nobis ille subveniat, qui nos terramque redemit sanguine suo. Nec miremini quòd tam paucos aut ferè nullos fratres mittimus ; utinam enim vos et omnes fratres in transmarinis habitantes partibus, nobiscum haberemus ! Plures enim eorum quos nobiscum in exercitu duximus, mortui sunt. His igitur de causis necesse habemus ut nos visitetis, et quos idoneos ad hoc noveritis de fratribus et servientibus vobiscum adducatis. Nam, licèt multùm properetis, minimè tamen nos, ut credimus, vivos invenietis. Venite igitur, et nolite tardare ; sic enim volumus, monemus et postulamus : et inter cætera domûs nostræ necessitatem attendite, quam vobis nec literis nec vivâ voce explicare possumus. Præterea terræ perditionem domino Papæ et Regi Francorum, et personis ecclesiæ et Principibus nunciate, eos admonendo ut subveniant desolatæ matri suæ, aut præsentiâ corporum, aut bonorum suorum participatione *(a)*. Et licèt vos tardè venturos intelligamus, tamen venite.
B Tempus enim est, vota Deo persolvamus, scilicet animas nostras pro fratribus nostris defensioneque Orientalis ecclesiæ et sacri sepulcri ponamus : hæc enim sunt vota quæ reddere debemus in hoc tempore opportuno, si votorum cupimus habere merita. Memores anxietatum et paupertatum nostrarum, cum magistro fratres * *f. frat[res]*
estote, et venditis omnibus quæcumque poteritis, venerande Pater, vobiscum, ut vivere possimus, nobis afferte. Valete.

(a) His rumoribus in Francia excitatis, de suscipienda nova expeditione tractatum est, prout legitur in chronico Turonensi ad annum 1150 : *Habitis per Franciam conventibus, jubente etiam Eugenio Papâ ut abbas Clarevallensis Jerosolymam ad alios provocandos mitteretur, grandis iterum sermo de profectione transmarina celebratur, sed per Cistercienses monachos totum cassatur.* Tomo nostro XII, p. 474. Idem habet eisdem penè verbis Robertus de Monte à Pistorio editus, t. XIII, p. 332.

Document n° 5

Lettre adressée par les Templiers à Acre à leur Maître, Everard de Barres, retourné en France avec Louis VII. C'est la première fois que nous disposons d'une telle correspondance échangée entre les membres du Temple.

Le contenu général de la lettre est le suivant :

A peine Conrad et Louis de retour de Terre Sainte qu'un événement désastreux vint jeter la consternation parmi les chrétiens d'Orient.

Raymond d'Antioche fut tué l'an 1149 dans un combat contre les infidèles qui mirent aussitot le siège devant la ville d'Antioche. Le roi de Jérusalem et les Templiers ayant rassemblé ce qu'ils purent des troupes vinrent au secours des assiègés avec des forces inégales. Mais leur Grand Maître Everard de Barres avait accompagné le roi Louis Le Jeune en France. Ils lui écrivirent pour le presser de revenir au plus tôt et d'amener avec lui des secours d'hommes et d'argent. (*Recueil des Historiens des Gaules* 1808, Tome XV pages 488, 493, 494 et 496).

Cliché Bibliothèque Nationale de France

Document n° 6
Légendes chrétiennes concentriques en arabe, avec croisettes initiales, et croix au centre du revers.
Dinar d'or, millésimes 1251 à 1254, Saint-Jean d'Acre.
Document J. VINCHON – F. BERTHELOT

CHAPITRE VI

LES CROISADES : UNE GUERRE ÉCONOMIQUE

L'ESSOR DU COMMERCE MARITIME

La monnaie circule, mais c'est une monnaie scripturaire. Dès lors, les bénéfices sur les opérations de change sont énormes, justifiés par les risques d'abord, l'incertitude ensuite sur la valeur exacte d'une autre monnaie, en usage en Orient ou lorsqu'on revient d'une croisade. Si, de plus, cette monnaie scripturaire gage une marchandise, nécessairement l'activité financière se double d'une activité commerciale.

Un marchand est forcé de s'intéresser au prix exact des marchandises échangées, à ces produits eux-mêmes. Et, tout naturellement, la circulation monétaire accrue, contribue au développement économique. C'est, mathématiquement, le phénomène de l'inflation.

Une étude sur la contribution essentielle de l'Ordre du Temple, au développement économique du bas Moyen Âge, conclurait très normalement à l'inévitable bouleversement politique correspondant mais, qui curieusement mettra un terme à son existence.

Un ordre supranational, ne rendant compte à personne de ses activités, ne dépendant que du Pape – sans savoir véritablement duquel il s'agissait car, quelques fois, il n'y en eut aucun, ou trop, deux, voire même trois – une telle supranationalité financière, donc commerciale, donc économique, constitue un Etat au-dessus des royaumes et devait, fatalement, causer la perte des Templiers.

Nous pouvons tenir pour affirmée l'existence de deux flottes templières, l'une méditerranéenne, l'autre Atlantique.

Pour la justifier, à Saint-Jean-d'Acre, siège de la maison chevêtaine après la perte de Jérusalem, on constate l'existence d'un Commandeur de la voûte [1], qui s'occupe activement des opérations maritimes, à un point tel qu'il lui arrive, dans un cas bien particulier, d'être blâmé pour avoir laissé pourrir un chargement de blé.

Ce sont ces indications, sous couvert parfois de l'anecdote, qui permettent d'induire leur autorité s'exerçant sur les mouvements de marchandises entre l'Orient et l'Occident. De la même manière, l'article 119 de la Règle précise bien – et ce dès 1140-1150 – « que tous les vaisseaux de mer qui sont de la maison d'Acre sont au commandement du Commandeur de la Terre de Jérusalem ». C'est assez souligner par là, l'importance de cette fonction.

Venise est alors au début de son siècle d'or, bien avant Gênes, Pise ou Amalfi. Les Vénitiens partent très loin, achètent déjà en Asie Mineure, payent à Rhodes ou à Chypre – pour diminuer les risques – laissent des garanties, échangent des produits.

C'est un petit commerce, un petit courant commercial certes, mais c'est le premier d'importance. Vin contre étoffe, alun contre épées, épices contre laines... sans parler d'esclaves, sur lesquels on ferme pudiquement les yeux.

Ce qui initialement gênait le commerce maritime, était soit de partir, soit de revenir à vide. Cela doublait le prix des

1 Henri de Curzon, *La Règle du Temple*. Retrait : article n° 609.

marchandises transportées. Mais, s'il ne s'agissait plus de marchandises mais de pèlerins et de soldats, voire même une petite armée en ordre de marche ? Avec des chevaliers, des milliers de chevaux, de gens d'armes, de prostituées, de religieux ? C'est du fret après tout. Au retour, les produits des pillages pour commencer, des esclaves, et ces fameux produits d'Orient que l'Europe s'arrache : parfums, épices, soieries...

Un autre exemple de fret de retour : des hommes, d'autres commerçants mais ceux-ci Égyptiens, au départ d'Alexandrie, ou Persans, ou Arabes au départ d'Acre, le grand port de la Terre Sainte, puis des alliances, des contrats provisoires entre ces orientaux et les Vénitiens.

On pourrait partager les risques mais aussi les profits des risques. N'a-t-on pas vu des vaisseaux égyptiens, armés pour l'occasion par les Vénitiens, transporter des Croisés venus se battre contre les infidèles, dont les Égyptiens faisaient à l'évidence partie ?

Un acte signé à Acre était honoré à Venise, voire même à Troyes ou à Bruges. Mais, l'argent était bien à la disposition du vendeur. Nul ne se risquait à déroger à la loi des marchands, qui s'apparentait le plus souvent à une loi des pirates.

Les marchands, à l'époque, étaient des soldats c'est-à-dire qu'ils circulaient en armes pour se faire respecter d'abord. Il y avait certes des cas où on retrouvait les protagonistes d'une affaire, ayant mal tourné, un poignard planté dans le dos.

Tout devint bon à vendre, dès lors que tout était bon à acheter. Une croisade par exemple ? Et, une croisade se prépare, longtemps à l'avance ; il faut acheter des complicités, les plus haut placées si possible, acheter des consciences pour que soient fermés les yeux, ou interprétées les bulles pontificales concernant ces fameux prêts, ou gages avec intérêts, ou interdiction de commercer avec les infidèles.

La lettre de change tournait la difficulté. Il suffisait de dire que X ducats de Saint Marc valaient Y besants d'or à Byzance, pour tourner allégrement la loi de l'intérêt. Il suffisait de s'entendre sur le taux de change. Ou alors, on vous prêtait 400 deniers mais, le papier en mentionnait 500. Le tour était joué et la loi morale contournée.

Peut-on expliquer le développement économique du Moyen Âge par les croisades et par l'habileté financière des Templiers, soucieux de faire tourner leur argent ?

Déjà, la reconquête espagnole avait favorisé le commerce dans le sud de la France et les ducs de Bourgogne s'y étaient à juste titre intéressés. Sans même parler de croisades – parce qu'au départ il n'y en eut qu'une et que la seconde n'intervint que 50 ans plus tard – les interventions en Palestine d'un ordre de moines-soldats autorisaient une importante logistique.

Et l'Orient derrière la Terre Sainte ? Mais, on commerçait déjà avec l'Orient. A commencer par Venise : les villes italiennes ne sont plus aux mains des princes, elles le sont entre celles des marchands, d'une nouvelle aristocratie, celle de l'argent. Il est curieux d'ailleurs de constater les différences de mentalité.

Florence et Venise se définissent comme républiques d'abord et comme républiques marchandes ensuite. Nul besoin d'annoncer la couleur, ce sera là aussi celle de l'argent. Florence va élire ses prieurs pour développer le commerce de la laine, Venise va élire son conseil des dix pour faire des affaires outre-mer, tandis que Paris élira ses échevins pour garantir leurs privilèges : l'immobilisme en face du mouvement dynamique, la sclérose, arc boutée sur la protection des acquis plutôt que le risque.

Pour le doge Tiepolo, défendre le libre accès à la mer des territoires vénitiens est avant tout une affaire comme une autre, et non un problème politique.

En Europe, les anciennes cités épiscopales, les anciennes forteresses comtales cohabiteront avec les nouvelles cités marchandes. Mais, les dernières prendront vite le pas sur les premières car il est des villes qui semblent faites pour les hommes d'affaires, ainsi de Venise, ainsi de La Rochelle dont nous avons parlée.

Indépendamment de ces considérations, il faut constater également que le monde médiéval, très profondément marqué par toute une théologie négative sur le travail et le profit du travail, finit par se fracturer à la première croisade.

A partir de la deuxième, les expéditions commerciales, conséquences d'un formidable élan spirituel initié par Bernard de Clairvaux, aboutirent aux échanges de produits, d'hommes, d'idées. L'idée de liberté, par exemple, est sous-jacente au concept de l'échange. Et une telle liberté, chèrement payée, chèrement acquise et défendue, est incompatible avec l'indifférence à l'égard du profit ou à sa négation théologique.

UN MONDE EN PLEINE TRANSFORMATION ÉCONOMIQUE ET SOCIALE

L'apparition des agents économiques – terminologie bien moderne – va de pair avec l'augmentation des flux financiers.

Le haut Moyen Âge, figé dans un terrifiant obscurantisme, s'ouvre enfin sur un monde plein, synonyme d'échanges. Tout le monde se met en mouvement : les hommes, les produits, les idées. Pour élever un monastère, construire une commanderie, il faut et de l'argent et des ouvriers qualifiés.

D'où venait l'argent géré par les chambriers cisterciens, terme recouvrant la fonction de trésorier ou de comptable ? Curieusement, on se met à vendre les reliques, les bijoux des sarcophages. La fin ici veut les moyens. Les termes de l'échange, il faut bien les trouver ailleurs que dans les simples dons et legs, sinon personne ne s'y retrouve comptablement.

Le paysage économique et social va donc changer. Le XIIème siècle est un monde éminemment rural, recouvert de forêts ou les échanges sont rares. On va, là aussi, convertir la nature, en taillant les pierres, en débroussaillant les ronces, en construisant des routes, et en les rendant sûres, pour aller d'abord d'un village à un autre, puis d'un village à la ville voisine, au besoin en réempruntant les anciennes voies romaines.

Les premiers marchés s'établissent, bientôt les premières foires et ce n'est pas une surprise si la plus importante est celle de Troyes en Champagne, attirant paysans, aventuriers, marchands et sergents recruteurs.

Un retour pas à pas vers le paradis perdu est donc possible. Trouver un abri, construire un refuge, au fond d'un défilé, c'est délibérément entrer dans l'avenir à reculons, puisque, au même moment, on va unir par une route sûre deux lieux qui s'étaient éloignés ; mais c'est du même coup réussir son examen de passage.

Et tout le monde se met au travail dans les champs : paysans, moines et Templiers. Âpres au travail, tous, et également âpres au gain. C'est normal si ce n'est pas moral. D'abord donc, édifier un monde différent.

Le plan agricole se lit sur les larges bandes de terre, fruit d'un épuisant travail ou marchandage. La terre cistercienne comme la terre templière – en général on en arrive à les confondre – est faite des longues coutures remplaçant les parcelles atomisées [2]. Les mailles sont en place de ce tissu agricole, pour de meilleures terres, pour des terres plus productives, contre l'ignorance et la pauvreté.

2 *L'Art Cistercien* – Georges Duby page 104.

Les Templiers vont ainsi capturer les rivières, les domestiquer, pour les maîtriser et en faire des instruments au service de leurs forges, là où se fabriquent les meilleures épées provenant du meilleur acier qui, lui, vient d'Espagne par musulmans interposés.

D'autres se serviront de cette même domestication de l'eau pour le tannage, la coloration – autre idée venue d'Orient – et, tout naturellement, vont se créer des métiers nouveaux, exemple les foulons, c'est-à-dire, les ouvriers s'occupant de la préparation des étoffes. Sans oublier les planteurs de ceps, les draineurs de marécages, les constructeurs de digues, les champions du marnage, ceux qui amendent les terres pour mieux les faire fructifier.

Depuis le début du XIIème siècle, les pèlerinages se sont intensifiés, sans croisade, sans guerre. Et ces pèlerins reviennent, certains considérablement enrichis parce qu'ils ont vu, côtoyé, admiré, l'Orient qui les a séduits et pas seulement les minarets dans le soleil couchant mais, par exemple, l'immense bibliothèque de Damas : le savoir accumulé et qui circule librement grâce au papier chinois, que les Arabes utilisent pour leurs livres.

Combien de temps dure un pèlerinage, aller et retour ? Au bas mot une année pleine, plus même si on est compagnon ou maître d'une corporation. Alors, on restera quelque temps de plus en Orient pour approfondir son métier, son art.

Ces pèlerins, une fois revenus, ne demandent qu'à raconter, qu'à embellir bien sûr parfois. Mais leur savoir-faire s'est amélioré. Ils le sentent bien. Il n'y a qu'à l'utiliser. C'est ce que vont faire les cisterciens et les Templiers. C'est par ces premiers pèlerins qu'ils ont commencé leur recrutement. On voit bien l'amorce d'un plan, surtout si, en plus, parmi eux se trouvent des chevaliers.

Voilà pourquoi les Templiers rencontrèrent un tel succès, lorsque délibérément ils s'affichèrent. Ils s'adressaient à des gens qui savaient parfaitement ce dont on leur parlait. Un immense effort de séduction assurément. Les meilleurs seront enrôlés, et ce, dans tous les corps de métiers, pour l'édification des forteresses des Croisés en Terre Sainte [3].

Tous les grands réformateurs de l'époque grégorienne étaient déjà, à leur époque, sortis eux aussi de leur monastère. Les princes ne s'y trompaient pas, qui y recrutaient à tour de bras, les hommes de valeur, capables aussi bien de calculs que d'oraisons.

LES CROISADES : UNE GUERRE ÉCONOMIQUE ?

A partir du moment où les papes étaient entrés en conflit ouvert avec les Hohenstaufen, par armées interposées, et qu'ils se désintéressaient pratiquement des « lieux saints », les Templiers s'estimèrent en droit de poursuivre eux-mêmes une politique en Orient qui n'avait, ni de près ni de loin, rien à voir avec la conception que pouvaient en avoir tant les occidentaux que les barons francs du Levant.

Un vaste espace économique et religieux, étendu jusqu'aux Mongols, procédait de cette politique. Mais, pour cela il fallait la paix, une paix durable comme au XIIème siècle, entre 1100 et 1150.

A partir de 1250, Saint Louis devait repartir au plus vite pour s'occuper de ses propres affaires. Il mit toutefois quatre ans à le faire. Dans l'intervalle, se consacrant à de pieuses cérémonies, accomplissant des pèlerinages, charriant sur son dos des sacs de sable pour déblayer des fortifications

3 *Les châteaux des Croisés en Terre Sainte* - Chapitre : " L'architecture militaire templière en Orient ", par Paul Deschamps.

détruites, ne disposant ni d'argent ni de troupes – transformées pour l'occasion en maçons plutôt qu'en arbalétriers – il se désintéresse complètement des tractations conduites par les Templiers, tant avec les Damascènes que les Mongols, et surtout les Mamelouks d'Égypte, la puissance montante.

Le signe le plus évident de la paix est la prospérité économique. Les Templiers l'avaient bien compris, qui avaient dû choisir entre les communes italiennes celles qui leur étaient le plus favorables. Nous en avons trois : Pise, Gènes et Venise. Là encore, les conflits papautés contre Hohenstaufen réagissaient sur leur comportement.

Pise était du côté Gibelin, donc des Hohenstaufen ; Gènes, par contradiction, du côté guelfe donc de la papauté. Enfin, très schématiquement, car la situation était loin d'être aussi claire.

Et Venise ? Venise était du côté de Venise [4]. Maîtresse pratiquement absolue de la Méditerranée, ayant conclu de forts profitables traités de commerce avec Constantinople, lui ouvrant les routes de la Mer noire, elle devenait déjà la cité marchande la plus opulente du Moyen Âge. A Trébizonde, par exemple, se trouvait un important comptoir vénitien. Et, il va sans dire qu'au Proche Orient, Venise était, tout autant que ses consœurs, intéressée à ce fameux commerce du Levant, prête à tout pour le conserver [5].

C'est là que nous voulions en venir. La paix est synonyme d'une expansion économique mais dont il faut parfois payer le prix. Le prix, ici, était la lutte ouverte, sanglante, avec les autres cités, et notamment Gènes.

La lecture de la carte du port d'Acre au XIIIème siècle (document n° 7, en fin de chapitre) est instructive car elle explique à elle seule les raisons de cette lutte.

4 *Histoires des Croisades* - Jean Richard page 291.
5 Venise - *Portrait d'une Cité* - P. Braunstein et R. Delort page 49.

Pour des raisons d'antériorité, les Vénitiens ont occupé le quartier donnant directement sur le port puis, les Pisans. Quant aux Génois, ils doivent plus ou moins traverser les deux autres quartiers, sauf quelques ruelles pour y accéder. De plus, la longue et large chaîne barrant l'entrée du port était gardée par un contingent vénitien avec seulement quelques soldats pisans et génois.

Dès les années 1250, ce qui mit le feu aux poudres fut d'abord la position d'une certaine maison fortifiée au sommet d'une rue, et qui n'était ni dans un quartier, ni dans un autre, mais dont les Génois s'emparèrent, sans qu'on put les en déloger, légalement du moins.

Puis, une anecdote riche d'enseignement achève de préparer la lutte. Des pirates méditerranéens, généralement financés par les cités marchandes, s'en prirent à un petit convoi vénitien, le dispersèrent et s'emparèrent à l'abordage d'une galère vénitienne lourdement chargée et vinrent, par une curieuse ironie, relâcher à Acre, où à l'évidence les Vénitiens reconnurent leur bateau. D'où bataille rangée dans le port entre les deux communes, sans intervention extérieure.

Cela du temps de la présence de Saint Louis, c'est dire le peu de cas qu'il pouvait porter à ces petits problèmes économiques.

Les Vénitiens obtinrent, nous l'avons vu, le renouvellement de leurs privilèges commerciaux en Égypte, ce qui provoqua la haine des Génois. S'arrangeant pour en rétrocéder une partie aux Pisans, les Vénitiens les firent donc passer de leur côté. Et, du même coup, l'Orient bascula et d'un côté et de l'autre.

Pour les Vénitiens : Bohémond IV d'Antioche, sa sœur Plaisance – toujours prétendante à la tutelle du royaume – le « bayle » Jean d'Ibelin, une bonne partie de la noblesse d'Acre, la frairie de Saint André [6]. Et, là, cela commence à être intéressant, d'autres communes, ainsi Marseille, les communes de Provence, les « poulains [7] » partisans d'un statu quo et pour finir, ou pour commencer, les Templiers.

En face, chez les Génois d'abord, et par esprit de contradiction et d'intérêts ouvertement contraires : les Hospitaliers, les Teutoniques, certains ordres militaires, ainsi de l'ordre lépreux de Saint-Lazare, Philippe de Montfort, souverain de Tyr, la puissante famille Embriaco de Gènes, les maronites du Liban, les communes d'Ancône et de Barcelone, plus la minorité grecque orthodoxe d'Acre. Le descriptif est intéressant, dans la mesure où il montre très nettement la scission entre deux blocs, donc entre deux politiques.

On pourrait penser que, là encore, les musulmans avaient à la fois tiré les marrons du feu et ri de ces discussions entre Francs, mais eux-mêmes étaient aux prises avec des intérêts là aussi, bien contraires : les Mamelouks affermissaient leurs positions en Égypte et très vite Baïbar en assumera le commandement en chef. Bagdad, plus à l'Est, se réveille car les hordes mongoles déferlent. Les Seldjoukides et les Khwarziniens se préparent à les affronter. Damas est à son tour prise au piège entre des factions hostiles.

Ainsi donc, en ces années 1256/1260, le Proche et le Moyen Orient sont non seulement en proie à des guerres civiles, dans respectivement l'un et l'autre camp, mais doivent faire face à toute une série de menaces.

Les Templiers ne veulent plus des croisades, ou du moins pas à l'image des dernières. Non seulement, elles coûtent très

6 Ce point est analysé dans l'aspect social du développement économique de l'Orient, en tant que confrérie calquée sur les fotowwâts arabes pour la défense des intérêts des communautés italiennes.
7 Les poulains étaient les descendants d'émigrés européens en Orient, nés d'un père occidental et d'une mère orientale.

cher et pas seulement en argent mais surtout en hommes, et elles vont systématiquement à l'encontre de leurs objectifs. Ils ont déjà, depuis longtemps, noué des liens avec les Mongols, et conclu des traités, avantageux pour les deux parties, avec Damas.

Restent les Turcs, au nord, qui jusqu'à présent s'en prennent plus à Byzance qu'aux chrétiens du sud mais, qui deviennent les alliés naturels des Mamelouks. Et, c'est là le piège dont il faut s'échapper. L'alliance militaire avec les Mongols doit donc être renforcée, en les aidant au besoin, financièrement, si c'est nécessaire.

Il faut aussi payer, payer très cher [8] la paix avec Baïbar. Déjà, le monopole de la circulation de l'or à partir du Soudan a été négocié, par Vénitiens interposés, mais venant du Niger pour réintroduire l'or dans la bi-métallisation monétaire, afin de rendre la circulation monétaire plus sûre, au moment même où les rois de France s'essayent au faux monnayage.

A partir de 1250, les cartes changent de main. Les Templiers sont obligés d'utiliser leurs ressources, non pour accroître un quelconque champ territorial – ou en trouver d'autres – simplement pour maintenir leur présence en Orient. Les luttes fratricides, aussi bien entre communes italiennes qu'entre ordres chevaleresques, affaiblissent ceux qui devraient être alliés.

L'intervention des Templiers, dans le développement économique du Moyen Âge, se lit donc dans le récit de leurs aventures, pour des motifs d'ailleurs diamétralement différents.

Et, si ce chapitre a été développé à ce point, c'est bien pour montrer l'évolution de leur comportement et surtout le fait

8 Manuscrit 56 H 5156 – Archives Départementales des Bouches du Rhône – Concile de Lyon 1274 – cf le chapitre relatif à la défense des Templiers -

qu'en fin de leur épopée, ils en étaient réduits à payer des tributs à leurs pires ennemis, ce qui n'a pas manqué d'alimenter la polémique sur leur collusion avec les « infidèles ».

De ce fait, le soi-disant trésor du Temple, et son mystère, tombe de lui-même en feu des faits et preuves, attestant non de leur richesse, mais bel et bien de leur pauvreté, à partir de 1280-1290.

Les « assassins » savaient-ils que les coffres étaient déjà vides ?

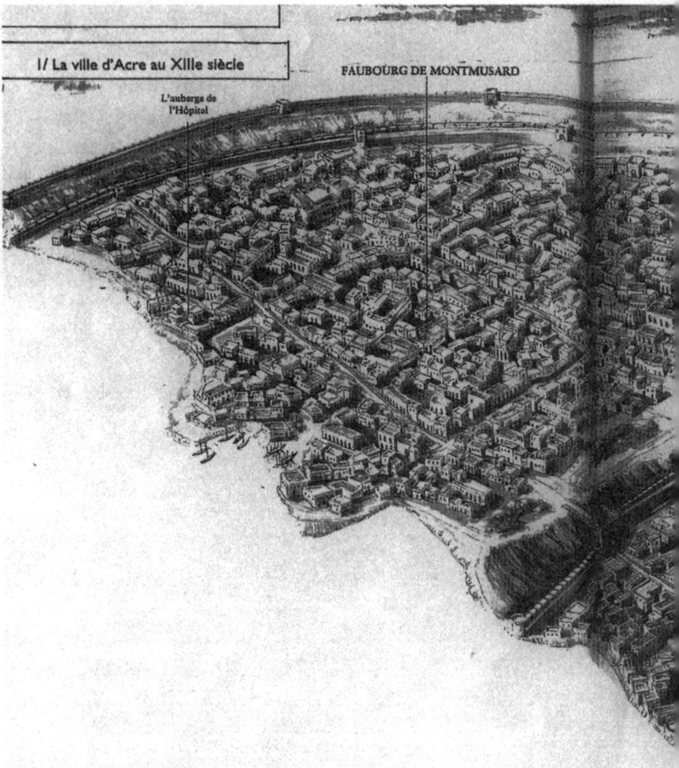

Document n° 7 :
LA VILLE D'ACRE AU XIIIÈME SIÈCLE.
Jonathan Riley-Smith, Atlas des Croisades, traduit de l'anglais
Camille Cantoni. © Éditions Autrement, série « Atlas/Mémoires
Paris, 1996, cartes de Malcolm Swanston, © Swanston Publishin
Limited, Derby, 1990

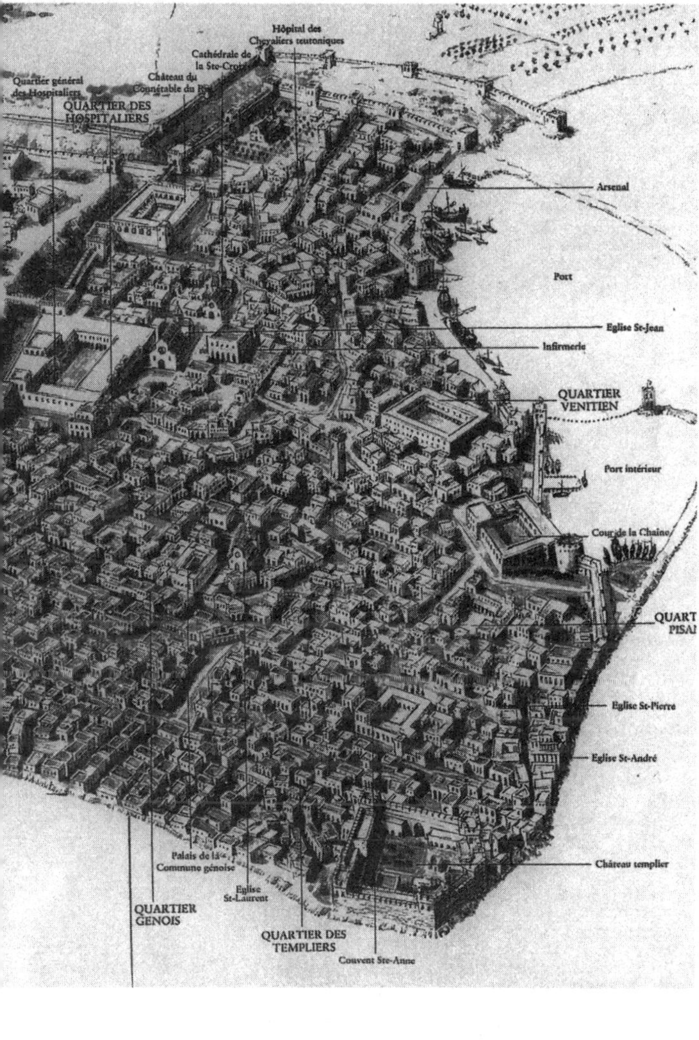
Hôpital des Chevaliers teutoniques
Cathédrale de la Ste-Croix
Château du Connétable du
Quartier général des Hospitaliers
QUARTIER DES HOSPITALIERS
Arsenal
Port
Eglise St-Jean
Infirmerie
QUARTIER VENITIEN
Port intérieur
Cour de la Chaîne
QUART
PISAI
Eglise St-Pierre
Eglise St-André
Château templier
Palais de la Commune génoise
Eglise St-Laurent
QUARTIER GENOIS
QUARTIER DES TEMPLIERS
Couvent Ste-Anne

CHAPITRE VII

L'IMPOSTURE DES CROISADES

Les cartes (documents n° 8, 9 et 10), données en fin de chapitre, représentent parfaitement l'évolution de la situation au Proche Orient, depuis 1150 jusqu'aux années 1291. Les Francs ont été contraints d'évacuer d'immenses territoires et ils sont à présent le dos à la mer, isolés dans des enclaves qui parfois ne communiquent plus entre elles. La large bande côtière, qu'ils occupaient un siècle et demi plus tôt, n'existe plus. Elle s'est réduite comme une peau de chagrin.

Ni l'Orient ni les croisades ne font plus recette, d'autant qu'en face des Francs se dressent les Mamelouks d'Égypte, les Turco-syriens de Damas, et les Mongols, encore indécis sur la position à adopter.

La carte (document n° 9) préfigure le destin non seulement des états francs d'Orient mais celui des Templiers. L'Orient, qui est leur raison d'être, n'en veut plus. Ils s'efforceront, nous le verrons, de gagner du temps, d'acheter des consciences et, de payer à leurs ennemis de lourds tributs pour administrer de petits territoires, ou pour traverser les terres désormais aux seules mains des orientaux.

Ont-ils été trahis ? Ce n'est pas en ces termes que la situation doit être appréciée. Par contre, les divisions se faisant jour entre les Francs en Orient, reflets d'ailleurs de leurs divergences en Occident, contribueront à leur déclin. Ils eurent de mauvais maîtres et de mauvais conseillers, ils se dresseront contre Saint Louis, prémices de l'affrontement final avec ses successeurs capétiens. Non seulement, eux non plus ne faisaient plus recette mais, ils déplaisaient aux souverains d'Europe, obligés pour le moment de composer encore avec eux.

Ont-ils trahi ? De quoi s'agit-il d'abord ? A l'évidence, ils n'ont jamais conspiré contre le roi de Jérusalem et les états francs, même s'il y eut des oppositions quelques fois très violentes. Dans certaines batailles, là où chaque ordre militaire était responsable de sa propre tactique, on les vit plus d'une fois ne pas participer aux combats car ils n'étaient pas d'accord avec la stratégie adoptée, sans parler de leurs différends au plan politique. Le fait s'est reproduit maintes fois lors des affrontements avec les Égyptiens, mais on ne peut parler de trahison.

L'ÉMERGENCE DE L'ORDRE DES CHEVALIERS TEUTONIQUES

Nous dirons plus volontiers qu'ils ont trahis les espoirs placés en eux. Où étaient en 1260 les Templiers de 1130 ? Cent trente ans avaient passé, qui transformèrent le paysage social, économique, politique tant de l'Occident que de l'Orient.

Nous sommes dans un monde plein, en rapide expansion. Les appétits se font jour, les produits et les hommes s'échangent, ainsi que les idées. Et, peu à peu, la réalité apparaît, celle d'un ordre de moines-soldats, devenu simplement une armée de métier.

Nous ne les qualifierons pas de mercenaires, se vendant au plus offrant, mais ne vit-on pas dans la démesure de Frédéric II de Hohenstauffen à leur égard [1], l'amer sentiment de ne pas les avoir à sa botte comme il se le proposait ?

1 *L'étrange croisade de Frédéric II* - P. Boulle page 230.

Il y aurait des pages intéressantes à écrire sur les démêlés entre cet empereur et les Templiers, dont il fit peut-être partie dans les premières années de sa jeunesse. Il devint leur plus redoutable adversaire et donna, par la même occasion, aux autres souverains d'Europe, l'envie et la possibilité de s'en prendre à eux, sans recevoir de contestations. Et pourtant, l'Ordre était supranational, ne dépendait que des papes et ne recevait – en principe – de leçons de personne.

Car, la première manifestation d'une indépendance des souverains d'Europe à l'égard de la papauté, en ce qui concerne les croisades, date de Frédéric II. Une croisade peut d'autant plus être « impériale » que déjà son père, Henri VI, envisageait froidement d'annexer à son empire le royaume latin d'Orient. Ce qui ne pouvait manifestement pas plaire aux Templiers, qui se déclarèrent son ennemi [2].

Cette haine réciproque s'accrut, dès lors que la prépondérance de l'ordre des chevaliers teutoniques s'affirma [3]. L'ordre des Teutoniques est un ordre authentiquement et originellement germanique, dépendant seulement de l'empereur. Celui-ci ne pouvait plus accepter que les Templiers, sur ses propres terres, puissent le défier en soulignant qu'ils ne relevaient que de Rome.

Il n'a pas été assez prêté attention à ce phénomène de création de l'ordre des teutoniques, mais il apparaît bien qu'ils ont conditionné, quelque part, une sournoise attaque contre l'ordre voisin des Templiers, dont les richesses à l'époque – c'est-à-dire vers 1219-1221 – étaient alors considérables [4].

2 *L'étrange croisade de Frédéric II* - P. Boulle page 24.
3 *L'étrange croisade de Frédéric II* - P. Boulle page 31.
4 Il est assez intéressant de noter que l'ordre des chevaliers teutoniques vit son influence considérablement augmentée dès lors que Frédéric II et leur premier Grand Maître - Herman Von Salza - obtinrent du pape Honorius II le droit de porter - exactement comme leurs adversaires intimes, les Templiers - le grand manteau blanc. Ce signe extérieur de " supériorité " de l'élite de l'élite de la chevalerie fit alors grand bruit en 1221. Mais, sur l'épaule gauche ils firent coudre une croix noire et non rouge.

DES AFFRONTEMENTS FRATRICIDES

A partir de 1255-1260, il n'est rien de plus révélateur de la situation réelle des états latins du Levant, que le fait que ce soient les communes italiennes et les ordres militaires, seules forces politiques et militaires organisées, qui aient à décider entre eux de la légitimité du roi de Jérusalem.

Venise et les Templiers, ainsi que Bohémond d'Antioche et de Tripoli, tenaient pour Hugues II, fils de Plaisance de Chypre, tandis que Gênes, les Hospitaliers et les Teutoniques étaient partisans de Conradin, descendant par Manfred de Frédéric II de Hohenstauffen [5].

Non seulement, les ordres militaires s'affrontaient parfois en de courtes batailles rangées mais aussi les communes italiennes. Ainsi, le 24 juin 1258, une importante escadre génoise, commandée par Rosso della Tura, assisté de Philippe de Montfort, seigneur de Tyr, s'opposa dans un combat naval d'une rare violence à une flotte vénitienne, commandée par le doge, Lorenzo Tiepolo. Les vaisseaux génois furent coulés, les Génois durent s'enfuir précipitamment d'Acre et les vestiges de leur tour de la cité maritime furent transportés à Venise.

L'ARRIVE DES MONGOLS

Avec l'apparition des Mongols, leur présence menaçante, leurs importantes délégations envoyées dans la plupart des cours d'Europe, leur participation en tant qu'observateurs au concile de Lyon en 1274, semblent se dessiner deux cartes du Proche Orient, entre lesquelles adversaires et alliés paraissent hésiter. Un Orient mongol ou un Orient musulman [6] ?

5 Les péripéties en sont à ce point complexes que nous leur avons substitué un raccourci historique dans la seule perspective d'exemplifier une situation amorçant le déclin des états francs d'Orient.

6 Die Beziehungen der Päpste zu islamischen und mongolischen Herrschern… – K.E. Lupprian page 81.

Un autre dilemme se pose aux Francs d'Orient, comme aux souverains d'Europe : doit-on privilégier un empire byzantin, c'est-à-dire oriental, fort ou un empire grec, c'est-à-dire européen, faible ? Le choix, malheureusement, se porta sur ce dernier. Les occidentaux privilégièrent une carte, qu'ils ne purent jouer [7].

Il est possible de s'interroger sur la défaite de l'avant-garde mongole en 1260 – et non de l'armée – à Aïn Jalud en Syrie. Incontestablement, les Mongols furent battus mais, leur armée demeura intacte. Par contre, les Mamelouks en firent aussitôt un chant de victoire et elle eut un énorme retentissement. Si l'armée mongole s'était véritablement opposée à l'armée égyptienne, quel en aurait été le résultat ? La première serait-elle sortie vainqueur ? La face de l'Orient en eut-elle été changée [8] ?

L'idée de convertir les Mongols à la foi chrétienne n'était pas si absurde qu'elle y paraît. Elle reposait sur la constatation que les Turcs, ayant envahi les pays arabes, avaient fini par se convertir à l'Islam. Or, il était de notoriété publique que les khans mongols avaient épousé des princesses nestoriennes, qui cherchaient à leur faire embrasser la foi chrétienne, orientale à tout le moins. Mais, de là à les convertir au catholicisme régnant à Rome, il y a un pas qu'il ne faut pas franchir.

Les Templiers, ainsi que les autres ordres militaires, durent tirer les conclusions, après les humiliants traités régulièrement passés avec le sultan Baïbar et ses successeurs, que

7 Là encore un bref résumé s'impose. Lors de la quatrième croisade, en 1203, les Croisés commencèrent par assiéger puis détruire Constantinople qui cependant jusqu'alors avait été un allié plutôt favorable. L'empire byzantin se désarticula entre un empire gréco-latin affaibli considérablement, mais ayant une souche européenne, et un empire - encore - byzantin tentant de négocier avec les Turcs danishmenshit pour reprendre la capitale aux nouveaux infidèles, ce qui montre bien le réel imbroglio politique de l'époque.
8 Ibid page 244.

reconquérir de vastes territoires nécessiterait une très forte armée, qu'il faudrait ensuite réoccuper les forteresses tombées les unes après les autres et surtout coloniser ces territoires. Or, là, manifestement l'Occident n'était pas prêt et surtout n'était plus disposé à le faire.

C'est bien pourquoi, l'idée d'une neuvième croisade a fait long feu et certains de dire, que si Richard Cœur de Lion [9] et plus tard Saint Louis dans les années 1250 n'avaient même pas réussi à reprendre Jérusalem, que pouvait-on escompter d'une nouvelle aventure, sinon d'inutiles tueries ?

Mais, la croisade en tant qu'arme politique fit désormais partie de l'arsenal pontifical. Elle devint un moyen de récupérer de l'argent, de lever des effectifs pouvant être utilisés ici ou là, en Europe.

Il y eut, on le sait, d'autres croisades, en Occident cette fois-ci, et il est possible de dresser une longue liste des princes contre lesquels des « croisades » furent lancées : Roger, roi de Sicile, Frédéric II et ses descendants, Manfred et Conradin, les barons rebelles à Henri III d'Angleterre…

Innocent IV n'alla-t-il pas jusqu'à déclarer qu'il arrêterait ceux qui se préparaient à aller en Terre Sainte, pour diriger la croisade contre les hérétiques d'Europe, ainsi que nous l'examinerons ultérieurement ? Le salut, qu'on se procurait auparavant en sauvant Jérusalem, s'obtenait désormais en massacrant des chrétiens.

L'AFFAIBLISSEMENT DU ROYAUME LATIN DE JÉRUSALEM

Il a été écrit, fort justement, qu'à partir de 1250 les croisades ne faisaient plus recette. Le découragement ainsi que le

9 Lors de la première bataille de Saint-Jean-d'Acre en 1191.

désespoir s'étaient emparés des chrétiens d'Europe… « Jamais », disaient-ils, « il n'y eut de si coûteuses guerres pour d'aussi pitoyables résultats. »

A l'évidence, il existait bel et bien une disproportion flagrante entre les importants moyens, jusqu'alors mis en œuvre, et les piètres résultats obtenus.

Les ordres mendiants y furent pour quelque chose, qui prétendaient qu'il fallait d'abord s'occuper de la Jérusalem céleste à l'intérieur même de l'Église, c'est-à-dire un retour vers un christianisme dit primitif, fait de pauvreté et de charité. Cela apparaît très nettement dans les propos critiques du franciscain, Riccoldo de Monte Croce, que nous citons à propos de Saint-Jean-d'Acre.

A l'heure où se dressaient des royaumes à la monarchie absolue – des Capétiens aux Plantagenêts – le royaume latin de Jérusalem ne ressemblait plus à rien, constitué de maigres îlots de défense, où tout le monde – à commencer par les chrétiens – se battait contre tout le monde.

Et, c'est peut-être là que le bât blessait véritablement. Si les Templiers avaient réellement pu constituer un royaume fort en Orient, avec une importante colonisation, les cartes auraient, peut-être, été redistribuées différemment.

LE DISCRÉDIT TOMBE SUR LES CROISADES

De quel côté était Dieu durant toutes ces désastreuses croisades, ces épouvantables défaites : Hattin [10], la Forbie en 1244, préfiguratrices du désastre final de Saint-Jean-d'Acre ? Certains théologiens retors, madrés, tournaient la difficulté en prétendant que les Croisés combattaient pour le tombeau du

10 Bien qu'elle ait eu lieu en 1187, la défaite de Hattin permit enfin aux musulmans de relever la tête pour s'apercevoir que les états francs d'Orient étaient d'une extrême fragilité. Ils pouvaient non seulement être vaincus mais disparaître également.

Christ, les musulmans se battaient pour Allah et la vraie foi, mais aucun des deux camps pour Dieu seul.

Le « ceci est arrivé à cause de nos péchés » ne prenait même plus sur les âmes les plus égarées. Cette litanie, revenant perpétuellement, finit par prendre corps au point d'être le départ des croisades en Europe contre les Européens, c'est-à-dire d'autres chrétiens.

Il suffisait à la limite de déplaire au pape, à l'empereur, pour voir se croiser contre soi toute une bande de preux chevaliers et de truands de tout poil, brûlant d'en découdre et de tout incendier. Ainsi des soi-disant croisades contre les barons anglais, rebelles à Henri III Plantagenêt, ainsi de l'expédition contre les lucifériens de Bavière – ils devaient être au mieux quelques dizaines – de la destruction des terres du Landgrave, Markwald d'Anweiler, qui avait critiqué le fils de Frédéric II, ainsi d'une guerre expéditive au nom de la croix contre Pise.

Il fallait donc utiliser une fort habile casuistique pour lever des impôts, au nom d'une croisade, contre des anciens Croisés.

Le discrédit tomba sur les croisades, après le découragement né de leurs insuccès. L'agitation sociale, résultat du changement des mentalités, ne contribua pas moins à les déstabiliser dans l'opinion publique, sans parler des sommes énormes qui avaient été détournées, comme il se doit. Les Templiers avaient beau jeu de parler de spoliation.

L'ÉVOLUTION DES MENTALITÉS

L'expansion économique européenne du XIIIème siècle a vu l'explosion des échanges, des produits bien sûr, mais à l'évidence des hommes – ne serait-ce que ces croisades – et plus dangereux encore pour les institutions monarchiques, des idées.

Cela commença par les poètes et les troubadours, plus ou moins timidement, plus ou moins rudement, à l'image de Ruteboeuf. Puis, ce furent les marchands, les armateurs, que les guerres gênaient, les artisans et commerçants revenant de pèlerinages où la foi était singulièrement absente, enfin toutes les confréries des bâtisseurs des cathédrales.

Il suffisait d'ailleurs de rester en Europe, pour s'apercevoir que les croisades devenaient autant européennes qu'orientales, et ce n'était pas là le moindre paradoxe du système. Se croiser était, à l'origine, coudre une croix sur son épaule gauche et partir à la reconquête de Jérusalem. Il y eut des croix pontificales, puis impériales, puis royales, chaque pape ou souverain essayant d'imprimer son sceau sur une tentative de conquête de l'Orient.

Les musulmans menaient-ils un djihad, une guerre sainte contre les Francs ? Mais, que faisait la papauté en prêchant une autre guerre sainte contre les Albigeois, les Cathares, les Vaudois, sans parler de l'esprit de tolérance, qui reculait à chaque coup porté contre ceux qui n'étaient pas de la vraie foi ? A commencer par Saint Louis qui, à peine revenu en France, s'en prit aux juifs du royaume.

D'autant que chaque croisade voyait son flot d'indulgences augmenter, ainsi que le prix à payer également.

Si la rémission des pêchés était la règle pour la première croisade, il n'en fut plus de même pour les suivantes, où il fallut payer pour obtenir le pardon de ses fautes. Et, du temps de la croisade de Saint Louis, on pouvait payer quelqu'un pour partir à sa place. Cela coûtait seulement un peu plus d'argent.

Rome monnayait cher le salut des âmes, mais on pouvait tout aussi bien brûler les hérétiques que les Turco-arabes, sans distinction aucune.

LE DÉSASTREUX CONSTAT

Le pape Grégoire X, anciennement légat pontifical à Acre, pouvait bien demander à trois observateurs de lui dresser un inventaire des croisades, il en connaissait assurément le bilan. Il confia la rédaction de ce dossier à trois prêtres, connaissant bien l'Orient et l'Occident : le franciscain Gilbert de Tournay,

Bruno d'Olmütz, peu suspect de complaisance pour les papes, étant lui-même impérial, et surtout le franciscain, frère Humbert de Romans, qui remit lui-même un mémoire très précis à ce sujet.

Les trois hommes, chacun séparément, arrivèrent à la même conclusion, à partir de la même description et formulant de très sévères critiques à l'égard de ceux qui « montèrent » le mécanisme des croisades.

Beaucoup d'impôts levés en pure perte, des emprunts faits auprès des communes italiennes marchandes, ou des Templiers, à des taux exorbitants que certains emprunteurs ne purent jamais rembourser, des dizaines de milliers de pèlerins massacrés, sur les différentes routes, par n'importe qui, à commencer par les chrétiens orientaux eux-mêmes, des dizaines de milliers d'hommes de guerre tués en pure perte en Orient [11]

La croisade était devenue une machine politique financière et économique, destinée à régler des comptes, puisque même Innocent III prêchait la croisade contre son propre « filleul [12] », Frédéric II de Hohenstauffen en Sicile.

On pouvait bien s'en prendre aux Byzantins mais n'était-ce pas des chrétiens, orthodoxes certes, mais des chrétiens quand même ? Les poètes ironisèrent sur une chapelle du Saint-Sépulcre apparue mystérieusement en songe, en Égypte, au frère du roi Saint Louis, pour justifier de cette désastreuse campagne d'Égypte.

Mais, rien ne faisait d'ironiser. Le bilan était rude à contempler, catastrophique. Les cours d'Europe lourdement endettées, la plupart des seigneurs et autres grands féodaux incapables de rembourser leurs dettes, les villages saignés à blanc par ces innombrables croisades ou pèlerinages. Car, si

11 Humbert de Romans - *Opera de vita regulari,* Bibliothèque Vaticane - Tome II - pages 361-369.

12 Au terme de la mort de ses parents, le futur empereur aurait été confié à la garde de l'autorité pontificale du fait de la présence de la cour impériale en Sicile.

on compte huit croisades dites officielles, nous savons que par moments des petits contingents armés se mettaient en marche sans directive particulière, sans injonction pontificale et ce sans parler de flots ininterrompus de pèlerins.

Et, « le résultat le plus apparent », écrira le franciscain Gilbert de Tournay, « est l'incroyable brassage des mentalités, des peuples, des langues et des idées. »

On était vraiment sorti de la longue nuit du Moyen Âge mais, à quel prix ?

UNE ALLIANCE CONTROVERSÉE AVEC LES MONGOLS

Autre paradoxe des croisades, ou autre grief à l'encontre des Templiers, formulé celui-ci par les Teutoniques et les pays de l'Europe de l'Est : une alliance en Orient, avec les Mongols, au prétexte de contenir les Seldjoukides, les Khwarziniens, et les Fatimides, dont il a été question précédemment [13].

D'abord, les Mongols ne sont pas des chrétiens. Ou s'ils le sont, pour les besoins de la cause ou pour des raisons diplomatiques, ils sont avant tout nestoriens. Or, qui sont les nestoriens ? Des hérétiques. Des schismatiques, controversant sur la nature exacte du Christ. Mais, un chrétien n'était-il pas un chrétien avant tout ?

Les Teutoniques avaient un argument de poids à assener aux Templiers : il y a deux sortes de Mongols. « Ceux avec lesquels vous souhaitez vous allier en Orient et ceux contre lesquels nous nous battons en Europe. Ils viennent tous de haute Asie », pouvaient-ils leur dire. Y aurait-il deux poids, deux mesures ? Comment dès lors concilier ce paradoxe, entre alliés fidèles dans un pays et ennemis sanguinaires, quelques centaines de kilomètres plus au nord ?

C'est bien pourquoi, l'imbroglio politique atteignit son apo-

13 K. E. Lupprian. Ibid page 253.

gée dans les années 1260-1280 et cela devint d'une inextricable complexité. D'autant que certains Teutoniques se battaient contre les Mongols en Transylvanie, tandis que leurs frères d'Orient avaient pour alliés les troupes mongoles. Dès lors, comment un spectateur débarquant en Orient pouvait-il saisir l'enchevêtrement de ces alliances, et contre-alliances, dont le caractère ambigu n'était même pas perceptible au premier degré [14] ?

LES TEMPLIERS S'OPPOSENT AUX CROISADES

Les Templiers luttèrent-ils contre le prêche des croisades, ayant des objectifs non avoués, pour qu'elles ne se réalisent pas ? Ou, quand ils ne purent pas faire autrement, les financèrent-ils pour essayer de les contrôler ? Les deux hypothèses permettent d'ouvrir le débat sur la soi-disant « trahison » de l'ordre, accusation bien plus perversive que des comportements contraires à la morale.

Non seulement, les croisades furent détournées par les papes, les rois, les empereurs, de leur objectif initial mais encore, l'ordre militaire le plus important, et qui curieusement aurait dû y gagner, parut, à partir du milieu du XIIIème siècle, s'y opposer.

Il ne faut pas perdre de vue que ce sont les désastreuses croisades, et les sombres décennies de la fin du XIIème siècle, qui facilitèrent l'émergence de l'empire ottoman, privant ainsi et l'Ordre et l'Europe de ses meilleurs éléments.

Ces derniers points revêtent une importance capitale. Ils expliquent et le phénomène des croisades et l'extraordinaire paradoxe des Templiers.

Joshua Prawer avance une hypothèse intéressante sur la réalité de la croisade de Saint Louis [15], allant se perdre à Tunis. Il semblerait que ses anciens compagnons d'armes ne l'aient pas suivi et, beaucoup plus grave – pour lui -, il dut

14 K. E. Lupprian. Ibid page 255.

constater l'absence du Sire de Joinville, son plus fidèle ami et son historiographe attribué.

La responsabilité de l'arrivée inopinée du roi à Tunis serait due à Charles d'Anjou, son propre frère, sans qu'on puisse trouver une quelconque explication raisonnable. Selon Prawer, ce choix fut jugé des plus étranges en Occident à l'époque, en dépit du machiavélisme avant la lettre de Charles d'Anjou cherchant – mais de quelle façon ! – à se concilier Baïbar, sultan d'Égypte. Une autre version tendrait à dire qu'en s'attaquant aux infidèles de Tunis, Saint Louis affaiblissait Baïbar. Il suffisait de regarder une carte pour constater l'inanité d'une telle stratégie.

Cette croisade manquée, se terminant par la mort du roi à Tunis – fort éloignée de Jérusalem – jeta en Occident un discrédit total sur l'opportunité de recommencer de pareilles expéditions et contribua, chez les musulmans, à renforcer l'idée de rejeter définitivement les Francs à la mer.

L'assassinat programmé des Templiers peut donc être mesuré à l'aune des échecs répétés des croisades, dans la mesure où, s'opposant à ces expéditions tout en voulant maintenir leurs positions en Orient, ils indisposèrent considérablement les cours d'Europe. Plus personne n'était vraiment intéressé à reconquérir Jérusalem, les souverains d'Occident avaient d'autres chats à fouetter et d'autres ambitions étaient apparues. Pour cela, il fallait de l'argent. « Qui en avait ? », pensait-on, « Les Templiers. » La machine infernale était en marche.

Le paradoxe de leur histoire réside dans ce moment précis, où tout bascula dans la détermination de la politique orientale. Ils ne perçurent jamais, ou ne voulurent jamais percevoir, que le monde avait changé.

15 *Histoire du Royaume Latin de Jérusalem* - page 496 - Tome II

Document n° 8
LA DÉFENSE DES ÉTATS LATINS D'ORIENT,
1146-1186..

Jonathan Riley-Smith, Atlas des Croisades, traduit de l'anglais par Camille Cantoni © Éditions Autrement, série « Atlas/Mémoires », Paris, 1996, cartes de Malcolm Swanston, © Swanston Publishing Limited, Derby, 1990.

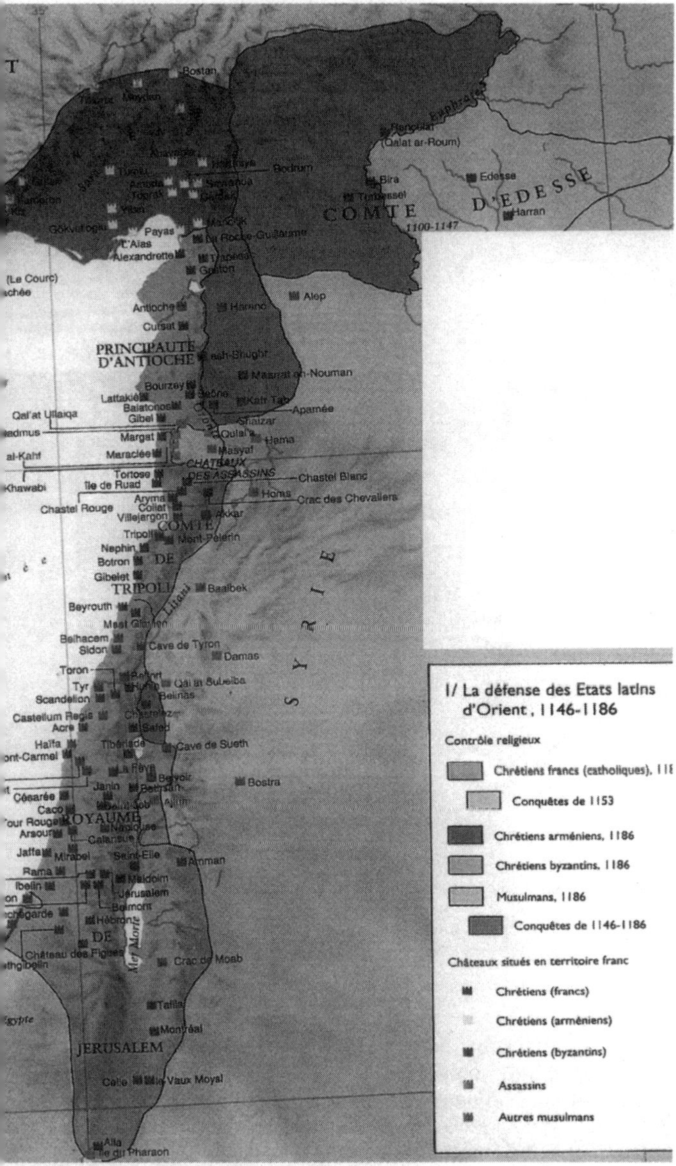
Bostan
Bodrum
(Qalat ar-Roum)
Bira
Edesse
COMTE D'EDESSE
1100-1147
Harran
Payas
L'Aias
Alexandrette
Alep
Antioche
Cursat
PRINCIPAUTE D'ANTIOCHE
Bourzey
Lattakié
Balatonos
Qal'at Ullaiqa
Gibel
Apamée
Shaizar
Margat
Hama
Maraclée
Masyaf
al-Kahf
CHATEAUX DES ASSASSINS
Tortose
Chastel Blanc
Khawabi
Ile de Ruad
Homs
Crac des Chevaliers
Aryma
Chastel Rouge
Villejargon
COMTE DE TRIPOLI
Tripoli
Mont-Pelerin
Nephin
Botron
Gibelet
Baalbek
Beyrouth
Belhacem
Sidon
Cave de Tyron
Damas
Toron
Tyr
Scandelion
Belinas
Castellum Regis
Acre
Safed
Haïfa
Tibériade
Cave de Sueth
Belvoir
Bostra
Janin
Césarée
Caco
Tour Rouge
ROYAUME
Arsour
Naplouse
Jaffa
Mirabel
Saint-Elie
Amman
Rama
Ibelin
Jérusalem
Belmont
Hébron
DE
Château des Figues
Mer Morte
Crac de Moab
Tafila
Montréal
JERUSALEM
Celle
Vaux Moyse
Aila
Ile du Pharaon
Egypte
S Y R I E
1/ La défense des Etats latins d'Orient, 1146-1186
Contrôle religieux
Chrétiens francs (catholiques), 118
Conquêtes de 1153
Chrétiens arméniens, 1186
Chrétiens byzantins, 1186
Musulmans, 1186
Conquêtes de 1146-1186
Châteaux situés en territoire franc
Chrétiens (francs)
Chrétiens (arméniens)
Chrétiens (byzantins)
Assassins
Autres musulmans

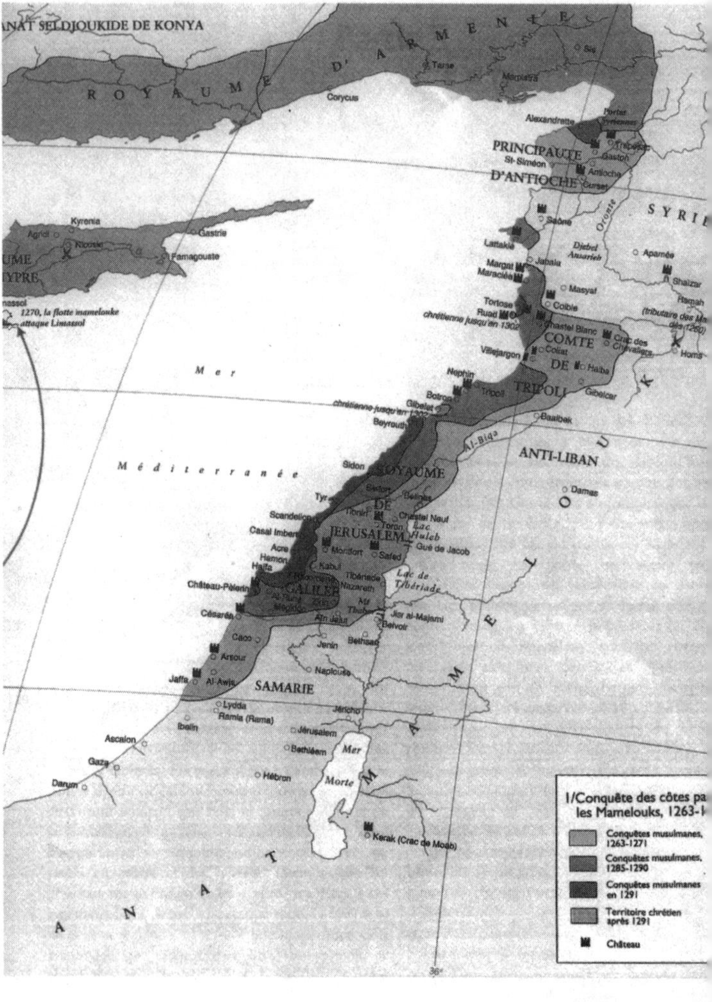

Document n° 9 :
CONQUÊTE DES CÔTES PAR LES MAMELOUKS, 1263-1291.
Jonathan Riley-Smith, Atlas des Croisades, traduit de l'anglais par Camille Cantoni © Éditions Autrement, série « Atlas/Mémoires », Paris, 1996, cartes de Malcolm Swanston, ©Swanston Publishing Limited, Derby, 1990.

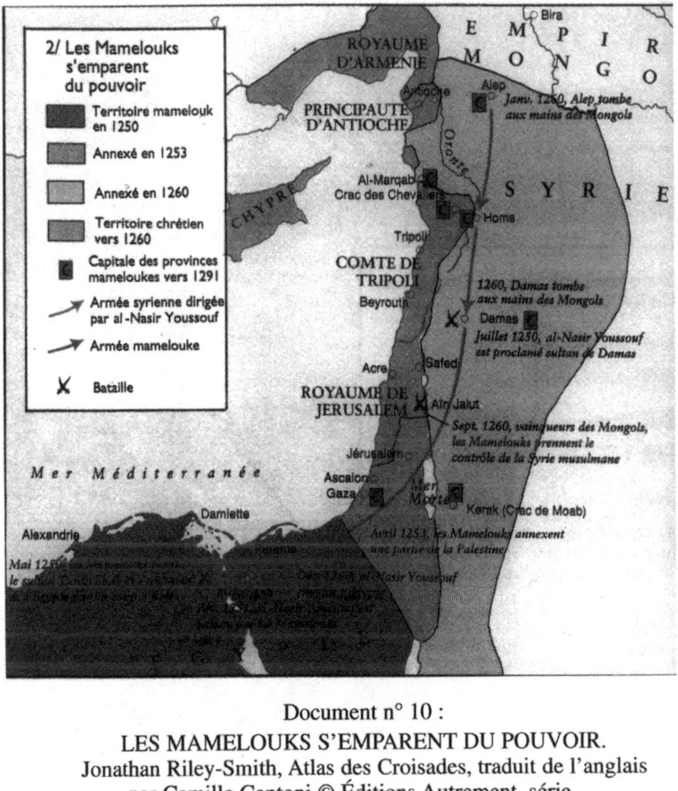

Document n° 10 :
LES MAMELOUKS S'EMPARENT DU POUVOIR.
Jonathan Riley-Smith, Atlas des Croisades, traduit de l'anglais par Camille Cantoni © Éditions Autrement, série « Atlas/Mémoires », Paris, 1996, cartes de Malcolm Swanston, ©Swanston Publishing Limited, Derby, 1990.

CHAPITRE VIII

LE CONCILE DE LYON – 1274

LA DÉCADENCE DES ÉTATS FRANCS D'ORIENT

Le concile de Lyon s'ouvrit donc sur le désastreux constat du devenir des états francs d'Orient.

Depuis quatre ans, les sultans mamelouks s'en prenaient, avec une remarquable régularité, aux derniers bastions francs, malgré des armistices répétés qui étaient allégrement violés, par les deux parties d'ailleurs. La plupart des gigantesques châteaux forts de la Syrie du nord étaient presque tous tombés entre leurs mains.

Baïbar, en 1270, démolit, maison par maison, la ville d'Ascalon et fit combler la rade avec les pierres des remparts.

En janvier 1271, il s'attaqua à la redoutable forteresse de Chastel-Blanc, défendue par sept cents chevaliers, mais qui se rendit après seulement quelques semaines de combat [1].

Puis, ce fut au tour du formidable Krak des Chevaliers de ne résister qu'une semaine, en août 1271. On a prétendu que les assiégés auraient reçu une lettre du Maître de l'Hospital,

1 *Récits Orientaux des croisades* - Ibn Wasil - Tome IV - pages 566 à 570

les informant d'un armistice avec les Mamelouks et qu'ils pouvaient sortir la tête haute, pour rejoindre le port le plus proche. Si l'anecdote est exacte, la naïveté des Hospitaliers est alors incommensurable. Toujours est-il, qu'à peine évacuée cette inexpugnable forteresse, la garnison hospitalière fut promptement massacrée[2].

Dès lors, tout s'enchaîna inexorablement. On a parlé, un moment, de tentation suicidaire des Francs en Orient. Cela y ressemblait à s'y méprendre, étrangement.

L'attitude des nouveaux arrivés, en ce qui restait encore de la Terre Sainte, à l'exemple d'Edouard Ier d'Angleterre, ne fit qu'ajouter à la confusion. N'entendait-il pas, ce prince, faire interrompre les relations entre Venise et l'Égypte !

Quelques mois plus tard, Baïbar, toujours lui, quittant Damas pour Le Caire, décida de s'emparer d'une forteresse teutonique, située sur la route de Safed à Acre : Château-Beaufort. Les chevaliers teutoniques négocièrent leur reddition et, selon Ibn Wasil, durent regagner Acre à dos de chameaux[3]. La chute de Beaufort marqua la fin de la présence franque en Galilée.

LES PREMIÈRES ACCUSATIONS

Lorsque nous nous proposions de remonter à la moitié du XIIIème siècle pour y découvrir les prolégomènes du drame templier, c'est bien parce qu'à côté des raisons développées dans les autres chapitres, il convient d'en détecter une d'importance qui peut-être pèsera d'un poids certain dans la balance de leur jugement. Le concile de Lyon de 1274 suc-

2 *Récits Orientaux des Croisades* - Rashid-Ad-Din - Tome IV - page 592 à 602.
Récits Orientaux des Croisades - Taqiy-al-Maqrizi - Tome V - page 124 à 132 ;
3 *Récits Orientaux des Croisades* - Ibn Wasil - page 573.

céda au concile de Londres tenu, en 1268, sous l'égide du Pape Clément IV, et qui déjà dénonçait les dérives des ordres religieux

Qui est Clément IV ? Un pape très austère, profondément pieux, exacerbé par le déviationnisme du clergé et qui, de ce fait, tout au long de son magistère exerça une surveillance très sévère sur les ordres religieux notamment.

Il prescrivit un grand nombre d'enquêtes dans certains monastères de l'ordre de Saint Benoît, il opéra des réformes et n'hésita pas à punir très sévèrement les abbés et moines menant une vie dissolue[4].

Or, l'Ordre des Templiers ne donna lieu – à ce moment-là – à aucun soupçon et pourtant il y eut de très nombreuses accusations menées par les notaires apostoliques.

Pour compléter ce point de vue, rappelons qu'entre 1202 et 1291 il n'y eut pas moins de 25 conciles ou synodes signalant, pour les condamner, les vices des moines du clergé et des communautés religieuses[5].

La tenue d'un concile à Lyon, en 1274, amena les Templiers à présenter leur défense non pas pour répondre à un réquisitoire mais, pour faire face aux menaces s'élevant de toutes parts et suggérant la suppression de leur Ordre. Ils le firent sous la forme d'un mémorandum rédigé en latin et énumérant, vraisemblablement à l'usage des dignitaires de l'Ordre chargés de participer au concile, une liste d'arguments à faire valoir auprès notamment des évêques et du Légat du Pape.

Ce document provient des archives du Prieuré d'Arles, Prieuré de l'Ordre de Malte, et est à présent conservé aux Archives départementales des Bouches du Rhône[6]. A-t'il été

4 M. Labbé - *Histoire des Conciles* - Tome XI - page 863.
5 M. Lavocat - *Procès des Frères et de l'Ordre du Temple* - page 373.
6 Archives Départementales des Bouches du Rhône – MS 56H5168 (cf document n° 11, en fin de chapitre).

rédigé comme brouillon, par un clerc, sur instruction de Guillaume de Beaujeu pour servir d'aide-mémoire aux dignitaires l'accompagnant ? Est-ce le compte-rendu d'une séance s'étant déroulée dans une commanderie voisine, Guillaume de Beaujeu revenant d'Italie et s'arrêtant à Arles avant de remonter sur Lyon ?

La personnalité de Grégoire X, à l'initiative duquel ce concile fut convoqué, mérite d'être soulignée car il n'était même pas prêtre. Il se fera ordonner seulement en 1272 (10 février) à Viterbe, en Italie, à son retour de Terre Sainte.

Tedaldo Visconti, de la famille Visconti de Plaisance, servit d'abord en Orient comme simple Croisé auprès d'Edouard, fils aîné du roi d'Angleterre, puis fut nommé archidiacre et ensuite légat du Pape dans l'état latin de Jérusalem. Il a donc été élu Pape avant même d'être ordonné prêtre.

Par contre, c'est un fin connaisseur de l'Orient et nul doute qu'il n'ait rencontré Guillaume de Beaujeu, soit en Orient soit en Italie. Car Guillaume de Beaujeu, à peine élu Maître du Temple va s'embarquer pour l'Europe afin de visiter systématiquement les provinces de l'Ordre pour y recueillir des fonds nécessaires à la lutte contre les Mamelouks d'Égypte et procèder à un intense recrutement [7].

UNE VOLONTÉ DE RASSEMBLER LES ORDRES

Un des objectifs majeurs du concile était d'examiner la possibilité d'un regroupement de tous les ordres monastico-chevaleresques sous une seule et même entité d'une part, ainsi que de tous les ordres dits « mendiants » en une seule et même congrégation d'autre part.

7 Guillaume de Beaujeu par sa famille était apparenté au roi de France et était originaire de Villefranche au nord de Lyon.

L'idée venait des évêques qui voyaient peu à peu non seulement leur autorité être remise en question par des ordres prétendant ne relever que du Pape, mais surtout les recettes ecclésiastiques de leur diocèses leur échapper presque complètement. S'attaquer aux Templiers, parce qu'ils étaient les plus riches et les plus nombreux, était assurément un moyen indirect de parvenir à ces deux solutions.

La présentation aux dignitaires Templiers d'un récapitulatif des faits démontrant la parfaite conformité de la politique de l'Ordre avec les décisions pontificales, ainsi que l'examen de ses comptes, consistait à présenter une défense auprès des pères conciliaires.

Cela revenait à dire que si Rome décidait de les faire disparaître, il n'y aurait plus de combattants pour tenir à bout de bras la Terre Sainte, alors que précisément Grégoire X essayait de prêcher une autre croisade. Et, de plus, les Templiers étaient pauvres. Ils dépensaient beaucoup d'argent, non seulement en œuvres caritatives mais aussi pour l'entretien de leur armée, et ils payaient des tributs élevés aux Égyptiens, pour rester précisément en Terre Sainte.

LA PLAIDOIRIE

Le texte latin présenté en fin de chapitre (document n° 11) s'articule autour d'un certain nombre d'arguments dont les six principaux sont les suivants :

- « Consilium tale est quod Magister Militie Templi » : la première ligne est très claire et s'adresse au Maître du Temple, Guillaume de Beaujeu. C'est dire l'importance qu'attache l'Ordre à ce concile et à ses éventuelles conséquences. La participation d'un Maître du Temple est assez rare dans un concile se tenant en Occident mais, dans le cas présent Guillaume de Beaujeu n'a été élu que l'année précédente, alors qu'il séjournait en Italie et qu'il semblait avoir entrepris de visiter les provinces de l'Ordre en Europe, avant de rejoindre Saint Jean d'Acre.

- « et utilitatem Terre Sancte Saraceni assument audaciam destruendi… » : parler des destructions et des massacres de Sarrasins, c'est à l'évidence rappeler au nouveau Pape ce qu'il a lui-même connu lorsqu'il était Légat en Orient, les années précédentes. Il sait ce dont il s'agit.

- « Et ut illa constitutio Volentes contra nos que facta fuit ab Innocentio II » : il faut que les Templiers rappellent que les droits d'exemption, dont ils bénéficient, relèvent d'une constitution d'Innocent II et en aucun cas des simples autorités ecclésiastiques régionales.

- « Item vos novistis qualiter peregrinis transfretantibus, pauperibus, orphanis, et quibuslibet pauperibus… » : l'Ordre du Temple assiste donc les pauvres, les orphelins, les malades, par ses bâtiments hospitaliers, ses dons, ses aumônes. Un point important réside dans la présentation des ressources du Temple, qui proviennent de maisons d'Occident, pour précisément subvenir à l'entretien de l'armée templière en Orient, la construction ou la reconstruction de forteresses, la réparation ou l'armement des navires…

Lorsqu'ils disent :

« … habuimus ultra mare maiorem partem nostrorum redditiuum » et lorsqu'ils ajoutent : « et dependita que nobis Sodanus [8]… » : ils font clairement allusion au sultan Baïbar, qui imposa des tributs extraordinaires aux Templiers pour

8 Le terme Sodanus – traduction française soudan – désigne le sultan d'Egypte.

demeurer dans leurs territoires ou leurs citadelles, à telle enseigne que l'Ordre dut emprunter même de l'argent pour payer la redevance annuelle et si l'Ordre a été riche, il est maintenant pauvre. Il suffit de se rendre en Orient pour s'en rendre compte.

Le terme de collusion avec les Mamelouks, dont ils furent accusés, tenait plus au fait que les Templiers acceptaient de payer un tribut que de hautes manœuvres politiques.

Pourtant, comme le rappelle Paul Amargier, Saint Louis lui-même s'interrogeait sur la conduite du Maître à l'égard du Soudan de Babylone :

« On parlait trop de l'amitié qui existait entre eux... Les bruits de ce genre faisaient un mauvais effet parmi les chrétiens de Syrie, qui soupçonnaient le maître du Temple d'être un ennemi dissimulé... De leur côté, les Templiers s'efforçaient de faire croire que cette amitié, loin d'être contraire aux chrétiens, leur offrait un gage de neutralité de la part du Soudan et des Sarrasins [9]... »

L'inimitié de Saint Louis a certainement dû peser dans la balance. Il ne faut pas oublier que les Templiers soulevèrent de nombreuses critiques à l'égard de ce roi et qu'ils refusèrent même de payer sa rançon, quand il fut fait prisonnier en 1250 lors de la bataille de La Mansourah, au motif que les fonds qu'ils détenaient à bord de galères vénitiennes ne leur appartenaient pas et qu'ils devaient les remettre à leurs véritables dépositaires.

Ils durent pourtant obtempérer au Sénéchal du royaume, appuyé par le Légat du Pape, pour affecter une partie des

9 Propos de Saint Louis rapportés par le chroniqueur Guillaume de Nangis.

fonds à l'utilisation du paiement de la rançon. Personne ne parla jamais de remboursement par le roi.

Le mémorandum proposait également une éventuelle solution, pour faire taire les remarques agressives concernant la richesse de l'Ordre et cette solution était nouvelle, tout en étant dangereuse.

Elle suggérait de faire analyser les comptes de l'Ordre par des représentants de l'autorité pontificale : d'un côté les recettes, de l'autre les dépenses. Cette hypothèse ne sera pas retenue mais l'idée dut faire son chemin car accuser les Templiers d'être très riches revenait à leur demander de justifier leurs comptes, ce qui finalement advint à partir de 1307.

Personne ne peut véritablement indiquer quel fut le résultat de l'intervention des Templiers et de leur Maître. Était-ce déjà trop tard ?

Moins de vingt années plus tard Saint-Jean-d'Acre tombait. Aucune croisade n'avait été prêchée, aucun secours n'avait été envoyé et dans cette période de vingt années, les citadelles des états francs du Levant tombaient les unes après les autres.

Par contre, il faut noter que les critiques à l'encontre des Templiers, des autres ordres chevaleresques et des ordres mendiants, alimentèrent la polémique en Occident, où donc déjà se constituaient les prolégomènes obligés de la chute de l'Ordre du Temple.

LA PRÉSENCE D'AMBASSADEURS MONGOLS AU CONCILE

Le concile de Lyon – s'il vit l'intervention des Templiers pour présenter leur défense – fut également le prétexte pour recevoir des ambassadeurs mongols.

Les deux faits, dans notre hypothèse, peuvent être reliés

car la présence d'armées mongoles aux marches des états francs d'Orient pouvait être de nature à contrarier l'émergence égyptienne et faciliter une éventuelle reconquête.

Les princes d'Europe avaient beaucoup de mal à percevoir quelle devait être la politique à suivre en Orient et, la présence des négociateurs mongols – au nombre de seize – au concile de Lyon ne pouvait que renforcer cette attitude.

Une alliance avec les Mongols était assurément à prendre pour se battre contre les Turcs mais, également pour contenir les Mamelouks d'Égypte. Cependant, comment accepter cette proposition au moment même où, sur les marches frontières d'Europe en Pologne, Hongrie, Russie, ces mêmes princes se battaient contre ces mêmes Mongols ?

De plus, s'y ajoutait un confus sentiment d'appréhension car ne venaient-ils pas, ces négociateurs mongols, d'exiger une soumission aux khans mongols, au nom de l'exécution d'un mandat que le ciel leur avait confié ?

Grégoire X, très au fait de ces problèmes puisqu'il avait séjourné en Orient, prévoyait le prêche d'une nouvelle croisade basée sur cette alliance.

Pour satisfaire l'Église et les chrétiens, tant d'Orient que d'Occident, on feignit d'accepter la conversion au catholicisme de certains grands khans, à commencer par Hülagu, qui avait épousé d'ailleurs une princesse nestorienne. Et, pour gage de leur sincérité et de leur apparente bonne foi, trois envoyés mongols ne venaient-ils pas à Lyon d'être officiellement baptisés ?

A la même époque, le roi Hathoum d'Arménie, qui semblait avoir pris la tête d'un mouvement de réaction contre les envahisseurs mamelouks, sut convaincre ce même Hülagu, devenu Ilkhan de Perse, de l'aspect très positif d'une alliance avec les chrétiens d'Orient. C'était sans compter sur l'appétit de domination du sultan Baïbar, qui pensait déjà à occuper tant l'Arménie chrétienne que l'Anatolie Mongole.

Parler d'une autre croisade relevait de l'utopie lorsqu'on considérait une carte de l'Orient. Une alliance était à l'évidence bonne à prendre, et même si des chrétiens se faisaient tuer par les Hordes d'Or en Pologne, tandis que d'autres sauvaient leur peau grâce aux frères ou cousins des premiers.

Des lettres adressées en 1263 par Hülagu furent interceptées par le roi de Sicile et le successeur d'Hülagu, Abaqa, a repris cette proposition d'alliance dans une lettre envoyée au Pape, ainsi qu'au prince d'Aragon et d'Angleterre en 1269 et 1271.

Une lettre adressée à Clément IV, en 1268 par ailleurs, indiquait qu'il mettait sur pied une armée pour voler au secours des chrétiens, sans préciser s'il s'agissait de ceux de Rome ou des autres minorités religieuses orientales [10].

L'empereur byzantin, Michel Paléologue, joua un rôle curieux : il fut à la fois l'allié des Mongols d'Anatolie et des Mamelouks de Baïbar, alors que ceux-ci étaient les adversaires d'Hülagu de Perse, qui était également son gendre.

Le prince arménien Hayton accusa du même rôle le roi d'Arménie, Léon III, et ces renversements d'alliances et ces politiques alternatives ne montrent que l'envers du décor dans une situation extrêmement confuse.

Quoi qu'il en soit, la présence de seize membres d'une telle ambassade fit sensation en 1274, même si parmi les Mongols se trouvaient des chrétiens orientaux dont le notaire Richard et le frère David, dominicain. Ce même notaire Richard a rédigé un rapport qui est un bref rappel des conditions dans lesquelles les Mongols avaient soumis les royaumes orientaux [11].

10 *Mélanges*, Eugène Tisserant, vol. II, Orient Chrétien, 1ère partie. Bib. Vaticane, 1964.

11 Ce rapport qui fut découvert par l'abbé Borghezio a été notamment utilisé par H. Gatto, I*l pontificato de Gregorio X 1271-1276*, Rome 1959 page 93 et 95 ainsi que par Jean Richard dans son article : *Le début de la relation entre la Papauté et les Mongols*.

Un autre traité semble avoir été élaboré par le dominicain David, intitulé « Les faits des Tartares » [12] car il décrit très minutieusement les techniques militaires utilisées par les Mongols.

Le concile de Lyon décida la levée d'une armée pour reprendre la Terre Sainte ainsi que celle d'un décime pour financer les opérations et l'on demanda aux Templiers, en tant que banquiers, de donner leur caution aux différentes opérations financières. Mais, d'ores et déjà, les princes chrétiens d'Europe étaient beaucoup plus préoccupés d'asseoir les embryons de monarchies dites absolues, que se laisser distraire par une improbable reconquête. La mésaventure survenue à Saint Louis mourant à Tunis était encore dans toutes les mémoires.

Charles d'Anjou, lui, avait une préoccupation très différente. Il était partant pour une croisade, à l'occasion la diriger, mais contre l'empire byzantin qu'il songeait à s'approprier. Il sollicita à son tour les Templiers pour avaliser ses engagements financiers.

LA PROPOSITION D'ALLIANCE DES MONGOLS

Le khan Arghun va faire son apparition au moment de la mort de Grégoire X, dont les successeurs reprendront cette idée de croisade, qui n'obtiendra que des paroles fleuries d'acquiescement. On trouvera plus de zèle chez les Mongols pour conquérir Jérusalem que chez les chrétiens d'Occident.

Puis, le successeur d'Arghun, Gazan, vainqueur provisoire des Mamelouks, ce qui lui a ouvert les portes de la Palestine, écrit à nouveau au Pape et au roi de France pour reprendre

12 Il pourrait s'agir de David d'Ashby ayant effectué de très nombreux voyages en Extrême Orient.

Jérusalem en leur proposant de débarquer à Saint-Jean-D'Acre, place forte numéro un des Francs de Palestine.

Les Mongols intervinrent à maintes occasions en Syrie et en Palestine dans les dernières décennies du XIIIème siècle et, par deux fois, faillirent parvenir à leurs fins. D'abord, en 1281, où tout pouvait encore être possible par suite de la révolte de Sangor-Al-Ashqar contre Qallowon, et surtout, en 1299 – huit ans après Saint Jean d'Acre – lors d'une nouvelle révolte des émirs syriens contre les Mamelouks.

Si nous notons ces faits, la présence des Templiers à Chypre, après 1291 n'y est pas étrangère puisque leur politique en Orient a toujours été d'éliminer le péril venu d'Égypte en favorisant un grand empire, mi-chrétien mi-musulman, aux frontières de la Terre Sainte. Mais, les Templiers, en 1299, n'étaient déjà plus en mesure de réunir un fort contingent armé. Les autres ordres militaires refusèrent l'aventure et en Europe Philippe Le Bel avait déjà d'autres projets.

L'ensemble de ces faits tend à démontrer qu'une croisade semblait bien être non seulement décidée mais prévue, que le financement pouvait en incomber aux Templiers, que ceux-ci étaient demeurés en Orient en payant d'exorbitants tributs aux Mamelouks et que les tentatives d'alliances avec les Mongols n'avaient pas manqué.

La Bibliothèque Vaticane a publié en 1981, sous l'égide de Karl-Ernst Lupprian, un ensemble de lettres échangées entre les papes et les khans mongols de 1260 à 1300 environ et relatives à des propositions d'alliances, de conversion à la foi catholique, à des informations diverses. Le livre est intéressant car il évoque, au travers de cette correspondance, la récurrence à cette fameuse neuvième croisade.

Nous y retrouvons Arghun, les voyages d'émissaires mongols en 1285 – ou nestoriens – Bogagoc et Mengilic accompagnés d'un frère – franciscain peut-être ? – Thomas Anfossi.

A nouveau en 1287, Arghun renvoie d'autres négociateurs, toujours nestoriens, Bar-Sauma et Sabadinus, ainsi qu'un vénitien, Ugueto [13].

La dernière tentative d'Arghun pour convaincre le pape de l'importance – pour la chrétienté occidentale – d'une telle alliance est faite en avril 1289 [14] alors que, précisément, le port de Tripoli vient de tomber aux mains des Mamelouks. Nous retrouvons un voyageur, fort connu des cours occidentales, en la personne du Vénitien Buscarello, informateur, agent de Venise, marchand, et ambassadeur de l'ilkhan de Perse, accompagné par deux Mongols, Chagan et Moracius (les noms sont probablement latinisés).

Il y aurait lieu d'écrire un livre sur l'hypothèse mongole, à savoir ce qui se serait passé, véritablement, si les papes et les rois d'Occident avaient donné suite à ces projets d'alliances, capables de renverser le cours des événements.

Une lettre d'Arghun, apportée en 1285, donne de précieuses indications quant aux destinataires, puisqu'on retrouve, à côté du pape, le roi de France et Charles d'Anjou, les trois principaux intéressés à une nouvelle croisade. Arghun leur fait part qu'il a reçu tout pouvoir du Grand Khan, Qubilaï pour agir en son nom et rejeter les Mamelouks en Égypte [15].

En avril 1288, Arghun informe Rome qu'il a l'intention de reprendre Jérusalem aux Mamelouks [16], si les chrétiens d'Occident veulent bien participer à la reconquête de leur cité sainte. Il n'est pas indiqué s'il fait la remarque à titre ironique.

13 K.E. Lupprian, *Die Beziehungen der Päpste zu islamischen und mongolischen Herrschern im 13 Jahrhundert anhand Ihres Briefwechsels,* 1991, Bibliothèque Apostolique Vaticane " Correspondance des khans mongols et des papes " page 78.
14 Ibid - K.E. Lupprian " Correspondance des khans mongols et des papes " page 81.
15 Ibid page 244.
16 Ibid page 253.

La dernière missive est tragique. Elle relate la chute de Saint-Jean-d'Acre, et est datée d'août 1291 [17], ainsi que celle de Tyr, quelques jours plus tard. Les textes vaticans, tels qu'ils nous sont donnés, font allusion au fait que, sitôt connue la perte d'Acre, le roi d'Angleterre aurait immédiatement pris la croix et qu'une croisade allait – enfin – être prêchée et que le pape croit très fort à son succès.

Il n'est rien de plus significatif de cet inexorable déclin, que l'examen attentif des cartes données à la fin du précédent chapitre (document n° 8, n° 9 et n° 10). En 1146, à l'apogée du Temple, les états francs d'Orient occupent de très vastes territoires et notamment comme un coin enfoncé dans le dispositif turc, l'important comté d'Edesse, peuplé de chrétiens orientaux. L'Arménie et la Cilicie sont les alliées de la principauté d'Antioche. Par ailleurs, la frontière imprécise avec la Syrie est dessinée par la ligne montagneuse de l'Ansarinya, tandis qu'à partir de Tibériade les Francs ont pu occuper la rive gauche du Jourdain, descendant jusqu'à Kerak et se terminant à Aqaba. Du côté méditerranéen, ils occupent la plaine limoneuse de Gaza et d'Ascalon (qui ne sera conquise qu'en 1153).

C'est assez dire que la domination franque est importante, alors que les émirats arabes se déchirent entre eux. L'inverse de ce qui se passera en 1290.

Toutefois, il serait vain de vouloir réduire la chute des états latins d'Orient aux seules dernières décennies du XIIIème siècle car, après le désastre de Hattin et la chute de Jérusalem en 1181, du fait de l'action militaire de Saladin, les cartes nous paraissent jouées.

Mais, en 1274, les Templiers sont toujours la milice du Christ, le bras armé de Rome. Grégoire X, le 14 octobre 1274, ne les invite-t-il pas à remettre au pas Pierre d'Aragon, contre lequel il a prêché une croisade comme hérétique ?

17 Ibid page 274.

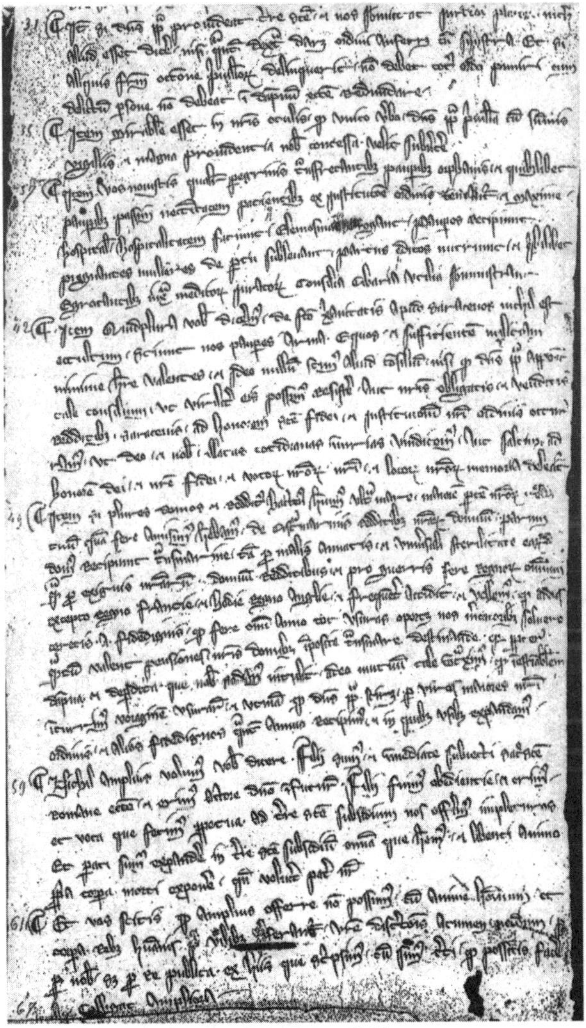

Document n° 11

MÉMORANDUM EN LATIN POUR LA DÉFENSE DES TEMPLIERS AU CONCILE DE LYON, EN 1274. – page 1

Document conservé aux Archives Départementales des Bouches du Rhône.

Photo : Alain LASSUS

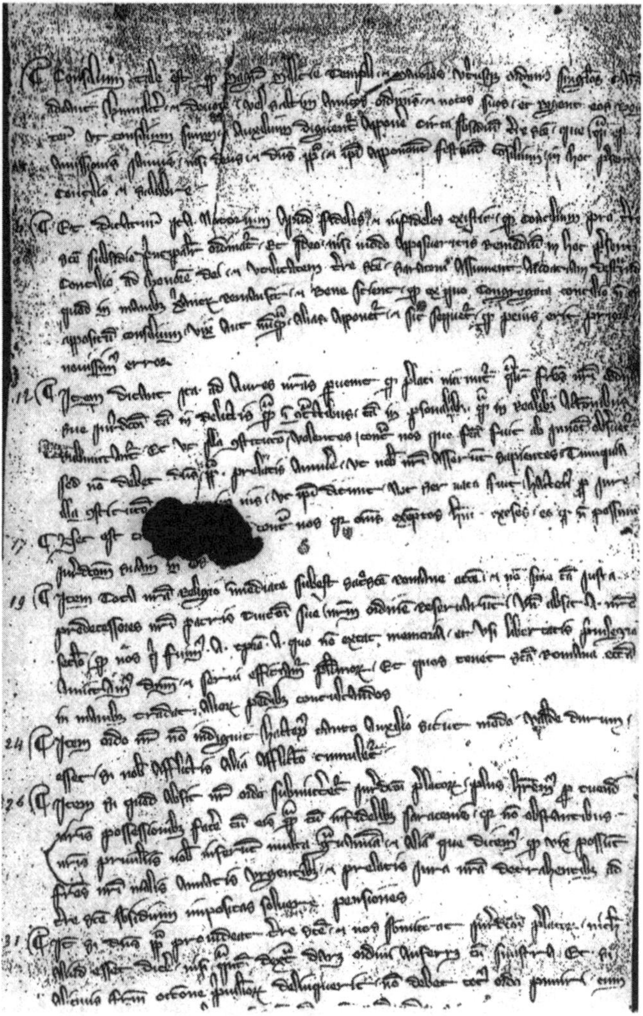

Document n° 11
MÉMORANDUM EN LATIN POUR LA DÉFENSE DES
TEMPLIERS AU CONCILE DE LYON, EN 1274. – page 2
Document conservé aux Archives Départementales des Bouches du Rhône.
Photo : Alain LASSUS

CHAPITRE IX

LA CHUTE DE SAINT-JEAN-D'ACRE – 1291

UNE TERRE SAINTE DÉFIGURÉE APRÈS LE RETRAIT DES FRANCS

Nous empruntons au grand voyageur et chroniqueur arabe, Ibn Battuta, une partie du compte-rendu de ses investigations dans l'Orient du début du XIVème siècle, immédiatement après le définitif retrait des Francs.

Le bilan est évidemment catastrophique car ses récits nous dévoilent une Terre Sainte complètement défigurée. Non seulement, les cités ont été conquises mais détruites, pierre par pierre, pour être reconstruites plus loin. Les Francs ont bien été rejetés à la mer et, si les fantastiques citadelles du désert n'ont pas été démolies, mais bien au contraire renforcées au niveau de leur architecture, c'est bien parce que la menace mongole existe toujours.

Suivons donc ses pérégrinations [1].

« Salähaddin Ayyubi [2], lorsqu'il prit Elkob [3] détruisit une partie de son mur d'enceinte mais c'est Malik Zahir, dit Baybars, qui en acheva la destruction. »

1 Ibn Battuta - page 161 et suivantes.
2 Saladin en 1181.
3 Jérusalem.

« Quant à la forteresse de la ville d'Askalân, ce ne sont plus que vestiges effacés et traces oblitérées [4] ».

« J'arrivai à la ville d'Accah qui est en ruine. Accah [5] était jadis la capitale du pays des Francs et on la comparait à Constantinople. »

« Je partis pour la ville de Sour [6] qui n'est plus qu'un monceau de ruines… Je me rendis ensuite à la ville de Thabariyah. C'était jadis une grande ville et considérable. Mais, il n'en reste à présent que de simples vestiges. »

« Quant à l'ancienne Tripoli, elle était située au bord de la mer. Lorsque Al Melik Azzahir l'eut reprise, il la détruisit et la ville nouvelle fut construite à deux milles de distance de l'ancienne [7]. »

« Je me dirigeai vers la ville d'Anthânah [8]. Elle possédait jadis une muraille solide mais lorsque le roi Zahir en fit la conquête, il détruisit son mur d'enceinte. »

« Je partis pour la forteresse de Baghras. Bâtie pour protéger le col de Beylan au nord d'Anthânah mais qui a été restaurée et agrandie [9]. »

« Le magnifique château d'Achchoghrobocas dans le djebel Ansariyah capturé en 1285 a été à son tour même fortifié [10]. »

4 Déjà en partie détruite par Saladin en 1181, elle fut définitivement détruite par Malik Zahir.
5 Saint-Jean-d'Acre.
6 Tyr.
7 Près de l'ancien château croisé de Saint-Gilles.
8 Antioche.
9 Château-Gaston.
10 Château-Cestât.

« De la même manière, les châteaux-forts de Kadmon/Maïnakah/Ollaïkan/Mysraf et Calif n'ont jamais été détruits mais au contraire reconstruits et fortifiés après leur chute [11]. »

« J'ai visité également le château blanc et noir Elmerkal, égal par son importance au krak bâti sur une montagne élevée nommé Marghât par les Croisés, au sud de Banyras. »

Ainsi, entre 1260 et 1290, la plupart des derniers bastions francs au proche Orient succombent à un long siège, se rendent rapidement, sont évacués tandis que les cités tombent les unes après les autres et sont, elles, détruites complètement.

Ibn Battuta ne parle pas des populations mais on peut supposer que la plupart des habitants furent déportés et vendus comme esclaves.

Et, la dernière grande bataille eut lieu en août 1291.

LES RIVALITÉS DIVISENT ET AFFAIBLISSENT LES FRANCS

Sans entrer dans les détails de l'histoire du royaume franc de Jérusalem, dans les décennies 1280-1290, il faut néanmoins souligner l'incohérence totale de la politique menée dans les derniers territoires en dépendant, mettant aux prises les Francs entre eux.

Ils se partagèrent à nouveau en factions rivales : d'un côté, Charles d'Anjou, à qui le pape Grégoire X avait, peut-être, légèrement accordé la couronne de Jérusalem, aidé par

11 Certains de ces châteaux semblent avoir appartenus aux Assassins du Vieux de la Montagne dont la forteresse d'Alamut avait été prise d'assaut par le khan mongol Hulagü mais ils semblent situés sur le djebel Ansariyah entre Hama et Ladhikya, ce qui peut laisser penser que deux ou trois d'entre eux étaient aux mains des Francs.

Guillaume de Beaujeu et les Vénitiens ; de l'autre, Hugues III de Chypre qui, après de très longs contentieux généalogiques s'était retrouvé en possession de la même couronne, soutenu par les Hospitaliers et les Génois.

Comme l'écrira Joshua Prawer, la situation était à ce point inextricable qu'aucun des deux ne mit jamais les pieds à Jérusalem et ils s'affrontèrent dans des combats acharnés, sous les yeux des sultans du Caire, qui n'en demandaient pas tant [12].

De pourparlers humiliants en négociations avortées, les Francs d'Orient s'en donnèrent à cœur joie, pour se pourfendre et s'anéantir.

Bohémond VII, comte de Tripoli, ne fit-il pas murer vivant son adversaire, le comte de Gibelet ? [13] Il arriva même qu'on demanda aux musulmans leur arbitrage pour départager les dernières cités latines d'Orient !

C'est alors que Charles d'Anjou, ayant enfin obtenu la renonciation de Marie d'Antioche au trône de Jérusalem – c'était elle, en effet, la dernière héritière de ce royaume défunt et contre laquelle s'était battu Hugues de Chypre – se fit annoncer à Saint-Jean-d'Acre.

Le côté paradoxal, voire comique, de la situation, rétroactivement, c'est que Charles d'Anjou n'eut pas de plus fidèle soutien que les Templiers, alors que ceux-ci s'étaient violemment opposés à son frère, le roi Saint Louis. Son représentant à Acre n'eut pas de meilleure idée que d'aller attaquer Tyr, au motif de récupérer les biens des Templiers séquestrés par Bohémond VII.

Il faut absolument se rendre compte de l'état exact des positions occidentales dans la même frange côtière de la Terre Sainte, pour comprendre la surprise des cours d'Europe à cette nouvelle, au moment où les efforts de Grégoire X – qui malheureusement devait décéder en 1277 – pouvaient porter leurs fruits.

12 Joshua Prawer - Ibid page 513
13 Joshua Prawer - Ibid page 511

Il est rapporté qu'une tentative de soulèvement des habitants d'Acre, contre les Angevins et les Templiers, fut accompagnée d'un soi-disant débarquement de Hugues de Chypre, aidé pour ce faire par le Maître de l'Hospital [14]. Mais, l'affaire n'eut pas de suite apparemment et chacun campa dès lors sur ses positions, sous les yeux intéressés des musulmans, qui ne devaient pas en croire leurs yeux.

On se retrouvait exactement dans la position inverse des Croisés arrivant, entre 1095 et 1099, en Orient où les musulmans s'entre-déchiraient sans pouvoir s'opposer à cette première croisade.

AL MALIK-AL-MANSUR, UN ADVERSAIRE ACHARNE DES FRANCS

Le sultan Baïbar mourut en 1277 et son successeur, Qalâwum, réussit à évincer ses deux fils, en prenant le nom de : Al Malik-Al-Mansur. C'est lui que nous allons retrouver, comme l'avant-dernier adversaire acharné des Francs et des Templiers, qu'il connaissait bien pour les avoir maintes fois affrontés.

Il y eut certes des contre-attaques de la part des Francs, lorsque la guerre civile ne les opposait pas. C'est ainsi que les Hospitaliers, à partir de Château-Margat, tentèrent de reprendre le fameux Krak des Chevaliers, en juin 1280. Mais, il n'y eut jamais de coordination, comme au temps du roi Foulques dans les années 1140, un siècle et demi plus tôt, ce qui eut pu assurer le succès de telles entreprises.

Aux prises avec les Mongols aux marches de son royaume, Al Mansur fut à son tour contraint de signer un armistice mais avec les deux seuls ordres de l'Hospital et du Temple [15]. Ce qui démontre, une fois de plus, que la menace mongole exis-

14 Joshua Prawer - Ibid page 518.
15 Joshua Prawer - Ibid page 521.

tait bel et bien et qu'une alliance en bonne et due forme eut assuré le succès d'une guerre contre Al Mansur, aux prises sur deux fronts avec ses adversaires.

A la même époque, un émir syrien, insatisfait de voir ses revendications territoriales non couronnées de succès, s'entremit avec les deux ordres pour assassiner Al Mansur [16]. Et là, chose incroyable, les Francs avertirent ce dernier ou envisageons qu'ils furent trahis, pour sauvegarder leur mémoire. Les conjurés furent noyés dans le lac de Tibériade et l'on sait ce qu'il advint des Francs pour leur belle générosité.

Pour des raisons qui restent inconnues, les Francs n'exploitèrent pas non plus la collaboration avec les Mongols, alors que l'Arménie et la Géorgie étaient devenues leurs alliées officielles. L'Ordre du Temple s'employa énergiquement pour faire avancer les pourparlers, mais les trop nombreuses et incessantes divisions paralysèrent leurs efforts. Les Mongols, aidés des Géorgiens et des Arméniens, furent battus non loin de Homs, au nord de la Syrie.

En dehors des autres chefs d'accusation, maintes fois rapportés à l'encontre des Templiers, ce n'est donc pas une surprise de trouver celle de trahison et de collusion avec l'ennemi.

Michelet rapporte que selon les dires d'un certain frère mineur, Petrus de Nobiliccio, Guillaume de Beaujeu était en grande amitié avec le sultan et les Sarrasins car, autrement, il eut été impossible de subsister avec son ordre outre-mer [17].

Il est certain que, vue des cours d'Europe, une telle situation put ressembler à une collusion. On pourrait même parler de proche collaboration. Mais, l'accusation elle-même donne sa justification : il eut été impossible autrement de demeurer en Orient.

16 Joshua Prawer - Ibid page 521.
17 Jules Michelet - *Le procès des Templiers* - Tome II

De ce fait, les conseillers de Philippe IV eurent beau jeu de l'inciter à les accuser de félonie car, plus les Templiers résistaient et restaient en Orient, plus leur Ordre restait lui aussi fort en Occident.

Parler d'assassinat programmé, revient à dire qu'en aucun cas on ne volerait au secours des états francs d'Orient, dès lors que leur unique propriétaire – ou le plus puissant – demeurait une force à ne pas négliger et par les musulmans eux-mêmes. Ce qui explique parfaitement que, sous couvert de se croiser pour obéir aux paternelles sollicitations des papes, Philippe IV n'en avait cure et devait tout faire pour qu'échoue non seulement une croisade mais la plus petite expédition pouvant amener des renforts.

L'assassinat programmé des Templiers se lit dans le comportement politique de Philippe IV dès 1281, c'est-à-dire, une dizaine d'années avant Saint-Jean-d'Acre et cela, à notre avis, Guillaume de Beaujeu l'a parfaitement perçu.

VERS LA DÉFAITE FINALE DES FRANCS

Or, en 1282, les habitants de Sicile se soulèvent contre Charles d'Anjou et ce sera le célèbre épisode des « vêpres siciliennes » qui mirent fin au rêve angevin, tant sur l'Italie du Sud que sur l'Orient et son rival, Hugues de Chypre mourut deux années plus tard. Son frère, Henri II, prit le pouvoir à Chypre en 1285. Peu à peu, on se rapproche inexorablement de la défaite finale et programmée, elle aussi.

En 1285, deux châteaux forts hospitaliers tombent entre les mains des troupes mamelouks – Château-Margat, au nord de Tortosa et Maraqiya, plus à l'Est – au moment où, suprême dérision, Henri II était couronné roi de Jérusalem à Tyr.

En 1287, toujours sous les yeux intéressés d'Al Mansur, une escadre génoise vint à l'improviste s'ancrer non loin d'Acre, au lieu dit La Cale du Marquis [18] et surprit une escadre vénitienne, numériquement moins importante, qu'elle envoya par le fond.

Pendant trois jours, les Génois furent les maîtres du port, avant que Guillaume de Beaujeu ne les en chasse. Mais, là encore, la stupidité effrayante des latins est inconcevable véritablement, creusant le tombeau qui devait les ensevelir, quatre années plus tard.

Nous ne sommes pas loin d'imaginer, qu'en dehors des légitimes affrontement entre républiques marchandes rivales, Gènes n'ait pas été appuyée dans ses efforts pour supplanter Venise, par les princes de France, maintenant que Charles d'Anjou n'était plus là pour rétablir partiellement l'équilibre.

Et, le 17 mai 1289, Al Mansur déclenche l'offensive générale. Il va faire tomber les unes après les autres les places fortes des Francs.

A la mort de Baïbar, une guerre de succession s'engagea dont Al Malik Al Mansur sorti vainqueur.

Il était lui aussi un esclave turc du Keptchak acheté et emmené en Égypte où il reçut le nom de Al-Alfi. Il gravit rapidement des échelons au sein du corps des Mamelouks, y fut remarqué par Baïbar et participa à de nombreuses expéditions tant contre les Arméniens, les Croisés que contre les Mongols.

Il tua dans l'œuf l'alliance entre les Mongols et les chrétiens, au moment où les premiers proposaient aux seconds cinquante mille cavaliers et autant de troupes à pied, en profitant d'une temporisation des Mamelouks. Une bataille rangée mit aux prises le sultan d'Égypte, aux frères de l'Ilkhan mongol de Perse ; il les défit près d'Homs.

18 Référence doit être faite au marquis de Montferrat, un des célèbres protagonistes de la première bataille d'Acre en 1181, un siècle plus tôt, qui dut occuper ce territoire.

Quelques années plus tard, le successeur mongol, Arghoun, s'efforcera – en vain – de convaincre le roi de France d'entreprendre une nouvelle croisade.

Une trêve fut alors conclue avec les Templiers [19] mais, pas avec les Arméniens, dont Al Malik Al Mansur entreprit de ravager le territoire, ce qu'il fit à Ayas. Les Arméniens se le tinrent pour dit et n'interviendront plus dans les futures batailles. Les Mongols, pris par d'autres conquêtes, ne tenteraient eux non plus rien, sans une alliance avec les chrétiens.

Dès lors, les jeux étaient faits. L'Arménie réduite au silence, les Mongols peu susceptibles d'intervenir, Al Malik Al Mansur n'avait plus en face de lui qu'un mince rideau de forces franques disséminées, dans quelques ports et quelques forteresses.

Al Malik Al Mansur s'attaqua d'abord, en 1285, au nord, à la forteresse hospitalière de Château-Marqab. La machine de guerre utilisée fut impressionnantes : corps important de sapeurs, tirs de mangonneaux [20]. La citadelle dut se rendre après six semaines de combat.

Puis, ce fut le tour du port de Lattaquié de tomber, en 1287, et enfin Al Malik Al Mansur, profitant une nouvelle fois et des faiblesses des Francs et de leurs conflits internes [21], voulut s'emparer du port de Tripoli.

Guillaume de Beaujeu, alors Maître du Temple, prévint les autorités de la ville mais qui n'en tinrent aucun compte, engagées dans d'interminables disputes pour savoir qui devait gouverner la ville [22]. Le sultan emmena en captivité femmes et enfants après avoir passé au fil de l'épée la population

19 André Clot : *L'Egypte des Mamelouks* – page 87.
20 Pouvant s'apparenter à des tubes lance-flammes.
21 Gènes et Pise se faisaient froidement la guerre sur mer tandis qu'à Acre les vénitiens mettaient le feu aux galères génoises.
22 André Clot – *L'Egypte des Mamelouks* – page 90.

mâle. La ville fut entièrement détruite et devait être reconstruite, ultérieurement, sur un nouveau site.

Restait Saint Jean d'Acre, le poumon des états francs d'Orient. Là encore, comme pour Hattin, les prémices sont floues mais, une chose est certaine, la trêve fut rompue du fait des Francs.

Normalement, il ne devait plus y avoir de croisades et, d'autre part, un respect réciproque des religions devait être observé. Or, d'importants contingents, amenés par les galères génoises, s'en prirent à des musulmans.

Al Malik Al Mansur exigea des excuses et une nouvelle fois, comme à la veille de Hattin, on temporisa, on louvoya. Certains Francs étaient partisans d'en présenter, d'autres pas. Al Malik Al Mansur jura alors sur le Coran, de ne plus désormais déposer les armes, tant qu'il resterait un incroyant de vivant.

Le 4 novembre 1290, l'armée mamelouk quittait Le Caire. Le lendemain Al Malik Al Mansur mourait et c'est son fils, Khalil, qui devait mener à son terme la campagne déjà amorcée.

Avec Al Malik Al Mansur disparaissait un grand souverain, certes ennemi des Francs, tout en menant parallèlement une politique économique cohérente. Il ne dédaigna pas de passer des accords commerciaux avec Venise, les Paléologues de Byzance et institua des sauf-conduits pour protéger les importantes caravanes venant de Chine, de l'Inde, du Yémen ou s'y rendant.

Il fut surtout le fondateur d'une dynastie, qui devait garder le pouvoir plus d'un siècle, jusqu'en 1382, tout en procédant à l'implantation de solides points fortifiés pour se protéger des Mongols.

LE SIÈGE DE SAINT-JEAN-D'ACRE

Le siège de Saint Jean d'Acre fut précédé de la mise en place d'une très importante machine de guerre : au moins soixante dix trébuchets, dont certains étaient si massifs qu'il fallut les transporter, divisés en plusieurs éléments [23]. Les redoutables catapultes causèrent d'incroyables dégâts dans les murailles du port. Le total des armées rassemblées par Al Malik Al Mansur et Al Malik Al Ashraf devait dépasser cent mille hommes [24].

Il faut également se rendre compte que la prise de Saint-Jean d'Acre parachevait la reconquête et était donc considérée comme l'ultime acte, pour rejeter les incroyants à la mer.

Les Missionnaires de la Foi n'eurent aucun mal pour convertir à cette idée tous les musulmans, à qui ils promettaient le paradis d'Allah, s'ils mourraient au combat. Il y eut, aux dires des historiens arabes, autant de volontaires pour tuer les Francs qu'il y eut de soldats. Ces volontaires vinrent de toutes parts, attirés aussi par les pillages du plus important port économique d'Orient.

Et les défenseurs, combien étaient-ils ? Au total, et en incorporant tous les civils capables de tenir une arme : vingt mille. Le plan donné à la fin de ce chapitre (document n° 12) indique les positions tenues par les différents ordres militaires.

Les conditions du siège sont connues et reprises dans tous les ouvrages sur les croisades. Il y eut des sorties, vouées à l'échec, des tentatives de bombardements des camps mamelouks par des galères vénitiennes, sur lesquelles étaient montées des tours, d'où on envoyait des pierres sur les tentes ennemies ou des couffins de naphte enflammée.

23 L'une d'entre elles fut appelée par les chroniqueurs arabes " La Mansurite " Il fallut cent chariots pour la transporter.

24 *Récits des Historiens des Croisades – Récits Orientaux des Croisades* – Abou Fida Tome V page 386.

Les remparts furent minés, incendiés. Les musulmans incessamment montaient à l'assaut, revenaient sur leurs arrières, repartaient. Le siège se poursuivait désormais de nuit, à la lueur des incendies.

Le 18 avril 1291, Khalil ordonna l'assaut final. La tour du roi Henri tomba la première, suivit de la fameuse tour Maudite. Le roi de Chypre s'enfuit en laissant les Templiers et les Hospitaliers, seuls à défendre la cité pourtant perdue.

Guillaume de Beaujeu fut mortellement atteint et la résistance commença à faiblir. Tous les dignitaires des ordres militaires avaient déjà été soit tués, soit grièvement blessés [25].

Insensiblement, les Francs reculaient et les musulmans massacraient à peu près tous les survivants. Seul désormais restait encore le couvent-forteresse des Templiers, où s'était enfermé Pierre de Sevry, maréchal du Temple, et le commandeur, Thomas Gaudin.

Il y eut des pourparlers, une espèce d'armistice, mais les circonstances s'avérèrent défavorables, qui le firent devenir sans objet. Et, le massacre continua. Quelques galères seulement parvinrent à s'échapper.

Toutefois, le couvent tenait toujours. Khalil ordonna de creuser des sapes pour le miner. Les murs s'écroulèrent et les musulmans se ruèrent sur les derniers combattants Templiers.

Suprême ironie du sort, l'ensemble de la forteresse, ébranlée par les travaux de sape, s'écroula et sur les défenseurs et sur les assiégeants. Les Turcs perdirent des milliers de soldats, mais Saint-Jean-d'Acre était tombée.

Nous demeurons persuadés que la bataille de Saint-Jean-d'Acre, pour Guillaume de Beaujeu, n'était pas jouée d'avance. Il a été avancé que tous, défenseurs et assaillants, connaissaient l'issue de la bataille et même les rescapés d'Orient réfugiés à Chypre, mais cela est inexact.

25 Ainsi de Mathieu de Clermont – Maître de l'Hospital – Jean de Villers, Jean de Grailly, Otton de Granson, le patriarche de Jérusalem, Nicolas de Hanapas.

Si la bataille a duré près de cinq semaines, faisant des dizaines de milliers de morts, c'est que Guillaume de Beaujeu était à notre avis persuadé que le cours des événements pouvait s'inverser.

Pourquoi ? D'abord au niveau stratégique, jamais Saint-Jean-d'Acre n'a été complètement encerclée, du côté de la mer. Les galères vénitiennes ont toujours pu s'approcher, aborder, débarquer du matériel de guerre, des vivres et des soldats.

Guillaume de Beaujeu comptait beaucoup sur le recrutement Templier en Europe, pour voir arriver de nouveaux chevaliers, dont l'âme serait aussi bien trempée que celle des Templiers, combattant sous ses ordres. Les nombreuses sorties, ordonnées par lui même et auxquelles il a participé personnellement, prouvent que le nombre très supérieur de musulmans ne l'intimidait nullement.

Les tentatives de négociation de Guillaume de Beaujeu

Enfin, et surtout, il continuait de mener des discussions avec Al Asraf, pour négocier une paix honorable, au nom même des activités économiques. Si Al Asraf voulait rejeter tous les infidèles à la mer, c'était plus une image destinée à frapper ses soldats qu'une réalité politique. On le vit, effectivement, après la chute de la cité où Al Asraf s'attacha à rétablir le plus rapidement possible les échanges commerciaux, absolument vitaux pour le développement de son empire. En 1302, un très important traité de commerce fut signé entre Venise et le soudan du Caire, Wasir.

Les Templiers payaient déjà un tribut important pour le maintien de leurs places fortes depuis Baïbar, c'est à dire, depuis 1270. Ils pouvaient continuer.

Guilllaume de Beaujeu menait parallèlement des tractations pour faire amener les Mongols sur les arrières des Mamelouks, obligeant ainsi Al Asraf à une relative modération.

Tant qu'il a été en excellente condition, se dépensant sans compter d'un bout à l'autre de la cité, le moral des défenseurs s'en ressentit favorablement. C'est bien ainsi que l'aperçurent les chroniqueurs arabes et le dominicain de Croce. Il était l'âme de la bataille.

Lorsqu'il fut mortellement atteint, les défenseurs surent que désormais leurs jours étaient comptés.

La situation eut-elle été différente si Guillaume de Beaujeu n'avait pas été blessé ? Il aurait pu s'enfuir à la dernière minute. Il aurait pu continuer à négocier, à payer un tribut, à acheter la venue des Mongols…

Le cours des choses aurait-il été changé ? Nous le pensons. S'ils avaient pu garder Saint Jean d'Acre, au prix d'une reddition convenablement négociée, les Templiers auraient pu rester en Orient, la raison en résidant principalement dans cette fameuse alliance avec les Mongols mais, dont ne voulait absolument pas le roi de France.

Des écrits qui témoignent de l'indifférence des Occidentaux

La seule source narrative occidentale que nous possédons sur la chute de Saint Jean d'Acre est due à la plume de : Fra Riccoldo de Monte Croce, dominicain qui arriva à Acre en 1288.

Il apprit à Bagdad, en 1291, la chute de la ville par les récits des captifs prisonniers. Il écrivit à l'époque les fameuses : Epistolae ad Ecclesiam Triumphantem dont un seul manuscrit figure à la Bibliothèque Vaticane – n° 7313 – de lettres écrites en Orient et terminées lors de son retour à Florence vers 1297 [26].

26 La traduction a été effectuée par Reinhold Röhricht au 19ème siècle. *Archives de l'Orient Latin*. La traduction ici présentée des extraits est due au P. J.M. Merignoux.

Ces cinq lettres concernent la chute de Saint-Jean-d'Acre dont le titre est : « Commentatorie de perditionne acconis 1291 ». Les quatre premières sont des invocations au Seigneur, qui a permis la chute de la chrétienté, tandis que la cinquième parle des derniers défenseurs et des survivants emmenés en captivité.

Les lettres sur la chute de Saint Jean d'Acre, dues à la plume de Frère Riccoldo de Monte Croce, manifestent la colère de ce dominicain, devant l'indifférence de son Dieu et de ses frères d'Occident :

« – Les sarrasins ont pris les missels, en ont gratté les pages… et vous, comment pouvez-vous dormir ? »

« – Vous avez écrit tous que le Christ a été crucifié et qu'il est mort ; Mahomet lui dit que c'est un sosie. »

« – Ils m'ont privé de l'habit de mon ordre. J'ai pris le vêtement et l'habit d'un chamelier. Les sarrasins ont bien pu faire de moi un chamelier mais jamais un sarrasin. »

« – On envoyait des moniales et des vierges consacrées à Dieu pour les vendre aux chefs des sarrasins, comme concubines et esclaves. Et vous, mes frères, dites moi donc à quelle hcurc avcz-vous été tués ? »

« – Pendant que vous chantiez des psaumes et qu'ils nous ont tous tués, de qui avez-vous pu chanter les messes ? »

Mais la cinquième et dernière lettre est riche d'un renseignement qui permit de bien comprendre le mécanisme psychologique ayant amené la chute de cette capitale économique et politique. Ce sont les derniers jours de la ville :

« – Les chrétiens qui s'y trouvaient ne pouvaient en aucune façon penser que Dieu permette que la ville fut prise. Un sarrasin lança une flèche qui vint frapper le Maître du Temple entre le thorax et les poumons : ainsi mourut le soir celui « qui pouvait sauver la ville. »

Ainsi donc, un témoin occidental demeure convaincu, que la mort de Guillaume de Beaujeu fut responsable de la chute de la ville.

« Et, dès le lendemain, la ville fut prise soudainement, sans aucune résistance. Les chrétiens éprouvèrent un tel effroi, une telle épouvante qu'ainsi, gratuitement, ils abandonnèrent aux Sarrasins les remparts et les fortifications comme si l'armée des ombres avait marché contre eux. »

LE TEMPLE AURAIT-IL PU CHANGER LE COURS DES ÉVÉNEMENTS ?

La question se pose de savoir si l'Ordre du Temple eut pu redresser la barre, inverser le courant irrésistible qui l'entraînait vers sa perte inéluctable.

Certains s'interrogeront sur le fait curieux, que personne à l'intérieur du Temple n'ait véritablement perçu, ce que sous-entendait l'attitude de plus en plus réticente des grands de ce monde, ni la haine rentrée, ni les jalousies exacerbées, ni les traquenards ou autres pièges, dans lesquels ils tombèrent allégrement en Orient.

Il paraît évident qu'à partir de 1280, les Templiers manquèrent dangereusement d'une élite, qui eut pu prévenir ces dangers incontestables, amorcer une reprise en main, faire des concessions, accepter des compromis.

Un seul homme apparemment s'y engagea. Le dernier

Grand Maître et, c'est nous qui soulignons Grand car ses deux successeurs, Thomas Gaudin et surtout Jacques de Molay, ne surent jamais se hisser à sa hauteur.

C'est Guillaume de Beaujeu qui, dès 1274, lors du concile de Lyon, attira l'attention des pères conciliaires sur le péril qu'il y avait à trop vouloir attaquer l'Ordre, qui était d'une première nécessité pour la chrétienté.

C'est lui qui s'efforça de procéder à un intense recrutement dans les provinces occidentales, c'est lui qui fut l'âme et la cheville ouvrière de la défense héroïque de Saint-Jean-d'Acre, puisque Riccoldo Di Monte Croce alla jusqu'à dire que sa mort préluda la fin de la cité.

Mais, il était un homme seul. Aucun de ses compagnons d'armes et d'âmes n'atteignirent sa hauteur et, c'est bien ce qui perdit l'Ordre.

Incontestablement, Guillaume de Beaujeu sentit bien, non seulement les réserves informulées par les souverains d'Occident mais, il devina assurément leurs arrières pensées.

Deux plans (document n° 12 et n° 13) sont présentés en fin de chapitre :

- le premier (document n° 12) est une reproduction de la ville d'Acre sur laquelle ont été positionnés les emplacements respectifs des divers ordres militaires.

Le second (document n° 13), reconstitué d'après les chroniqueurs arabes, permet de visualiser la répartition des Mamelouks et de leurs alliés – Nubiens, Kurdes, Syriens – et surtout l'impressionnant dispositif militaire.

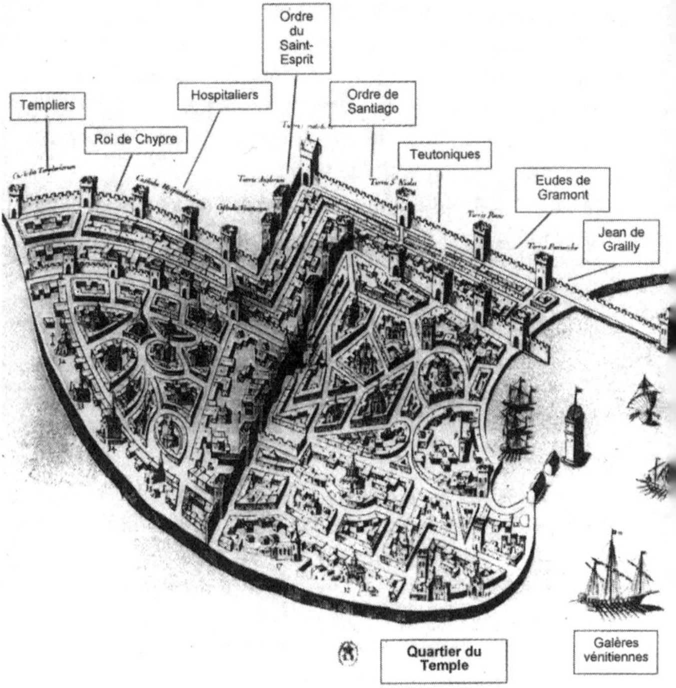

Document n° 12 :
Reconstitution du plan de la bataille de Saint-Jean-d'Acre, avec la position des Francs.

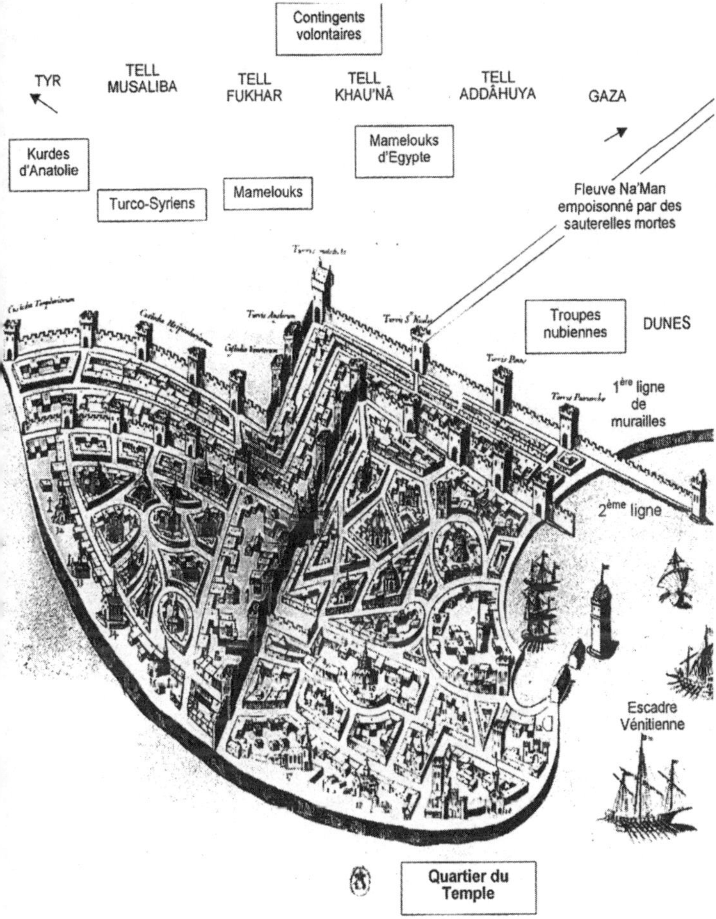

Document n° 13 :
Reconstitution de la bataille d'Acre,
avec la position des Egypto-Syriens.

CHAPITRE X

LE COMPLOT, LES ARRESTATIONS, LES PROCÈS

CHRONOLOGIE DES FAITS

1305 / 1306

Esquien de Floyran, prieur de Montfaucon, du diocèse d'Agen, prétend révéler à Jacques II d'Aragon des secrets importants concernant l'Ordre du Temple. Il est éconduit et s'adresse à Nogaret, un de ses compatriotes, qui en informe le roi.

1306 / 1307

Les rumeurs remontent jusqu'au Pape qui a dans son entourage des Templiers – l'un d'entre eux n'est-il pas son « ministre des finances » ? – Jacques de Molay en est averti. Selon certains auteurs [1], Jacques de Molay aurait lui-même demandé à Clément V l'ouverture d'une enquête.

Août 1307

Clément V signifie au roi qu'il a diligenté une enquête mais, dans l'intervalle, si les Templiers sont restés inactifs, apparemment il n'en est pas de même pour Nogaret, qui

1 Dont notamment Alain Demurger – *Vie et Mort du Temple* – page 298.

applique ici les mêmes méthodes que pour les ignominieuses accusations proférées à l'encontre de Boniface VIII. Il recrute des témoins à charge parmi des Templiers chassés de l'Ordre pour certains motifs et, très naturellement, y introduit des mouchards.

Septembre 1307

Philippe IV est convaincu, non de la véracité des accusations mais, de leur extrême valeur. Il a des comptes à régler, nous le verrons par ailleurs. Dès lors, le Pape étant réservé quant à la poursuite de l'enquête, il va lui même s'en charger.

13 octobre 1307

Dans tout le royaume de France, les baillis, sénéchaux ou prévôts procèdent à l'arrestation des Templiers dans leur juridiction, en vertu d'un bref royal énonçant les plus viles turpitudes commises par les frères du Temple.

«… Une chose assurément horrible à penser… un crime détestable… un forfait exécrable… a retenti à nos oreilles… »

Et, l'on en vient aux accusations plus précises : reniement du Christ, crachat sur la croix, obscénités de tous ordres…

Puis, il est ajouté que, étant arrêtés, les Templiers seront réservés au jugement de l'Église et tous leurs biens saisis et conservés entre les mains royales [2].

En 1309

Le nombre des Templiers arrêtés et détenus en France est d'environ 550 et 350 en Provence, dépendant du royaume de Naples, soit pour l'équivalent de la France actuelle (moins l'Aquitaine) environ 900.

2 Extrait du livre de G. Lizerand page 17 à 25 – Archives Nationales J 418/22 – *L'Affaire des Templiers* -

Novembre/décembre 1307

Clément V, par la bulle Pastoralis Praeeminentiae, ordonne que les arrestations des Templiers soient contrôlées par l'Église et leurs biens soumis à la seule tutelle de celle-ci [3].

Dès lors, les souverains d'Europe, Edouard II d'Angleterre, Jacques II d'Aragon, le roi de Naples Charles II, exécutent plus ou moins rapidement les instructions pontificales avec de sérieuses réticences mentales en Castille, Portugal, Allemagne, Chypre. Par contre, on ne connaît rien de leur sort en Pologne, Hongrie, Italie, bien qu'il y ait dans ces pays quelques arrestations, comme le précise un des documents en annexe. Mais, en tout état de cause, rien à voir avec la rafle gigantesque, observée dans le royaume de France et en Provence.

A partir de décembre 1307

Les inquisiteurs royaux utilisent la torture pour obtenir des aveux circonstanciés. Il faut attendre août 1308 pour que le Pape s'étant ressaisi – provisoirement – fasse établir une liste des accusations, au nombre de 127 environ, mais qui peuvent être regroupées sous cinq grandes rubriques :

- pratiques contraires à la décence lors de la réception dans l'Ordre ;

- non commerce avec les femmes mais, avec les seuls frères du Temple ;

- adoration d'une idole – vieillard, femme, ou chat ;

- reniement du Christ, crachat sur la croix.

- Absolution prononcée par le Grand Maître pour des pêchés commis par des frères, alors qu'il n'en a pas le droit et qu'il existe des chapelains.

3 Les comptes-rendus des interrogatoires et du procès des Templiers dans les états pontificaux sont conservés aux Archives Secrètes du Vatican – Archives du Château Saint Ange – référence Armadio D207 - cf. document n° 14 et sa transcription latine (document n° 15) en fin de chapitre.

Dès octobre 1307

La plupart des Templiers arrêtés et notamment les dignitaires ont pratiquement tout avoué. Geoffroy de Charnay, précepteur de Normandie, est le premier, suivi – fait beaucoup plus grave – par le Visiteur général de l'Ordre, Hugues de Pairaud, qui aurait reconnu avoir reçu un grand nombre de frères, comme le précisait l'accusation [4].

Jacques de Molay avoue les mêmes faits, devant d'ailleurs les maîtres de l'université de Paris, en donnant la consigne aux autres frères de dire la vérité [5].

Il est très possible qu'à l'exclusion de Jacques de Molay, le Visiteur Hugues de Pairaud et le précepteur de Chypre, Raimbaud de Caron, les autres Templiers aient été torturés.

L'université de Paris – interrogée par le roi – défend en principe la juridiction ecclésiastique, dont les Templiers dépendent, mais les déclarant hérétiques ou fauteurs d'hérésie, elle accepte le fait que le roi ait diligenté lui-même une enquête, pour la paix de son royaume.

Mars/juin 1308

Convocation des États Généraux du royaume à Tours. Le roi rencontre le Pape à Poitiers et, avec la collaboration de Guillaume de Plaisians, présente un argumentaire sur les fautes graves relevées à l'encontre des Templiers et entraînant, pour lui, la suppression pure et simple de l'Ordre.

Juillet 1308

Lors de leurs transfert de Paris à Poitiers, les Templiers s'arrêtèrent à Chinon où Nogaret vint à son tour les interroger, profitant d'une faiblesse du pape, qui était effaré par les

4 G. Lizerand – *L'Affaire des Templiers* – pages 41-43.
5 A Paris, les inquisiteurs sont Guillaume de Paris et Nicolas d'Emmezat.

rebondissements de l'affaire. Il y avait outre Jacques de Molay, Hugues de Pairaud, Geoffroy de Charnay – Commandeur de Normandie – Geoffroy de Gonneville – Commandeur d'Aquitaine – Les deux derniers semblant sinon s'être rétractés, du moins être revenus partiellement sur leurs aveux, tandis que les deux premiers cités confirmèrent leurs aveux. Ceci se déroula en présence de trois cardinaux, désignés par le pape[6] : Beranger Fredol, Etienne de Suizy, Londulph Brancaccio et peut-être Pierre Colonna.

Il fut dit aussi que le Commandeur de Chypre, Raymbaud de Carno, était également dans la même prison de Chinon et qu'il maintint ses révélations.

Août 1308

Clément V cède en partie. La bulle « Facians Misericordiam » confie à des conciles provinciaux le soin de juger les Templiers comme personnes. L'Ordre n'est pas nommément désigné.

La bulle « Regnans in coelis » convoquera un concile plus général – en principe dès 1310 – pour se prononcer sur l'éventuelle dissolution de l'Ordre. Les biens du Temple sont mis à la disposition des croisades – lesquelles ? – et le roi les tient en sa garde, pour rendre service probablement au Pape, les contrôler, tout comme il enferme en ses nombreuses prisons les Templiers.

1309 / 1310

Personne ne fait apparemment de zèle. Ni les commissions diocésaines, ni les tribunaux du roi. En 1310, commence alors une deuxième catégorie d'interrogatoires avec application de la torture. Mais, elle sera, là encore, utilisée avec une extrême réticence dans les pays voisins.

6 Marion Melville - *La Vie des Templiers* - page 308.

Ces procès, si on peut les désigner ainsi, se font la plupart du temps sans défenseurs.

Novembre 1309

Une commission de huit personnes – désignées par le roi et le Pape – est nommée pour déterminer la culpabilité de l'Ordre en général, à fin de provoquer sa dissolution. Aucun Templier ne se présente pour le défendre. Jacques de Molay pressenti se récuse, au motif qu'il ne sait « ni lire, ni écrire ». Puis, quelques jours plus tard, il indique qu'il ne parlera qu'au Pape lui-même.

1310

Toutefois des Templiers se lèvent pour défendre leur Ordre et quatre d'entre eux sont désignés pour le faire : Pierre de Boulogne ou de Bologne, Renaud de Provins – prêtres tous les deux -, Bertrand de Sartiges et Guillaume de Chambonnet – du préceptorat d'Auvergne [7].

Mais, le roi est convaincu par ses conseillers, que l'Ordre ne peut être défendu puisqu'il est coupable. C'est en vérité un peu simple comme argumentation, mais elle prévaut d'autant que le frère d'Enguerrand de Marigny vient d'être nommé archevêque de Sens, dont dépend l'évêché de Paris qui dès lors lui est tout acquis. Il condamne immédiatement près de soixante Templiers au bûcher, à proximité de l'actuel hôpital Saint Antoine.

Les défenseurs n'auront rien à défendre. Les bûchers achèvent la démolition intérieure du Temple et Pierre de Bologne et Renaud de Provins disparaissent de la scène, sans qu'on connaisse leur sort réel. Les Templiers ont, semble-t-il, renoncé définitivement à défendre leur Ordre, même de l'extérieur, là où ils avaient encore les coudées franches.

7 Alain Demurger page 317 – *Vie et Mort de l'Ordre du Temple* – Ed. Gallimard.

Mai 1311

Les commissions ont terminé leurs travaux et le Pape peut parler de la convocation d'un concile, pour octobre 1311, ayant trois objectifs :

- le prêche d'une nouvelle croisade,
- la réforme de l'Église,
- la dissolution de l'Ordre du Temple.

L'ARRESTATION ET LES PRÉMICES

Reprenons à présent les faits dans leurs détails.

Les premières révélations

Tout commence par un fait banal. Un Templier se fait arrêter pour mauvaise conduite, puis un autre pour mauvaises mœurs, puis un troisième fait certaines révélations. De 1306 à 1307, la rumeur s'amplifie, à laquelle les officiers du roi vont donner le maximum d'effets. Ce qui relevait de la basse police, à commencer par celle du Temple, échoit entre les mains des prévôts du roi.

Parmi les révélations faites par le sieur Esquien de Floyran, qui n'était même pas Templier, on relève :

- « ils cuisaient et rôtissaient au feu les enfants qu'ils avaient procréés aux filles… »

« - ils faisaient manger à leurs frères les cendres des morts qu'ils brûlaient, »

«- ils adoraient un chat qui parlait. »

Or, dans les accusations autrefois dirigés contre les albigeois et les cathares, nous trouvons avec des termes différents ces mêmes types de révélations, qui chaque fois prennent bien sur le bon peuple : « Ce sont des suppôts de Satan à l'évidence, il faut les brûler ! »

Le roi se devait d'en avertir le Pape. Il le fit donc.

Les Templiers arrêtés dès octobre 1307, et à qui on appliqua la question, avouèrent tout ce qu'on voulut. Ils furent transférés à Gisors sous les ordres de l'inquisiteur Guillaume Imbert [8].

Le roi voulut aller vite. Il demanda à clément V de le rencontrer à Poitiers en août 1307, en insistant pour obtenir l'abolition de l'Ordre.

Il est inutile d'évoquer la puérilité des accusations et l'énormité de la demande royale. Mais, ce roi devait se sentir singulièrement affermi dans ses propos pour les tenir de la sorte. Personne ne releva le ridicule de l'affaire.

A notre avis, ce que les Templiers avaient fait en Palestine était autrement plus redoutable et dangereux, ne serait-ce que la pertinente et permanente accusation de collusion avec les infidèles, dont les soupçonnait déjà Saint Louis. Il aurait tenu là un bien puissant levier pour faire tomber l'Ordre, sans aller chercher des enfants qu'on faisait cuire comme des agneaux ou des chats qui parlaient.

Les Templiers étaient donc au courant et jugèrent apparemment l'affaire suffisamment grave, pour demander au Pape de procéder à une enquête. Ce fut d'ailleurs la raison de la venue de Jacques de Molay en France avec soixante chevaliers et le prieur d'Aquitaine/Poitou, Godefroy de Gonneville [9].

Il est également avancé qu'à Poitiers le Maître de l'Hospital, Gulco de Villaret – retenu finalement à Rhodes – avait été également convoqué, car le Pape entendait lui parler du projet de fusion entre les deux ordres [10].

8 Il est à remarquer que ce ne furent pas les prévôts du roi qui les soumirent à la question mais des frères mineurs. Ce qui pourrait tendre à démontrer que déjà les autres ordres religieux participaient au complot.
9 M. Lavocat - *Procès des Frères et de l'Ordre du Temple* - page 127.
10 M. Lavocat - Ibid page 127.

L'attitude des plus ambiguë du Pape, ne résiste pas à l'examen. Tout d'abord, il faut rappeler que son « trésor » est entre les mains d'un Templier. C'est même à lui qu'il s'adresse pour ses fins de mois. Jamais ce « ministre des finances » de Clément V ne se hasardera à critiquer son obédience mais, un camérier du Pape, un certain Guillaume de Cantilupo, qui aurait été Templier lui révéla en 1307 que les Templiers reniaient le Christ dans leur rituel etc [11].

Philippe IV ordonne l'arrestation de tous les Templiers

En contradiction flagrante avec le fait que les Templiers ne relevaient que des juridictions ecclésiastiques – donc avec la complicité consciente ou l'aveuglement volontaire d'un Pape qu'il avait finalement contribué à élire – le 14 septembre 1307, depuis l'abbaye de Sainte-Marie de Pontoise, Philippe IV adressa des lettres de cachet aux baillis et sénéchaux du royaume, avec ordre d'arrêter tous les Templiers se trouvant dans l'étendue de leur juridiction. A ces lettres, se trouvait joint un document donnant les raisons de leur arrestation, probablement inspiré par son confesseur Guillaume Imbert, devenu inquisiteur de la Foi. Ce manifeste énumèrait pêle-mêle : reniement du Christ, baisers obscènes etc. Les gens du roi avaient un mois pour tout préparer.

Le 12 octobre, Jacques de Molay assistait en grande pompe chez les Jacobins, en présence du roi, aux funérailles de Catherine de Courtenais, seconde femme de Charles de Valois. Le vendredi 13, tous les Templiers de France sont arrêtés, emprisonnés, torturés. Ils avouèrent tout ce qu'on

11 M. Lavocat cite Schoell – Tome VII page 79 – *Cours d'Histoires des Etats européens* – Ibid page 128 :
" Coram nobis secreto juratus deposuit quod in receptione Fratrum. Haec consuetudo velverius corruptela servatur. "

voulut. Les dépositions étaient accablantes et Guillaume de Nogaret en fit une très large publicité.

Le roi, très habilement, fit savoir qu'il avait agi à la demande du Pape, alors que ce dernier lui avait indiqué qu'il mènerait lui-même une enquête. Les agents du roi devaient par la même occasion saisir tous les biens meubles et immeubles, dans l'attente d'instructions complémentaires [12].

L'hypothèse d'une rivalité entre dignitaires

Une hypothèse intéressante nous est présentée – sous une forme voilée – par l'historien M. Lavocat [13]. Jacques de Molay arrêté reconnaît, sans avoir été torturé, avoir renié le Christ, craché sur la croix etc… Le Visiteur de France, Hugues de Pairaud est entendu par le frère de Anmessione et lui aurait avoué que tous les frères étaient ainsi reçus dans l'Ordre, leur présentant même une idole que les frères adoraient [14].

Or, l'élection de Jacques de Molay à la maîtrise avait été violemment combattue par ce même Hugues de Pairaud, qui s'était présenté contre lui et dont le nom avait été avancé depuis longtemps comme futur Maître de l'Ordre. On peut suspecter la déposition d'Hugues de Pairaud d'être volontairement, cette fois-ci, erronée ou mensongère pour se venger de Jacques de Molay.

Il se passa donc en 1307 des événements identiques à ceux de 1187, au moment de l'élection si controversée de Gérard de Ridford. C'était bien la preuve que la grâce du Saint Esprit ne descendait pas sur la tête des hommes chargés de choisir le meilleur d'entre eux, comme le recommandait instamment la

12 La carte (document n° 16) en fin de chapitre présente la situation de l'ordre du Temple dans le royaume de France, en 1307, et la localisation des principales commanderies.

13 M. Lavocat – *Procès des Frères et de l'Ordre du Temple* - page 131.

14 M. Lavocat - Ibid page 150.

Règle et que Notre Dame, dont ils parlaient si souvent, les avait abandonnés à leur sort.

L'intéressant dans cette hypothèse est que sitôt interrogé, Hugues de Pairaud est invité à dîner par les cardinaux Bérenger Fredol et Etienne de Suizy. Plus tard, en 1309, interrogé à nouveau par les commissaires du Pape pour savoir s'il veut défendre d'Ordre, il se borna à déclarer qu'il s'était entretenu de cette affaire avec Clément V.

Nous sommes très perplexes devant l'attitude du Visiteur cismarin. En effet, peu avant ce fameux incident d'Agnani ou Guillaume de Nogaret souffleta Boniface VIII, Hugues de Pairaud, déjà Visiteur de l'Ordre, ainsi d'ailleurs que le prieur de Saint-Jean de Jérusalem, approuva la réunion d'un concile pour « entendre » Boniface VIII. Ce qui laisserait à supposer qu'il devait exister déjà des différents entre la papauté et les Templiers. En d'autres termes, il parut à cette occasion « approuver » l'attitude et la politique de Philippe Le Bel, ce qui semble contradictoire avec son arrestation ultérieure [15].

Par contre, de nombreux Templiers reconnaissent avoir adoré cette tête horrible dans sept chapitres tenus par Hugues de Pairaud. De quelle tête parlons nous vraiment ? De celle d'un chat ? de celle d'un diable féminin ?... Mais, cela continue de produire une très désagréable impression sur le bon peuple, ravi cependant d'être dans de si bonnes loges.

QUI HÉRITERA DES BIENS DU TEMPLE ?

Il est frappant de constater la comptabilité des Templiers arrêtés. Leur nombre est soigneusement cité ; ainsi dans la province du Midi : soixante dans la sénéchaussée de Beaucaire,

15 Jean Favier - Philippe Le Bel, page 358 - relate le refus de Boniface VIII de recevoir le Templier Hugues le Catalan. Il fut même " éconduit ".

cinq de Carcassonne, quarante cinq d'Aigues Mortes, deux cent cinquante deux à Nîmes [16]. Dans le sud, la fameuse tête devient une tête de mort : c'était déjà plus raisonnable. En 1309, trois Templiers de Provence furent condamnés à mort en vertu d'une décision de Charles II de Naples [17].

Mais, dans un premier temps, Clément V a l'air de protester. Il s'agit d'ecclésiastiques ne relevant que de lui et, de plus, il y a cette question brûlante de ce qu'il doit advenir de leurs biens. Il envoie au roi les deux cardinaux Berenger et Etienne, porteurs d'une lettre demandant et que les Templiers et que leurs biens lui soient remis. La réponse de Philippe IV est un modèle d'ironie et d'hypocrisie. Il souscrit à tous les désirs du Pape, l'assure qu'il n'a agi que sur sa demande, par l'intermédiaire des inquisiteurs du roi.

« sous réserve de vérification des biens du Temple, il va les garder et les administrer avec soin, sans les confondre à l'évidence avec ceux de ses domaines et les Templiers sont à la disposition des cardinaux dans les différentes prisons du royaume. » [18]

On ne peut pas, d'une manière plus ironique, être plus blessant.

Les États Généraux, convoqués par le roi à Tours le 14 novembre 1308, déclarent les Templiers coupables au vu des accusations portées contre eux. Ils méritent donc la mort.

Soixante douze Templiers sont conduits devant le Pape et confirment leurs aveux.

16 M. Lavocat - Ibid - page 156.

17 Les conditions de l'arrestation des Templiers de Provence en 1308 figurent dans les registres B151 à B158 du fonds de la cour des comptes de Provence.

18 M. Lavocat - Ibid - page 144.

Jacques de Molay et certains dignitaires sont mis en présence du roi et du Pape. Le Pape aurait promis au Maître du Temple la vie sauve, s'il persistait dans ses aveux [19]. Jacques de Molay aurait même été amené à écrire à tous les frères du Temple pour leur prescrire d'avouer [20]. Une bulle du Pape du 12 août 1308 reprend les aveux mêmes du Maître du Temple, consignés dans le procès-verbal de Guillaume de Paris, inquisiteur du roi.

Il aurait confessé avoir renié le Christ, craché sur la croix, etc. Tous ces points demeurent confus, obscurs. On n'a jamais retrouvé ces lettres. Jacques de Molay a-t'il passé d'autres aveux ? Tout cela sent la superbe manipulation préparée de longue date et, il faut bien l'avouer, nous avons affaire à de bien naïves personnes.

DES PRATIQUES INSPIRÉES DE LEUR VIE EN ORIENT

Jean-François Nicolaï, libraire à Berlin, en 1785, écrivit un livre sur les Templiers et les Francs-maçons « Versuch über den Tempelherr – Orden und das entstehen der Freimaurer Gesellschaft ».

L'origine selon lui du reniement du Christ, serait due à un chevalier du Temple prisonnier des Sarrasins, obligé d'abjurer sa foi, et libéré de ce fait, et qui aurait introduit ce cérémonial dans le rituel de l'Ordre, pour bien montrer qu'il ne portait pas à conséquence.

Il va plus loin, en écrivant que même la divinité du Christ revenait, purement et simplement, à n'accepter que la seule divinité de Dieu.

Or, il est évident que pour les musulmans la doctrine capitale est la croyance en un seul Dieu. « Rien n'est Dieu, si ce

19 M. Lavocat - Ibid - page 169.
20 M. Lavocat - Ibid - page 170.

n'est Dieu… ». Un Dieu triple est tout simplement inconcevable et, de plus, les musulmans rejetaient le dogme des images et refusaient de les adorer.

Les fréquents contacts entre musulmans et Templiers ont pu, très naturellement, amener ceux-ci à accepter la vision divine qu'avait les « infidèles ». Mais alors, qu'en était-il pour les autres ordres chevaleresques, qui avaient les mêmes contacts ? Pourquoi n'en a-t-on jamais parlé ?

Il est beaucoup fait allusion aux contacts répétés entre Francs et Sarrasins. On ne parle jamais de christianisme oriental ou plutôt de la chrétienté orientale. Or, à partir du début du XIIIème siècle, les croisades se raréfient, les rapports entre l'église de Rome et les Francs installées en Terre Sainte sont peu fréquents. Par contre, ils le deviennent entre Francs et chrétiens orientaux.

Que sont les chrétiens orientaux ? Des schismatiques, des hérétiques, partagés entre l'arianisme, ou la non-consubstantialité du Père et du Fils, le monophysisme qui décide d'une seule nature du Christ – ou humaine ou divine mais en aucun cas les deux – le docétisme qui prétend que ce n'est qu'un halo de lumière qui a été crucifié et non un homme-Dieu ou un sosie, ou un hologramme dirait-on de nos jours.

Ces différentes branches de la chrétienté se combattent à coup de dogme et d'évêques. Tout cela n'a rien à voir avec le catéchisme de l'enfance des Templiers, privés de contacts avec la mère-patrie et les abbés de leur jeunesse. « Jésus n'est qu'un prophète, parmi d'autres prophètes », n'arrêtent pas de leur répéter les musulmans.

On voit donc par là que la tentation de succomber à ces idées est très forte. Ils n'ont peut-être pas renié le Christ mais, refusé simplement d'en reconnaître la divinité. Les inquisiteurs n'en demandaient pas tant.

Le principal manipulateur est Dubois, avocat du roi à Coutances qui voulait, à la fois, la suppression du pouvoir temporel du Pape et rêvait d'une hégémonie européenne pour les capétiens, d'où la prétention de Philippe IV au trône du Saint Empire Romain Germanique [21].

Il est l'auteur d'excellents pamphlets à l'encontre du Pape, d'un autre émanant soi-disant du peuple et demandant la suppression de l'Ordre [22] et des trois pamphlets adressés directement au Pape en ces termes :

« Saint Père, il est temps maintenant de s'occuper des Templiers… le Diable vient de s'emparer de votre maison. » [23]

LE PROCÈS

C'est alors que le cardinal Nicolas de Prato souffle à Clément V l'idée d'un concile, afin de se laver les mains de toute cette affaire.

Puis, les cardinaux Bérenger et Etienne, se rendant dans les prisons des dignitaires de l'Ordre, c'est-à-dire à Corbeil, à Poitiers, à Chinon, manipulent une nouvelle fois les Templiers, en leur recommandant de parler librement, puisque désormais le Pape s'est réservé d'examiner en personne leurs cas particuliers. Tous les témoignages concordent et sont véritablement accablants : les dignitaires confirment leurs aveux [24].

Ont comparu devant les cardinaux : le précepteur de Chypre, celui de Normandie (Geoffroy de Charnay), celui de Poitiers/Aquitaine (Geoffroy de Gonneville), Hugues de Pairaud, qui remirent à Clément V une lettre datée du jour de l'assomption de 1308, où tous les précédents aveux sont repris.

21 M. Lavocat - *Procès des Frères et de l'Ordre du Temple* - page 171.
22 M. Lavocat - Ibid page 174.
23 M. Lavocat - *Procès des Frères et de l'Ordre du Temple* - page 178.
24 M. Lavocat - Ibid page 195.

Dès lors, un peu partout en Europe, dès réception des lettres pontificales, les Templiers sont arrêtés, ainsi en Provence dépendant du roi de Naples et Sicile notamment, en janvier 1308 [25]. C'est à partir de ce moment là qu'on devine que les intentions du Pape seraient de faire attribuer les biens confisqués aux Templiers à l'Ordre des Hospitaliers, puisqu'il s'agit toujours de biens « ecclésiastiques. »

La réponse de Philippe IV ne se fait pas attendre. Il propose de faire nommer un de ses fils, roi d'Acre et de Babylone – en réalité la proposition est certainement du fait de Dubois – afin que soient donnés à ce prince les biens du Temple destinés, dans son esprit, à reconquérir Jérusalem [26].

L'idée de base de Dubois a dû être la suivante : il a été consenti aux Templiers des donations et des legs, assortis de conditions qui n'ont pas été remplies. Le but initial étant la reconquête et la défense de Jérusalem, puisqu'ils ont été incapables de le réaliser, il importe que ces biens leur soient retirés et confiés à une personne susceptible de le mener à bien.

De novembre 1309 à mars 1310, 638 Templiers comparurent devant la Commune de Paris. C'est à ce propos que se pose à nouveau le problème de la défense de l'Ordre. Il semblerait qu'on ait proposé à Jacques de Molay de le défendre mais, il se récusa au motif qu'il n'était pas assez savant pour cela [27].

Puis, cette défense fut proposée à frère Pouzardin de Gisiaco, précepteur de Champagne, puis au frère Aimé de Barrona du diocèse de Troyes et enfin à Jean de Furio.

Les inquisiteurs demandèrent à nouveau à Jacques de Molay si les témoignages étaient exacts et de présenter une

25 A cette occasion Clément V négocie avec le roi de Naples pour se faire rétrocéder la ville d'Avignon.

26 La citation correspondante est " Philippus rex Franciae cogitavit unum de filius suis regem Hiero Solymitanum facere et impetrare redditus et provenutres templorum. "

27 M. Lavocat - Ibid page 220.

défense de l'Ordre. A cette occasion, il aurait prononcé ces paroles qui interrogent la postérité :

« Je suis un chevalier illettré et pauvre... je ne puis rien faire de plus. »[28]

Il faut bien percevoir qu'entre 1307 et 1312, il y eut un grand nombre d'exécutions dans le royaume de France et en Provence. Donc, dès les premières arrestations, les bourreaux du roi eurent de l'ouvrage.

Ce n'est que parce que Clément V ne savait pas comment s'en sortir, qu'on attendit 1311 pour qu'un concile soit réuni.

28 M. Lavocat - Ibid page 228.

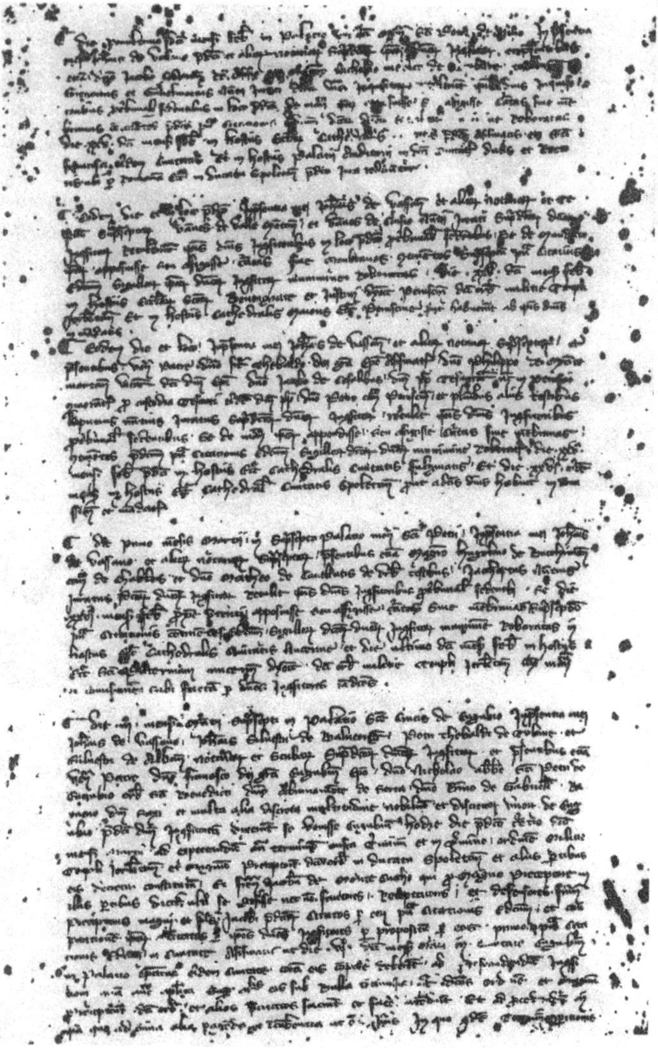

Document n° 14 :
Comptes-rendus des interrogatoires et du procès des Templiers dans les états pontificaux.
Copyright Archives Secrètes du Vatican

Sancti Pat(e)rniani[14b] Nucerine dyocesis dicti ordinis militie Templi Ierosolimitani iuxta mandatum et commissionem sibi factam per dominos inquisitores iamdictos.

§ Die III^{a} mensis martii suprascripti, in palatio Sancte Crucis de Eugubio, in presentia mei Iohannis de Vassano, Iohannis Silvestri de Balneoregio, Petri Thebaldi de Tybure et Silvestri de Albano notariorum et scribarum supradictorum dominorum inquisitorum, et presentibus etiam venerabile patre domino Francisco[15] Dei gratia Eugubino episcopo, domino Nicholao abbate Sancti Petri[16] de Eugubio ordinis sancti Benedicti, domino Abrunamonte de Serra[17], domino Bruno de Gabrielli[s], Raynerio domini Saxi[18] et multa alia discreta multitudine nobilium et discretorum virorum de Eugubio. Predicti domini inquisitores dixerunt se venisse Eugubium hodie, die predicto tertio dicti mensis martii, ad expectandum ante terminum, infra terminum, et in termino, ordinem militie Templi Ierosolimitani, et magnum preceptorem dicti ordinis in ducatu Spoletano et aliis partibus eis decretis constitutum, et fratrem Iacobum de Monte Cuccho qui pro magno preceptore in illis partibus dicitur ultimo se gessisse, nec non fautores, receptatores et defensores fratrum, preceptoris magni et fratris Iacobi predictorum, citatos per eorum publice citationis edictum, et comparitionem ipsorum citatos per ipsos dominos inquisitores per propositum per eos primo publice citationis edictum in civitate Asisinatis, ut die VI° dicti mensis martii in civitate Eugubina, in palatio episcopatus eiusdem civitatis, coram eis comparere deberent ad respondendum inquisitioni quam auctoritate apostolica super articulis eis sub bulla transmissis, contra dictos ordinem et magnum preceptorem dicti ordinis et alios precitatos faciunt et facere intendunt, et ad procedendum in ipsa quo ad omnia alia peragenda et incumbentia ut est iuris. In quo quidem termino[1]

Document n° 15 :
Transcription latine des comptes-rendus des interrogatoires et du procès des Templiers dans les états pontificaux
Copyright Archives Secrètes du Vatican

Document n° 16 :
Les Templiers en France, 1307.
Jonathan Riley-Smith, Atlas des Croisades, traduit de l'anglais par Camille Cantoni © Éditions Autrement, série « Atlas/Mémoires », Paris, 1996, cartes de Malcolm Swanston, © Swanston Publishing Limited, Derby, 1990.

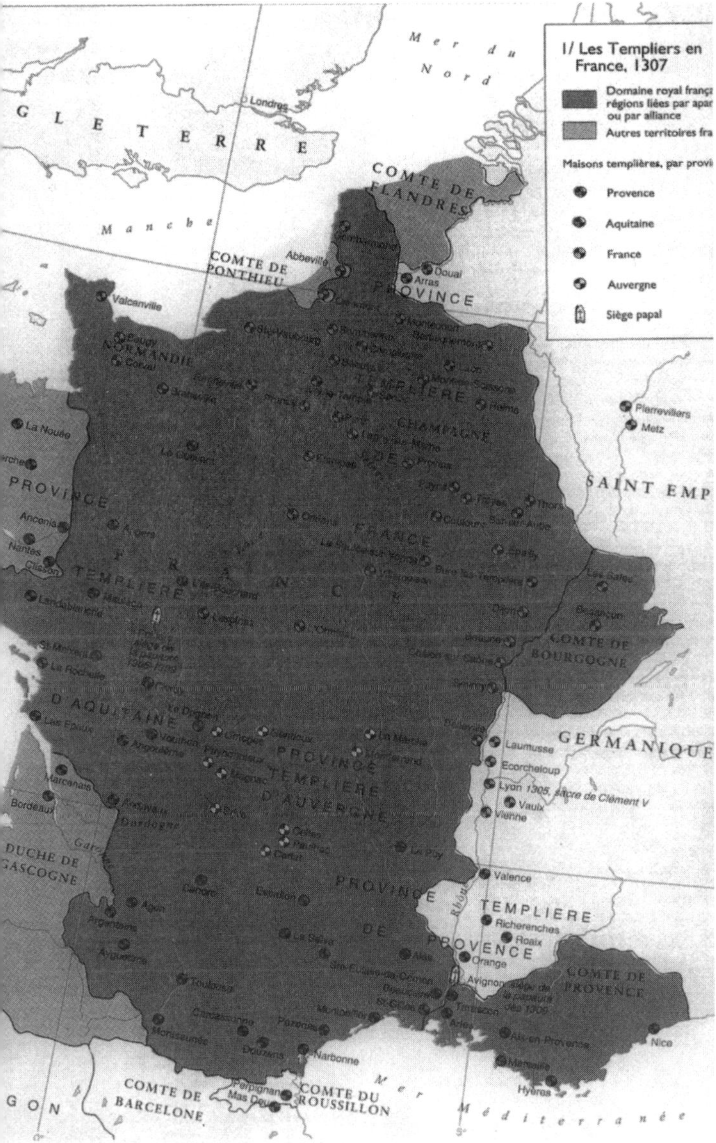
I/ Les Templiers en France, 1307
Autres territoires fra
Maisons templières, par provi
Provence
Aquitaine
France
Auvergne
Siège papal
Mer du Nord
Manche
Londres
COMTE DE FLANDRES
COMTE DE PONTHIEU
Abbeville
Douai
Arras
PROVINCE
Valcanville
NORMANDIE
La Nouée
PROVINCE
Ancenis
Nantes
Clisson
TEMPLIERE
Landebiancne
La Rochelle
D'AQUITAINE
FRANCE
CHAMPAGNE
Pierreviliers
Metz
SAINT EMP
GERMANIQUE
COMTE DE BOURGOGNE
Besançon
Laumusse
Ecorcheloup
Lyon 1305, sacre de Clément V
Vaux
Vienne
PROVINCE TEMPLIERE D'AUVERGNE
Marcenais
Bordeaux
Dordogne
DUCHE DE GASCOGNE
Agen
Toulouse
Montsaunès
PROVINCE DE
Valence
TEMPLIERE
Richerenches
Roaix
PROVENCE
Orange
Avignon
COMTE DE PROVENCE
Rhône
Nice
Hyères
Narbonne
Perpignan
Mas Deu
COMTE DE BARCELONE
COMTE DU ROUSSILLON
Mer Méditerranée
GON

CHAPITRE XI

LES TRÈS CURIEUX INTERROGATOIRES DES NOTAIRES APOSTOLIQUES - LA FAMEUSE LISTE DE TEMPLIERS ENFUIS

DES TÉMOINS BIEN ÉTRANGES

L'assassinat programmé des Templiers ne serait pas complet, s'il n'était pas cité à la barre des témoins de bien étranges personnages, sous couvert de deux notaires apostoliques chargés par les inquisiteurs d'interroger certains Templiers et non des moindres.

Les Archives Secrètes du Vatican recèlent bien des documents relatifs aux Templiers, dont l'un notamment est de tout premier intérêt. Il s'agit d'un ouvrage écrit en latin médiéval [1], dont nous avons pu obtenir communication, pour les pages touchant de près à la fuite préalablement à l'arrestation générale de certains Templiers [2]. Nous en donnons une synthèse générale, en plaçant la traduction générale en fin de chapitre (document n° 17) et le texte original en latin médiéval à la fin de cet ouvrage (document n° 21).

1 Reg. Aven.48 Tome I - folios 448-451

2 Nous devons à l'Ecole des Chartes, la transcription et la traduction des pages données en fin de chapitre.

Les notaires apostoliques – dont les noms ne figurent pas au bas du dernier feuillet – pourraient avoir procédé aux interrogatoires dont la teneur nous est donnée en annexe, vraisemblablement en 1308-1309 au plus tard.

Il est possible qu'ils se soient déplacés à travers le royaume de France, tout comme ils ont pu mener leurs débats en des lieux différents. En effet, les huit frères Templiers « intimés » – c'est à dire torturés – ne semblent pas avoir été reçus frères chevaliers ou sergents dans la même localité, ce qui ne prouve rien quant à leurs lieux réciproques de détention.

Toutefois, il convient de noter qu'ils ont été reçus près de quinze ou vingt années précédant leur arrestation – à l'exception de deux qui l'auraient été dès la fin du XIIIème ou au début du XIVème siècle – ce qui laisse entendre que la plupart étaient de vieux Templiers, leurs réceptions s'échelonnant entre 1267 et 1287.

Parmi ces huit Templiers, quatre seraient sortis de l'Ordre au moment de leur arrestation, ce qui laisse perplexe quant au dénombrement exact de Templiers arrêtés, si certains ne faisaient plus partie de l'Ordre. Peut-être en avaient-ils été chassés pour des raisons diverses ? Ce qui tend à accroire la fragilité – éventuelle – de leurs aveux.

LES AVEUX ET CHEFS D'ACCUSATION

Si l'on examine à présent les chefs d'accusation et les aveux circonstanciés :

- huit reconnaissent avoir renié le Christ,
- cinq reconnaissent avoir eu commerce avec des frères ou en avoir reçu l'ordre,
- six reconnaissent avoir entendu parler du Baphomet,
- six reconnaissent avoir accepté des baisers ou des pratiques obscènes,
- huit reconnaissent avoir craché sur la croix,

- un reconnaît s'être confessé à un frère mineur (c'est-à-dire non habilité à le recevoir en confession).

Une correction s'impose car, en ce qui concerne les crachats sur la croix, quatre admettent avoir craché « par terre » ou « tout à côté ».

La gravité du cas du Visiteur de l'Ordre – sauf manipulation délibérée – est extrême car, sur les huit Templiers, trois avouent avoir été reçus par lui ou en sa présence.

Une autre correction – mineure il est vrai – doit être considérée, celle qui consiste à dire qu'il est possible de renier le Christ car il n'est qu'un Prophète.

Plus intéressante est la description – en un cas seulement – de la fameuse tête, ou Baphomet, qui « aurait été présentée par un prêtre, précédé par deux frères. Laquelle tête fut ensuite déposée sur l'autel ». Il s'agirait d'une tête « en chair » avec une barbe et des cheveux blonds.

La seconde indication tient précisément à la désignation ou dénomination de cette tête : il s'agirait de celle d'Hugues de Payen, le fondateur de l'Ordre. Nous bornerons là notre indication du Baphomet qui fait couler beaucoup trop d'encre, simplement pour nous demander pourquoi une image aussi grotesque pouvait-elle recevoir autant d'honneurs ? Au nom de quoi ?

C'est apparemment l'unique fois où cette indication nous est fournie [3].

Par contre, c'est également la première fois que la mention d'une prison secrète du Temple apparaît, située à Mellant ou Merlant. Plus loin, il nous est à nouveau parlé de la baillie de Merlant, située dans le diocèse de Reims. Ainsi, par trois fois, le même nom, sous des orthographes différentes, apparaît.

3 Pour cette tête, il existe une explication très simple et parfaitement évidente : il peut s'agir de reliquaire, montrée aux fidèles à l'occasion de chapitres solennels.

Le frère Jean de Nemours en fait un descriptif effroyable, n'hésitant pas à avouer qu'il en a été le gardien pendant cinq années et que neuf Templiers y sont rapidement morts, peu après y avoir été enfermés.

Nous ne trouvons nulle part ailleurs l'existence d'une telle prison, si l'on excepte la fameuse prison en Orient de Château-Pèlerin (ou Atlith) au sud d'Acre. Dans la Marne, il peut exister un lieu correspondant à cette fameuse prison : le village de Merlan, non loin de la Nationale 51 et de Rethel, ou en Haute-Marne le lieu dit Mormant au sud de Chaumont [4].

La réaction des huit Templiers interrogés est relativement intéressante, dans la mesure où un seul s'élève énergiquement contre les pratiques obscènes, au point d'en avoir la mâchoire fracturée, sinon les autres paraissent avoir accepté, de plus ou moins bon gré, ce qu'on leur demandait.

Le frère Jean de Nemours, qui fournit les réponses les plus précises, souligne bien qu'un prêtre de l'Ordre lui a demandé de retirer ses aveux. Deux autres l'indiquent aussi mais, également pour confirmer qu'ils reconnaissent leurs aveux.

Le dit frère Jean, précepteur de Nemours, est celui qui, curieusement, a conservé un mauvais souvenir du Temple, puisqu'il rapporte que l'Ordre était « cruel » et que les frères ne devaient pas hésiter à dénoncer les autres frères, coupables d'un manquement à la Règle, directement auprès du Maître pour la France, Gérard de Villers.

C'est évidemment ce même frère Jean qui admit s'être opposé au départ de Gérard de Villers, à la tête de cinquante autre frères – sans y parvenir – et qu'il entendit dire « qu'il prit la mer avec dix huit galées ».

4 Cf. : *Les Sites Templiers en France* - Aubarbier J.L. et Binet M. - carte page 15.

DES FRÈRES QUI SE SONT ENFUIS

On aborde, avec cette phrase, le point clef de l'ouvrage et de toute l'histoire de la fin des Templiers, d'autant qu'il ajoute que « le frère Hugues de Châlons (sur Saône) s'est enfuit avec le trésor de Hugues de Pairaud (le Visiteur de l'Ordre) ».

Il n'indique pas si Hugues de Pairaud a confié au premier le dit trésor, ou s'il se l'est vu dérober par ce dernier. Ce point est important car Hugues de Pairaud se laissera, lui aussi, arrêté sans résistance. Il pouvait normalement s'enfuir, tout comme Gérard de Villers, si précisément il était au courant d'une prochaine arrestation, au point de confier son « trésor » à Hugues de Châlons, ou de se le voir dérober, ce qui revient au même au niveau des prémices de l'arrestation.

A la question de savoir pourquoi il a tenu secrètes ces informations – il ne nous est rien dit des circonstances de son interrogatoire : avait-il déjà été questionné et quand ? – il répondra qu'une menace de mort planait sur la tête des « frères qui se seraient hasardés à en parler », ce qui, après tout, était plausible.

Ou bien les inquisiteurs n'ont pas cherché à en savoir plus – s'agissant de prêtres nommés par Rome – ou bien ils l'ont fait et, ce qu'ils ont obtenu comme informations se trouve dans d'autres documents. Ils se seraient contentés de citer les témoignages de Jean de Nemours comme en passant, et comme pour indiquer que rien n'a été oublié. Ce jeu de documents ressortira peut-être un jour des Archives Secrètes du Vatican, tout comme le document annexé.

Ce témoignage, a-t-il été porté à la connaissance des inquisiteurs – cette fois-ci – du roi de France ? La question n'est pas résolue et ne le sera jamais car ou bien, là encore, cela explique la persistance de tortures pour faire avouer – y compris aux dignitaires ce qui peut expliquer qu'on leur ait promis la vie sauve – qu'il y a eu effectivement fuite et chargement sur des vaisseaux du Trésor du Temple, ou bien la vengeance seule, c'est-à-dire la disparition définitive de l'Ordre, a motivé Philippe Le Bel.

Dès lors, le contre-aveu des frères Templiers et de certains dignitaires – sept ans plus tard – peut parfaitement et très simplement s'expliquer. Ils ne craignaient plus rien. Les véritables chefs de l'Ordre étaient en sûreté, ainsi que les trésors de l'Ordre. Car enfin, si l'Ordre était puissant financièrement, ce qui était le cas au XIIIème siècle mais beaucoup moins dans la deuxième moitié du XIVème siècle, les maigres reliefs de ce qui a été trouvé n'ont pas, semble-t-il, satisfait le roi de France ni les Hospitaliers, héritiers de leurs biens.

Que faut-il à présent véritablement entendre par Trésor du Visiteur de l'Ordre ?

Nous ne croyons pas qu'il s'agisse simplement de tonneaux de pièces d'or et d'argent. Ce serait trop simple, trop visible, trop tentant. Beaucoup de personnes ont été impliquées dans ce fameux transfert. Les bavardages sont inévitables, les trahisons aussi.

Nous pensons – qu'indépendamment d'argent en espèces sonnantes et trébuchantes, mais plus précisément en billets à ordre sur des places loin du royaume de France – qu'il s'agit d'informations, de correspondances, de manuscrits, de documents en fait, sous formes de livres écrits sur du papier de Chine et relatifs à certains faits, à certaines révélations.

On entre alors dans un domaine qui peut paraître très étranger à cette histoire mais, qui explique au fond la persistance du mythe Templier à travers les siècles.

Voilà pour la première question. La seconde, tout aussi importante est : où sont-ils allés ?

De Paris jusqu'à Rouen et aux ports de la Manche, la route est rapide et sûre, surtout si les dispositions ont été prises bien avant le jour fatal. Il n'est dit nulle part que les chevaliers soient partis groupés, ainsi que les chariots contenant le trésor. D'ailleurs, qui parle de chariots ? Pour transporter des documents, les fontes de selles de chevaux conviennent parfaitement.

D'autre part, les frères peuvent partir isolément par d'autres chemins que cette voie directe Paris-Rouen et la côte anglaise. On peut très tranquillement s'enfuir par la forêt d'Orient, non loin de Troyes, et y disparaître, ou se rendre dans le centre de la France au prieuré d'Auvergne, qui curieusement fut l'objet de beaucoup d'intérêt dans les sept années d'interrogatoires.

De là, on peut se rendre sans problème au grand port de La Rochelle ou descendre sur Aigue-Morte. D'un côté s'embarquer à bord de vaisseaux faisant librement le commerce de vin avec l'Angleterre, d'un autre côté voguer vers l'Italie et de là… vers l'Orient à nouveau.

Toutes les hypothèses sont envisageables, y compris celles qui voient les Templiers partirent à bord de lourdes caravelles avant la lettre, c'est-à-dire des galées ventrues, aux voiles portant la croix pattée, à destination des Amériques, bien avant lcur « officicllc » découvcrtc.

Il nous reste à examiner l'anomalie la plus étrange de ce dossier, à savoir la liste des Templiers qui se seraient enfuis, la vcillc dc la gigantcsquc rafle [5].

Il est plausible que cette liste de Templiers correspondent aux aveux du frère Jean de Nemours, parlant d'une cinquantaine de frères, dont Gérard de Villers, Maître pour la France,

5 Cette seconde liste (document n° 18) figure, encartée, dans le MS-10919 du fonds latin, conservé au département des manuscrits de la Bibliothèque Nationale de France. Ce MS-10919 comprend les lettres échangées entre Clément V et Philippe IV et, page 84, brusquement, il y a un document comportant un certain nombre de noms. Nous en donnons le texte original en clair et sa traduction (document n° 19).

aurait prit la tête. Cette liste contient une indication importante, relative au frère Hugues de Châlons, dont Jean de Nemours précise, dans sa déposition, que c'est lui le responsable de la garde du trésor de Hugues de Pairaud (ou qu'il le soutirait à ce dernier).

Cinquante trois Templiers ont pris la fuite avant la sinistre journée d'octobre et leur destination est tout autant curieuse que leur départ prémonitoire. D'abord, Hugues de Châlons semble être parti avec le Commandeur du Puy et non avec le Maître pour la France, et en direction du comté de Vénétie, notamment Grisignan (qui doit être de l'autre côté du Rhône).

Quant à Gérard de Villers, à la tête de quarante autres Templiers, il pourrait avoir pris la mer, sur 18 galées, comme l'avoue à son corps défendant Jean de Nemours. D'où sont-ils partis ? De Paris, ce qui pourrait paraître logique car c'était la maison du Temple de Paris la plus importante du royaume mais, c'est pour lui qu'il manque la principale indication : sa destination. Ni cette liste, ni Jean de Nemours ne le précisent.

Si l'on excepte les quarante et un Templiers, cinq sont de l'autre côté du Rhône – dans le Saint Empire Romain Germanique ou en terre d'Italie ? – six sont aux marches d'Allemagne, un seul en Angleterre. La question se pose de savoir pourquoi la liste n'indique pas l'Angleterre comme point de chute du Maître pour la France et pourquoi elle demeure précisément muette sur son point de destination. Le Portugal à nouveau ?

D'ailleurs, étant arrêté, comment ce frère de Nemours pourrait-il connaître avec autant de certitude que Gérard de Villers avait pris la mer ?

Gérard de Villers était le Maître pour la France depuis 1299, Hugues de Châlons, trésorier de l'Ordre, et Humbert Blanc, précepteur de la province d'Auvergne. Quant à Guillaume de Lins ou du Liege, il occupait les fonctions de précepteur de La Rochelle, la seconde place financière de l'Ordre.

Par ailleurs, Frère Baraus était précepteur du Puy, commanderie qui délégua deux frères pour présenter la défense des Templiers en 1308. Le maréchal de l'Ordre, séjournant à Chypre, serait venu dans le royaume de France en compagnie de Jacques de Molay lorsque celui-ci fut sommé par le pape de lui rendre visite, afin d'engager des discussions sur la fusion avec l'ordre des Hospitaliers. Son nom pourrait être celui de Adam Wallaincourt.

Nous ignorons la qualité ou la fonction exacte des autres Templiers figurant sur la liste de ceux qui se sont enfuis mais, il semble bien qu'ils aient choisi, délibérément ou pour des raisons de sécurité de voyage, des destinations fort différentes.

L'ensemble de l'ouvrage du MS-10919 présente des lettres adressées par Clément V à Philippe IV et qui ont trait aux relations franco-anglaises et notamment au mariage d'Edouard II d'Angleterre avec Isabelle de France, fille de Philippe Le Bel. Les lettres se présentent sous la forme de deux colonnes par page et l'apparition de l'encart 84 demeure sans lien apparent avec le reste du document, qui a une épaisseur de cinq centimètres.

Par contre, dans certains écrits, il semblerait que les mots « templier, frère du Temple » et même « Hugues de Pairaud », visiteur de l'Ordre, apparaissent. C'est le cas des pages XXVI/XXVII et surtout XXXIII ou les termes « frater Hugo ou hugonem Templi » sont parfaitement lisibles. Toujours dans la page XXXIII, sur la colonne de gauche, se trouve portée la mention « ordino militiae Templi… cismarino… », le mot « cismarino » étant le terme utilisé pour désigner le visiteur de l'Ordre, qui était « cismarin » pour la maison chevêtaine d'Orient ou en deçà des mers.

Les innombrables ouvrages relatifs à la fin du Temple citent bien les dignitaires interrogés avec leurs titres – Visiteur, Commandeur de Normandie, d'Aquitaine… – sans parler des noms des frères chevaliers ou frères sergents arrêtés. Aucun ne parle du Maître pour la France, Gérard de Villers.

DES TEMPLIERS AUX FRANCS-MAÇONS

D'après Nicolas de Bonneville, le capitaine Georges Smith fit imprimer à Londres, dans les années 1785, une « histoire de l'origine et de l'antiquité de la Franc-maçonnerie »[6]. Ce livre suscita de nombreuses controverses à l'époque car il faisait référence à certains faits, qui précisément constituaient les principales questions qu'on pouvait, déjà, se poser sur la fin tragique des Templiers.

Il est notamment cité[7] que, durant les interrogatoires des Templiers, ils ne croyaient qu'en un seul Dieu et qu'ils niaient la divinité du Christ et surtout[8] que quelques chevaliers de l'Ordre s'étaient enfuis pour « cacher la forme réelle sous les ombres d'un certain secret. »

Il est par ailleurs précisé qu'« on adopta le nom de maçon parce qu'Aumont et sept Templiers, habillés en maçons, s'enfuirent vers l'Ecosse pour échapper au massacre et qu'ils y travaillèrent au métier de maçon pour n'être point reconnus. »

Il semblerait, d'après Nicolas de Bonneville, que l'on puisse trouver dans la maçonnerie la preuve de la continuation de l'Ordre, du fait de la fuite d'Aumont, qui ne serait autre que le propre Maréchal de l'Ordre.

Il est parfaitement exact que, parmi les dignitaires arrêtés, ne figurent ni le Maître pour la France, Gérard de Villers, ni le Maréchal de l'Ordre, pouvant être revenu de Chypre en compagnie du Grand Maître, Jacques de Molay.

6 Nicolas de Bonneville est l'auteur d'un ouvrage : *Le secret des Templiers du XIVème Siècle*, publié à l'Orient de Londres en 1788 et réédité par les Editions du Prieuré en 1993.

7 Page 39.

8 Pages 43 et 44.

L'Ecosse, par ailleurs, a suscité bien des interrogations, quant au dernier refuge que ce pays aurait constitué pour les Templiers enfuis du royaume de France.

Mais, de là à les faire créateurs – indirects – de l'Ecossisme maçonnique, il y a un pas que nous ne franchirons pas. Il était cependant intéressant de savoir qu'en 1788, à la veille de la révolution française, le problème de la fuite des Templiers était, toujours, d'actualité et le mystère, non résolu pour autant.

L'ÉNIGME DE L'ARRESTATION DE CERTAINS HAUTS DIGNITAIRES

Reste la douloureuse énigme de l'arrestation de Jacques de Molay et Hugues de Payraud, les plus hauts dignitaires. Si vraiment ils étaient au courant, que s'est-il passé ? Trois hypothèses :

- Ils ne l'étaient pas du tout ou ne furent – volontairement ? – pas informés.
- Ils l'étaient et ont accepté leur sort – sans d'ailleurs trop savoir ce que cela signifiait – Le fait qu'ils auraient la vie sauve a-t-il suffi pour les rassurer, promesse faite par les cardinaux envoyés par le pape ?
- Ils l'étaient mais, n'étaient pas les vrais maîtres de l'Ordre. Si des dignitaires le savaient et se sont enfuis, c'est vers eux que nos regards doivent se tourner, notamment vers cette fameuse liste encartée.

LA FIN DE L'ORDRE DU TEMPLE

La dissolution de l'Ordre du Temple, officiellement en mars/avril 1312, et la disparition tragique, dans les flammes des bûchers, des deux plus hauts dignitaires en 1314 mit donc un terme à l'existence de ces moines-soldats, dont la supranationalité avait puissamment contribué à les rendre indésirables.

Déjà, les chevaliers teutoniques étaient authentiquement « prussiens »[9], avant d'être de l'empire germanique. Les autres ordres, repliés à Chypre puis à Rhodes, puis enfin au Portugal et en Espagne, mais dont les effectifs et les ambitions n'inquiétèrent jamais vraiment les souverains dont ils dépendaient, avaient très nettement souligné leur stricte observance de la règle dont ils relevaient.

L'histoire de la papauté aux XIIIème et XIVème siècles est riche en enseignements sur les aléas de l'existence. On sait qu'il y eut, à certaines époques, deux papes, voire même trois, en même temps, mais après la disparition de l'Ordre du Temple, il y eut très curieusement vacance du trône pontifical en 1314 et ce pendant deux ans. Clément V mourut en effet en 1314 mais, il fallut attendre 1316 pour qu'un cardinal français, Jacques Dueze, soit élu pape sous le nom de Jean XXII.

Dès lors se pose la question de savoir ce qui serait arrivé à l'Ordre, si les traquenards tendus par Guillaume de Nogaret n'avaient porté leurs fruits que plus tardivement. Y aurait-il eu dissolution ? Mais, prononcée par qui ? Les Templiers auraient-ils pu gagner du temps ? Or, nous savons que c'est une vaine question.

QUE SONT-ILS DEVENUS ?

Parlons des Templiers restés en Orient, au lendemain de Saint-Jean-d'Acre car, à l'évidence, un certain nombre de places fortes étaient encore en leur possession : Château-

9 La Prusse n'existait pas encore évidemment au niveau d'une entité géographique mais il est incontestable que les Teutoniques devinrent, au fil des siècles, plus Prussiens qu'Allemands. Leur attitude notamment envers Alexandre Newski et les Polonais en apporte la preuve.

Pèlerin, même des villes, Tyr et Tortosa... Or, ces places fortes, si elle furent assiégées tout-à-fait normalement, ne livrèrent pas en vérité combat. Elles ne se rendirent pas non plus. Il y eut donc négociations. Quelques unes demeurèrent entre les mains des Templiers, un certain temps encore.

Cela semble irréel lorsqu'on songe à l'épouvantable massacre de Saint-Jean-d'Acre, où il n'y eut pas de quartier. Les Templiers restèrent en Terre Sainte, mais alors sans combattre. La citadelle, les deux ports en leur possession auraient pu donner lieu là aussi à des combats acharnés. Il y aurait eu beaucoup de pertes encore, des deux côtés. La solution de la négociation, d'une paix arrangée était de loin préférable.

Les historiens, en règle générale, se contentent d'indiquer que les villes ou forteresses se rendirent sans combattre, ce qui est inexact. Partout où les Templiers se trouvaient encore, il y eut des compromis, des trêves, permettant aux uns comme aux autres de circuler, ou éventuellement de se fondre dans la population. Certains se réembarquèrent à partir de Tortosa, de Tyr, d'Athlith, pour Chypre ; d'autres émigrèrent sous d'autres cieux.

Chypre ? Combien rejoignirent l'île ? L'Ordre possédait des châteaux forts, des commanderies, une forteresse à Limassol, qui allait devenir leur maison chevêtaine. Mais, curieusement, il ne semble pas s'en trouver un très grand nombre. Plusieurs explications viennent à l'esprit.

Les Templiers disparurent presque jusqu'au dernier dans l'infernale tourmente de Saint-Jean-d'Acre. Il n'y eut pratiquement pas de rescapés.

Ensuite, les contrats d'affrètement sont trop imprécis pour le certifier mais, il ne semble pas que des renforts importants soient arrivés en Orient via Chypre, en ce début de 1291.

Enfin, les survivants sont ceux qui se sont rembarqués avec l'accord des musulmans, c'est-à-dire les Templiers des places fortes, précédemment citées.

L'analyse est incomplète et omet des points importants :

• Des Templiers parvinrent effectivement à s'échapper de Saint-Jean-d'Acre, à bord de vaisseaux vénitiens, ne serait-ce que Thomas Gaudin, qui devait succéder à Guillaume de Beaujeu, pour rejoindre Chypre. Il est également possible que certains réussirent à traverser les lignes ennemies pour aller se perdre vraisemblablement du côté de la Syrie musulmane, peut-être pour rejoindre les Mongols, ceux qui précisément étaient partisans de cette alliance.

• En 1290/1291 le recrutement était certes moins important qu'un siècle plus tôt mais, les commanderies envoyaient sans arrêt des renforts. C'est la raison pour laquelle il y eut autant de combattants à Saint-Jean-d'Acre, qui probablement débarquèrent ou s'arrêtèrent à Chypre..

• De 1291 à 1307, il est évident que le recrutement s'est considérablement tari, voire même a disparu. Après le désastre de Saint-Jean-d'Acre, il ne servait à rien de rejoindre l'Ordre, pour une inutile reconquête, alors qu'on n'avait même pas été capables de prêcher et de monter une croisade pour s'en aller défendre ce qu'il restait des états francs d'Orient.

Quant aux Templiers d'Occident, que deviennent-ils entre 1291 et 1307 ? Peut-on dire qu'ils meurent tranquillement dans leur lit ? Ou qu'ils rentrent tout simplement dans la vie profane. Mais, où ? Voilà la vraie question.

Certains sont de France mais, les autres sont anglais, écossais, espagnols… Alors, ils rentrent dans leurs pays respectifs où on le sait, en 1312/1314, ils ne seront pas véritablement inquiétés, notamment le Portugal, la Castille, le Léon.

Peut-on admettre un seul instant, à partir de 1312-1314, une autre fin que cette tragédie s'achevant dans les flammes d'un bûcher ? Peut-on imaginer un ordre se reconvertissant purement et simplement en une association caritative, comme celui des Hospitaliers ou des Teutoniques ? Philippe Le Bel, bien malgré lui aura rendu un immense service aux Templiers, en leur offrant une si belle mort.

Ira-t-on jusqu'à prétendre que certains Templiers se sont volontairement donné la mort, en se parjurant une seconde fois, c'est-à-dire en se condamnant délibérément au bûcher ?

Comment ainsi expliquer l'irrésistible attrait exercé par cet ordre, non seulement sur l'élite de la chevalerie, mais aussi sur les hommes non chevaliers ? Bernard de Clairvaux, deux siècles environ plus tôt, avait magnifiquement su extraire de milliers et milliers d'hommes ce qu'ils avaient de meilleur en eux.

Il y eut d'autres bûchers, d'autres réclusions perpétuelles, certains Templiers finirent dans des couvents, d'autres furent relâchés après quelques années de prison… et on n'en parla plus… la guerre de cent ans venait d'éclater.

Il faut cependant considérer une autre anomalie : Jacques de Molay et Geoffroy de Charnay se rétractent, seulement lorsqu'ils s'entendent condamner à la prison perpétuelle par l'archevêque de Sens. Les autres ne bronchèrent pas et on n'en entendit plus parler – Geoffroy de Gonneville, Hugues de Payraud – alors que le Pape leur aurait promis la vie sauve. Ils avaient peut-être imaginé être remis en liberté au moment même où les procès des derniers Templiers s'ouvraient un peu partout.

Le Portugal, dernier refuge des Templiers ?

Envisageons à présent l'hypothèse du Portugal comme dernier refuge des Templiers.

Henri de Bourgogne épousa Teresa de Castille. En 1128 – ou 1127, selon certains historiens – leur fils, Alfonso Henriques, fit don à Braqa du territoire de Soure aux Templiers, ainsi que des terres à conquérir aux alentours, avec obligation de les repeupler et de les rendre productives. Ce fut Raimondo Bernardo, premier Maître Templier pour le Portugal, la Castille et le Léon qui reçut la donation royale.

Ce n'est qu'à partir de 1143, et surtout à Santarem en 1147, que les archives apportent des indications sur la vie des Templiers qui, sous la conduite du maître Hugo Martins enlevèrent Lisbonne.

Un maître nous est connu et décrit : il s'agit de Gualdim Paez, fidèle compagnon d'Alfonso Henriques, qui conquit ses lettres de gloire en Orient en 1139 à l'âge de 21 ans. Il participa notamment à la prise d'Ascalon et à la reddition de Sidon. Il fut élevé à la dignité de commandeur de Braga – une rue porte son nom – et durant sa maîtrise acheva la construction de l'impressionnante forteresse de Tomar dont une inscription rappelle sa participation à cet édifice. Il fut un redoutable adversaire des Maures et construisit d'autres importantes commanderies forteresses telles Almonsol, Zèzère, Pombal, Ege, Redinhe, Indanas.

En 1188, Sancho Ier, fils d'Alfonso Henriques, dut au soutien des Templiers d'enlever la place forte de Silva – Al Fahezhar des Maures – En 1197, Sancho Ier accrut encore les possessions templières, en donnant à l'Ordre les terres de Mogadouro, Peñas Ropas, Vila Nova de Rodao. Plus tard, l'Ordre reçut également les terres importantes de Idanha.

Gualdim Paez, Maître pour le Portugal, servit fidèlement Sancho Ier, dont il fut l'administrateur – il géra en fait le trésor royal – Un autre maître, Gomès Ramires, se signala à la victoire de las Navas de Tolosa, qui défit en combat singulier le chef des almohades, Youssouf ben Yakouk.

En 1214, Alfonso II leur concéda les terres de Lardosa, au

moment où se précisait au sud du pays, une menace des musulmans. Abu Abdallah, cadi d'Alcacer, avait demandé l'aide des chefs musulmans de Séville, Badajoz, Jaen... A eux seuls, les Templiers des trois royaumes, de Castille, Léon et Portugal représentaient, suivant les archives, pratiquement toute l'armée combattant en péninsule ibérique.

Les dons et les legs se succédèrent, car les Templiers apportèrent sans arrêt leur soutien aux différents rois du Portugal.

Nous possédons la liste à peu près complète des maîtres de l'Ordre. En 1291, au moment de la deuxième bataille de Saint-Jean-d'Acre, le maître pour le Portugal est Lourenço Martins, qui mourut en 1308. Son tombeau se trouve dans l'église de Santa Maria dos Olivares. Son successeur, Vasco Fernandes, commandeur de Montalvo, allait terminer la liste des Maîtres du Temple, dans cette province.

Le 12 août 1308, le pape Clément V adressa à tous les princes de la chrétienté la bulle « regnans in caelis », qui dénonça les crimes imputables aux Templiers et qui justifiait leur procès. Une autre bulle datée du même jour « callidi serpenti vigil » prévoyait leur arrestation et leur emprisonnement.

Le roi Denis refusa d'obtempérer et incorpora même leurs biens à la couronne. Son gendre, Fernando IV, roi de Castille, agit de même et ils furent suivis par Don Jaimes II, roi d'Aragon.

La création de l'Ordre de la Milice du Christ

La vacance pontificale, de 1314 à 1316, permit à ces différents princes de préparer un argumentaire, destiné à être soumis au nouveau pape Jean XXII, basé sur l'impérieuse nécessité de reprendre la lutte contre les infidèles.

Ils proposèrent la création d'une nouvelle milice chevaleresque, qui reçut le nom de l'Ordre de la Milice du Christ.

Jean XXII autorisa sa fondation et le siège du nouvel ordre fut installé à Castro Marin, au sud du Portugal.

Il est intéressant de noter que l'ordre fut placé sous la règle de Saint Benoît et la vigilance de l'abbé cistercien d'Alcobaca. Le premier maître en fut Gil Martins.

Probablement tous les Templiers du Portugal, et certains de Castille et d'Aragon, entrèrent dans cette nouvelle chevalerie, à commencer par le dernier maître, Vasco Fernandes qui signa désormais ses documents – il devint commandeur de Montalvao – « quondam miles Templi » ou « autrefois chevalier du Temple ». Il mourut en 1323.

L'ordre compta dans ses débuts soixante-neuf frères chevaliers, autant de frères sergents, des chapelains et de nombreux frères non militaires. Il posséda alors dix villes, quarante-six villages, et quarante et une commanderies furent créées à partir de 1321.

L'ordre de la Milice du Christ devait s'illustrer dans la reconquête.

Plus tardivement, la reconquête pratiquement terminée, Lagos devint le port principal de départ pour les expéditions maritimes préparées grâce à la richesse de l'Ordre. En effet, le pape Eugène IV avait accordé à l'Ordre du Christ la juridiction spirituelle sur les terres à conquérir en Afrique. L'infant Henriques envoya à la découverte de terres nouvelles deux chevaliers, Tristan Vaz Teixeira et Joan Goncalves Zaro, en 1419. Le reste est de l'histoire connue.

Si les Mamelouks, vainqueurs des derniers soldats francs à Saint-Jean-d'Acre ne voulaient plus entendre parler d'un royaume latin de Palestine, ils avaient toutefois à considérer la menace que faisaient toujours peser sur eux les Mongols. Et, l'émergence du futur empire ottoman ne pouvait pas non plus s'accompagner d'un chaos économique. Les successeurs de Baïbar ne furent donc pas longs à s'apercevoir qu'il ne fallait surtout pas détruire les quartiers maritimes et commerçants des ports qu'ils venaient de conquérir.

De plus, l'unité géographique, que ces mêmes Mamelouks s'efforçaient de construire, allait de pair avec une unité monétaire. Raison de plus pour ne pas toucher au délicat système financier mis en place par les Templiers, de bien curieux moines-soldats doublés de financiers hors pair.

Il est d'ailleurs à remarquer – et ce fut là une faillite retentissante – la disparition quasi-immédiate de la religion catholique romaine. L'ensemble des chrétiens orientaux – jacobites, maronites, nestoriens, monophysiciens, coptes, arméniens, byzantins – subsistèrent avec leur propre hiérarchie, leurs propres fidèles. On n'y toucha pas.

Mais, l'église dite romaine disparut aussi vite qu'elle était apparue. Elle dut se réfugier à Chypre, elle aussi. Par contre, les ordres furent également donnés de ne pas inquiéter les chaînes de monastères nestoriens implantés en Orient, preuve que les nouvelles autorités savaient distinguer les obédiences entre elles.

Donc, si ces églises se tenaient tranquilles, les musulmans ne s'en prendraient pas à elles. Mais, les pèlerinages à Jérusalem par voie de conséquence ne furent pas rétablis. Ils ne concernaient à proprement parler que des chrétiens occidentaux, dont on ne voulait pas. Les musulmans, en ce qui les concernait, étaient beaucoup plus préoccupés par un pèlerinage à la Mecque ou Médine.

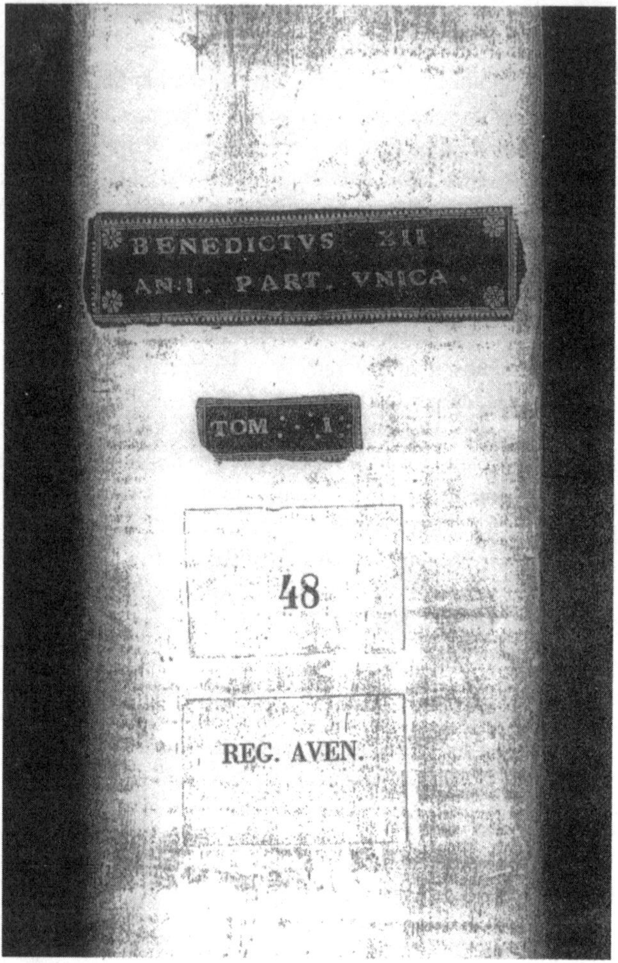

Document n° 17 :
Traduction d'extraits d'interrogatoires, tirés des
Archives Secrètes du Vatican.
Traduction de Marc-Antoine Gautier de l'École des Chartes.

[448] *De même, il lui dit de renier Jésus trois fois, mais lui ne voulut point renier quoique celui qui le recevait le lui ordonna impérativement vu que c'était un des points de l'ordre. De même, il lui dit de s'unir à des frères de l'ordre quand il serait tenté selon la chair vu que c'était un des points de l'ordre, mais lui ne voulut point le faire ; bien plus il dit que celui qui le recevait serait mieux pendu par la gorge. Au sujet de la tête, il dit qu'il ne savait rien. Au sujet de la corde, il dit que celui qui le recevait lui donna une corde à ceindre sur la chemise mais il ne sait pas pourquoi. De même qu'il lui ordonna de ne jamais entrer dans une maison où se trouvait une femme en couches ni de devenir compère* [1] *mais il ne lui fut pas interdit de suivre un sacrement de baptême ou d'y prendre part.*

8/ Frère Guillaume de Limousin, chevalier du Temple, demeurant en la maison de la Capelle [-Livron] [2]*, diocèse de Cahors, interrogé comme plus haut. Il dit qu'il fut reçut à Chypre, à Nicosie dans la maison du Temple il y a plus de 20 ans par le frère Bertrand de Fosse, précepteur de Chypre, en présence de cinq ou six frères dont il ne se rappelle pas les noms et qu'il demanda d'être frère de l'ordre et voulait être esclave de l'ordre. Alors le précepteur lui fit faire vœu d'être chaste, obéissant et de vivre sans bien, et lui fit jurer de garder la règle de l'ordre ainsi que ses secrets, et de ne pas les révéler. Alors il le couvrit du manteau. Et il l'embrassa sur la bouche, et ledit précepteur, en présence d'autres frères lui ordonna de l'embrasser au nombril et à l'extrémité de l'épine dorsale ; ce que fit le candidat. De même il lui ordonna de cracher sur la croix du manteau ; il ne sait plus pourtant s'il le fit une, deux ou trois fois. Au sujet du reniement et du vice de*

1 Le parrain est " compère " par compaternité spirituelle avec la marraine.

2 La Capelle-Livron, cant. Caylus, arr. Montauban, Tarn-et-Garonne.

sodomie, on ne lui a donné aucun ordre. Et il dit qu'on lui donna une corde dont il se ceignit par-dessus la chemise, et que le précepteur lui ordonna d'être toujours en chemise, braies et chausses de lin. Au sujet de la tête, il n'a rien vu, su ou entendu sinon après l'arrestation, et il dit qu'il a cru et croit au sacrement de l'autel, et qu'il se confessait trois fois par an, à Pâques, à la Pentecôte et à Noël, et qu'il recevait le corps du Christ, et croit de même des autres frères.

19/ Frère Jean de Villaribus, interrogé et intimé comme le précédent, dit qu'il a été reçu dans la maison de Canarpnis par frère Jean Dermas, chevalier dudit ordre, précepteur de Roès, décédé cette année, il y a 8 ans en présence de Vuicart et Jean de Villaribus, frères dudit ordre. Et il demanda au précepteur pain, eau et compagnie dudit ordre, ce qui fut fait. Gautier et Humbert, frères de l'ordre, dont il ne se souvient pas des noms, le conduisirent dans un coin de la pièce où il fut reçu et le firent se déshabiller et tous deux l'un après l'autre l'embrassèrent sur la bouche, le nombril et l'extrémité de l'épine dorsale, et le conduisirent au précepteur qui le couvrit du manteau. Et lui ayant montré une croix sur laquelle était peinte l'image du crucifié, le précepteur lui commanda de renier celui dont était représentée là l'image, et de cracher sur la croix malgré lui. Ce qu'il fit trois fois. Il lui enjoignit aussi de s'abstenir des femmes et de s'unir à des frères de l'ordre quand il serait mu par la chaleur du plaisir. Il dit aussi qu'il sortit de l'ordre il y a 7 ans mais qu'il tarda à dire ce qu'il venait de dire par crainte de leur puissance et par la honte qu'il avait de son fait. Ceux aussi qui restent dans l'ordre n'osent pas se confesser sinon à des frères de l'ordre vu que c'est un commandement dans l'ordre. Mais il dit ne pas savoir si les frères ont des dévotions envers l'Eglise, les sacrements de l'Eglise et surtout le sacrement de l'autel, mais qu'il vit des frères monter à l'autel et recevoir l'hostie, mais il ne sait si elle était consacrée ou non ; et lui-même ne reçut le sacrement de l'autel pendant l'année où il fut dans l'ordre, ni ne se confessa. Et il sortit de l'ordre non pas à cause de l'austérité mais à cause du point sur le reniement du Christ et de l'union non avec des femmes mais avec des frères ; or, lui-même était jeune, avait peine à s'abstenir des femmes et détestait les frères qui punissaient le péché avec des femmes de la prison à perpétuité. Au sujet de la tête, il dit qu'il ne sait rien. Et il n'a vu personne être reçu dans l'ordre si ce n'est frère Lambert de Jeanhi qui fut reçu avec lui ; et tout, ce qu'il fit trois fois et ce qu'on lui fit, il le fit et on le lui fit de la même façon. [448 v°] Au sujet du péché de sodomie, personne ne le requit, mais il lui fut ordonné de ne pas se refuser aux frères s'il était requis.

3/ Frère Jacques de Châtillon [-sur-Marne] intimé et interrogé comme le précédent dit qu'il fut reçu dans la ville neuve près de Châlons [en Champagne] par frère P. Corbon, chevalier, maître de la baillie de Châlons, il y a environ 14 ans, en présence des frères Vuicart et Jean de Vilers (sic) ; et qu'il vint trois fois devant le maître et demanda pain, eau et compagnie des frères ; et le maître le reçut et lui mit le manteau sur les épaules ; et après lui avoir beaucoup parlé des statuts de l'ordre et montré une croix sur laquelle était l'image du Christ crucifié, il lui ordonna de cracher sur la croix. Lui, quoiqu'il s'opposât, pressé pourtant par lui-même et les autres cracha dessus. Après, le maître le recevant lui dit de renier le Christ dont il y avait une représentation ; lui, dans une grande terreur, s'opposa tant qu'il put, mais par pression et par peur il renia finalement mais une seule fois. Ensuite le maître qui le recevait lui dit de ne pas avoir de lien avec des femmes mais de s'unir avec des frères de l'ordre quand il serait mu par la chaleur naturelle ; et il dit que des frères le requirent là-dessus mais que jamais il ne voulut consentir, et vu qu'il se refusa là-dessus à un frère appelé Jean de Lorraine, il fut envoyé en Allemagne, pour cette raison à ce qu'il croit et non une autre. Au sujet de la corde, il dit qu'on l'enjoignit de s'en ceindre. Au sujet de la tête, il ne sait rien. Il dit de plus que parfois il s'est confessé à des frères qui disaient " Nous savons bien que tu veux et peux parler ", et qu'après avoir parlé une fois, il lui enjoignit huit fois de ne pas parler du reste, et ils ne lui enjoignaient aucune pénitence ; il s'est même confessé à un frère mineur qui l'enjoignit de porter le cilice pendant un an en secret ce que les frères ne surent point, et ce qu'il fit. Et il dit qu'il ne serait pas resté dans l'ordre s'il n'y avait pas eu un oncle qui le consolait et lui disait que quoi qu'il eût fait il pouvait désormais vivre sans péché, surtout s'il s'abstenait des hommes. Et il dit qu'il y a dans l'ordre une prison à Mellant pour condamner à mort, personne n'en est sorti après y être entré, et si les précepteurs tiennent en haine des frères parce qu'ils ne leur obéissent pas dans leurs commandements même scandaleux et se plaignent aux supérieurs de l'ordre, aussitôt ils les envoient dans cette prison, et jamais ils n'en sortent, à ce qu'il entendit dire. Au sujet des sacrements, il dit qu'il ne sait rien. Au sujet du baiser, il dit que le maître le recevant l'embrassa à l'extrémité de l'épine dorsale, deuxièmement sur le nombril, troisièmement sur la bouche.

29/ Frère Hugues de Guamaches, intimé et interrogé comme plus haut, dit qu'il fut reçu il y a 20 ans dans la maison de Monflores, diocèse d'Amiens, par frère Hervé de Villepreux, chevalier et maître de la baillie de Ponthieu, en présence des frères Henri de Guamaches, prêtre, Nicolas de Renal, et qu'après avoir demandé pain, eau et compagnie de l'ordre, cela lui fut accordé et il lui firent jurer de respecter les bonnes coutumes de l'ordre et il fit vœu de chasteté, de pauvreté, d'obéissance et de certains jeûnes, et on lui mit le manteau sur les épaules, et après lui avoir montré une croix sur laquelle était peinte l'image du Christ

crucifié, il lui ordonna de renier celui qui était représenté là ; ce qu'il ne fit qu'une seule fois, et une fois, il cracha à côté de la croix quoiqu'on lui eût demandé de renier et cracher trois fois. Et il embrassa le maître qui le recevait et tous les frères alors présents, sur la bouche seulement. Et le maître qui le recevait lui interdit du reste d'avoir un lien avec des femmes, mais quand la chaleur naturelle le presserait, qu'il s'unisse à des frères ; mais il dit qu'il ne le ferait pas et jamais ne le fit, ne fut requis, n'entendit que des frères abusaient les uns des autres. Il dit aussi
[449 r°] qu'il vit la réception d'un seul frère, appelé Philippe, par frère Jean du Cervoy, précepteur de Ponthieu, reçu de la même façon qu'il dit avoir été reçu lui-même. Et il sait cela vu qu'il le vit de ses propres yeux. Et à la question s'il avait dit ce qui précède sous la peur, il dit que non et que si ce n'était pas la vérité, il aurait subi la mort par décapitation avant d'avoir dit un tel mensonge contre l'ordre qui l'avait nourri. Et au sujet du péché de reniement et de crachat, jamais il ne s'en est confessé à un chapelain de l'ordre vu que tous savaient cela, mais il l'avait fait à un frère mineur. Et au sujet de la tête, il dit qu'il ne sait rien. Il se ceignit toujours d'une corde qui signifiait, dit-on, la chasteté ; à la question d'où ça provenait, il dit à sa honte ne pas savoir. Mais il sait que les frères croient dans les sacrements de l'Eglise. Ils font de nombreux jeûnes, observances et prières suivant ce qui est enjoint.
10/ Frère Humbert de Combornio, chevalier, précepteur de la maison de Ponlac et de Cruce dit que spontanément et sans torture, sous la conduite d'hommes du roi, il a confessé à Lasinhiatum, diocèse de Poitiers, devant deux frères prêcheurs, en présence du sénéchal de Poitou et de Jean de Genville, qu'à l'âge de 12 ou 13 ans, à Osom, dans ledit diocèse, il fut reçu par Jean Francisci, précepteur ou maître du Poitou. Et qu'après avoir fait profession, on lui montra une croix

avec l'image du crucifié et il fut contraint par le maître lui-même de renier Jésus et cracher sur la croix ; et il ne cracha pas mais feignit de cracher et cracha par terre. Mais bientôt, il retira cet aveu et après avoir été mis à la question, à la 6ème des tortures il revint au même fait d'abord spontanément ; et il s'y tient et veut s'y tenir. Mais il fut poussé à le retirer sur un conseil écrit de quelqu'un qu'il n'osait nommer à cause du secret, vu qu'il y manquerait scandaleusement s'il trahissait le serment des amis, mais il se tient dans son premier aveu qui est vrai. Et il dit qu'il se ceignit toujours d'une corde et que c'était Saint Bernard qui la leur avait donnée. Au sujet de la tête, de la sodomie et des autres, il dit qu'il ne sait rien. Il dit en plus qu'on lui donna le pouvoir de recevoir d'autres frères ; pourtant il ne voulut en recevoir aucun et le faisait faire par d'autres. Et il dit pourtant à la fin que s'il les avait reçus, il aurait du les pousser à faire ce à quoi il avait été poussé, c'est-à-dire au détestable reniement de Jésus. Et il dit qu'il confiait la réception à des anciens qui devaient mieux connaître les points de l'ordre. Au sujet du baiser, il dit ne rien savoir. De cela, il s'est confessé à deux frères mineurs successivement et il a fait la pénitence exigée.

27/ Frère Guy Brinars (?), diocèse de Limoges, interrogé comme précédemment dit qu'il fut reçu à la maison de Ponlac dudit diocèse il y a 40 ans ou environ par frère Jean La Chausara (?), précepteur de ladite maison, et il demanda d'abord le pain et l'eau et ensuite on lui mit le manteau sur les épaules et un frère appelé Jean Mestinners le conduisit dans une pièce obscure et lui dit qu'il convenait qu'il renie " Jésus " trois fois et crache trois fois par mépris pour lui. Et il renia trois fois Jésus et cracha trois fois, à terre, non sur la croix qui lui était montrée ; et s'il lui avait dit expressément de renier " Jésus Christ qui fut crucifié ", cela, il ne l'aurait pas fait. Et il croit que s'il n'avait pas renié Jésus, ils lui auraient fait vilenie. Et il dit qu'il embrassa celui qui le recevait sur la bouche, ainsi que tous les frères présents, et ensuite il embrassa celui qui le recevait sur les épaules par-dessus le vêtement. Mais au sujet du reniement susdit, il ne s'en est pas confessé vu qu'il ne le faisait pas en conscience, vu qu'il ne croyait pas renier Jésus Christ, fils de la Vierge Marie. Au sujet du vice de sodomie, il ne sait rien et on ne lui en a jamais rien dit. Il ne reçut et ne vit être reçu aucun frère si ce n'est un nommé Hugues Laneu, chevalier. Mais il ne sait pas s'il fut reçu de la même façon que lui a été reçu, vu qu'après l'avoir reçu, lui-même et certains autres sortirent de la chapelle où Hugues avait été reçu, et que celui-ci resta seul avec certains autres ; mais il croit qu'il a été reçu de la même façon, vu qu'il ne croit pas qu'on lui ait fait plus d'affabilités qu'aux autres. Au sujet de la corde, il dit qu'il se ceignit toujours de la corde qu'il fit lui-même ou avait achetée. Et il dit qu'il croit en tous les sacrements de l'Eglise. Au sujet de la tête et des autres, il dit ne rien savoir.

[449 v°] 1/ Frère Etienne, de Troyes, frère sergent de l'ordre, intimé et interrogé comme plus haut dit qu'il fut reçu il y a presque 11 ans à Sablonnières [3] La Capelle-Livron, cant. Caylus, arr. Montauban, Tarn-et-Garonne.

près ou dans le diocèse de Meaux, par frère Hugues de Pairaud, visiteur de France qui lui ordonna de renier parents, frères et amis qu'à jamais, il n'ait plus d'obligation envers eux ; et après qu'un missel ait été apporté, celui qui le recevait lui enjoignit de jurer qu'il devrait garder tous les points de l'ordre, ses secrets, et de ne pas les révéler, et que s'il faisait le contraire, il serait condamné à la prison à perpétuité ; ce qu'il jura. Ceci fait, celui qui le recevait lui enjoignit de renier tous les apôtres et saints de Dieu, ce qu'il fit avec réticence, poussé par les menaces et la terreur. Ensuite, après lui

3 Sablonnières, arr. de Meaux, Seine et Marne.

avoir montré une croix avec l'image de Jésus Christ, celui qui le recevait lui dit " Tu vois une image du prophète qui a été, dit-on, crucifié ", et lui, au contraire, dit " Je vois une image de notre Seigneur Jésus Christ qui est mort pour nous ", et celui qui le recevait lui dit " Tu dois renier celui que représente cette image " ; ce qu'il refusa autant qu'il put. Mais un des frères tira l'épée et la pointa sur son côté lui disant que s'il ne reniait pas le Christ, il le frapperait de son épée , qu'il mourrait aussitôt, et tous le menaçaient de mort et à peine avait-il renié le Christ, une seule fois, qu'ils lui enjoignirent de

cracher trois fois sur la croix, ce qu'il jugea inévitable de faire mais il ne cracha pas sur la croix mais juste à côté. Après qu'à la demande de celui qui le recevait il se fut déshabillé, celui qui le recevait lui dit " Pour ton plus grand honneur, une grande reconnaissance et une plus grande fraternité, je t'embrasse ", et il l'embrassa sous l'épine dorsale, puis au nombril, troisièmement sur la bouche, et il le vêtit d'une nouvelle chemise et le ceignit d'une corde qui, à ce qu'il disait, avait été enroulée sur une tête qu'ils tiennent pour sauveur et fondateur de l'ordre, et cette corde était très sainte et il la porterait continuellement, ceinte au-dessous de sa chemise. Et furent présents à tout cela, le virent et y consentirent, Raoul de Gési, receveur des revenus du seigneur Roi de France en Champagne, Raoul de Compendio, Roger, prêtre, frères dudit ordre. Après cela, ils le vêtirent des nouveaux habits de l'ordre. Au sujet de la tête, il répondit qu'il est de coutume dans l'ordre de réunir, chaque année, en la fête des apôtres Pierre et Paul, un chapitre général qu'ils tinrent à Paris l'année où il fut reçu, et lui-même fut au chapitre les trois jours qu'il dura ; ils commencèrent de le tenir à la première veille de la nuit et le continuèrent jusqu'à prime, et pendant la première nuit du chapitre, ils apportèrent une tête présentée par un prêtre qui précédaient deux frères avec deux grosses torchères de cire sur des candélabres d'argent ; et il posa la tête à côté de l'autel sur deux coussins en tapis de soie ; et c'était, à ce qu'il lui semblait, une tête chair, du sommet de la tête à l'articulation du cou, avec des cheveux blancs, sans enveloppe d'or ou d'argent, vraiment un visage de chair mais, lui semblait-il, très pâle et sans couleur à la barbe mêlée de poils blancs et noirs semblable aux autres barbes des Templiers. Alors se leva le visiteur, disant à tous : " Allons l'adorer et rendons lui hommage, lui qui nous fait et nous défait ". Alors tous y allèrent avec un grand respect et lui rendirent hommage et adorèrent la tête ; et lui-même entendit alors dire que c'était la tête du premier maître de l'ordre, c'est-à-dire Hugues de Payns. Et de l'articulation du cou jusqu'aux épaules, elle était enchâssée dans des incrustations d'or et d'argent avec des pierres précieuses. Et dans ce chapitre, ils décidèrent d'envoyer outre-mer les frères de Troyes, dont il était ; il y alla et y resta deux ans et demi et, après son retour, resta dans l'ordre deux ans, lorsque mis en garde et poussé par [450r°] un séculier, jadis de ses frères, il quitta l'ordre. Et il resta dans le monde six ans, avec le comte de Bretagne, jusqu'à la mort de celui-ci. Pourtant, alors que de retour, il visitait sa mère, ils le prirent et le retinrent captif pendant 5 semaines, jusqu'à ce que sa mère le rachetât deux cents livres et après avoir conclu qu'il resterait ensuite tranquillement chez sa mère. Et de là, il resta tranquillement loin de l'ordre. Et il dit qu'après avoir été amené au seigneur roi de France, avant l'arrestation des Templiers, alors qu'il n'osait pas révéler ce secret, et voyant pourtant que le Roi se chargeait de l'affaire en la poursuivant avec force, il avoua ce qui a été dit plus haut devant le Roi lui-même, son confesseur et les seigneurs P. de Chambili et Guillaume de Martiniac et qu'après, il répéta la même chose devant les évêques de Bayeux et de Coutances, et que par son âme cela est vrai. Au sujet de la sodomie, il dit que le frère P. de Vallerceli le prit un jour et voulut le corrompre et souiller de ce vice indicible et que lui-même refusa avec force par horreur de ce péché. Et celui-là le frappa à la mâchoire et lui cassa trois dents - une difformité et fracture est visible dans sa bouche - et ce frère lui dit " Toi, tu ignores les points de l'ordre ; c'est un des points qu'un frère ne doit pas se refuser à un frère. " premier témoin, il porta plainte pour cet outrage au visiteur qui répondit que le frère avait bien fait vu qu'il ne devait pas se refuser aux frères en tel acte. De même, il entendit dire que ces points sur le reniement de Jésus et les autres sont dans la règle que gardent les visiteurs et que peuvent recevoir des frères ou ceux à qui ils la confient sans confier la réception des frères, à moins que ce soit des anciens qui connaissent la règle et les points de l'ordre, et que les Grands de l'ordre tiennent et gardent la règle et qu'ils ne la livrent pas aux jeunes, à ce qu'il entendit dire communément. Au sujet des sacrements, il répondit qu'il croit fermement qu'ils ne communient pas aux sacrements de l'Eglise surtout celui de l'autel mais que pour tromper le monde dans les grandes fêtes ils reçoivent une hostie non consacrée ni bénite vu que lui-même ne la reçut pas et ne communia pas à l'époque ; et il entendit dire et croit la même chose des autres outre-mer et ici. Il dit encore qu'aussi longtemps qu'il fut dans l'ordre, il ne s'est pas confessé et qu'il croit la même chose des autres ; pourtant ils ont un souci particulier de deux fautes : la fornication avec les femmes, le vol et la rapine des biens du Temple. Il dit de plus qu'il sortit de l'ordre à cause des maux et des scandales qu'il voyait faire là, et conduit pas un frère laïc.

27/ Frère jean, de Châlons [-en-Champagne], Templier, de séjour dans la maison de Nemours, diocèse de Troyes, sergent, intimé et interrogé comme plus haut, dit par serment qu'il fut reçu il y a 7 ans environ à Boulogne (?) dans la baillie de Merlents, diocèse de Reims, en l'église dudit lieu, et que dans l'église, sous la présidence de frère Guibert, précepteur du lieu et devant l'assistance de 5 frères, il demanda pain, eau et ce qu'il faut pour être de la compagnie de l'ordre. Et après s'être retiré lui-même trois fois de la chapelle sur ordre du précepteur tandis que le précepteur et les autres frères délibéraient sur lui vu qu'il persistait dans sa demande, le précepteur lui répondit " Regarde, tu fais de grandes demandes parce que tous ceux qui nous voient à l'extérieur ne savent pas ce que nous supportons à l'intérieur et il faudra que tu endures et fasses de nombreuses choses difficiles. " Et il lui répondit que le Seigneur aidant il se comporterait bien en tout. Alors le précepteur lui dit " Nous avons l'intention de te recevoir " et il lui mit le manteau sur les épaules et sur un missel ouvert, ils lui firent jurer obéissance en tout, chasteté et renoncement à posséder, et après lui avoir montré l'image du crucifié, [450 v°], ils lui demandèrent sur le même missel s'il croyait dans le crucifié que représente cette effigie. Et lui de répondre " Oui, je crois. " Le précepteur lui dit " Il faut que tu renies trois fois le Christ que représente cette effigie et que tu craches sur cette effigie. " Et à sa réponse qu'il ne le ferait en aucun cas, le précepteur le menaça rudement en disant : " Tu te montres désobéissant à un ordre donné ", et il le menaça de le faire mettre dans peu de jours dans une basse-fosse à Merlents s'il ne reniait pas, et il dit que cette basse-fosse ou prison est si austère que personne n'y peut vivre longtemps et qu'il en a vu un qui après y être entré n'a pas vécu plus de cinq jours, que lui-même fut parfois gardien de cette prison et qu'en son temps, il y eut bien neuf frères qui moururent de la dureté de la prison ; finalement, ébranlé par les menaces et la terreur, il renia le Christ trois fois, de bouche, non de cœur, avec de grandes larmes et un grand chagrin au cœur. Au sujet des baisers, il dit qu'il ne fit rien vu que pendant la cérémonie de réception, le comte de Grandpré entra dans la maison pour le repas et que le précepteur arrêta en disant : "Allons rejoindre le comte, laissons le reste, nous le terminerons une autre fois " mais jamais le précepteur ne le requit ensuite ; il ne sait si c'est par oubli ou par occupation que le précepteur laissa les autres points de la réception. Et lui-même aurait bien volontiers quitté l'ordre s'il avait osé et avait pu ; et il fut plus de six ans dans l'ordre sans que rien de tel ne lui fût plus ordonné. De même, il dit qu'un prêtre de l'ordre nommé Renaud [4] le poussa plus que les autres (?) Templiers, par lettres clandestines, à retirer ses aveux et qu'il subit de nombreuses tentatives de le persuader de les retirer de la part d'amis dont il ignore qui ils sont. Il dit aussi qu'il s'est confessé à un chapelain de l'ordre qui l'a absout en soutenant qu'il pouvait faire le bien en vertu des privilèges de l'ordre. Il répondit aussi qu'il y a une si grande cruauté dans l'ordre que quand un précepteur a de la haine pour un frère et veut le mettre à mort, il va vers le visiteur, particulièrement vers frère Gérard, précepteur de France, en lui disant que tel frère est désobéissant et, pourvu cependant qu'il donne une bonne somme d'argent, il a la permission de l'arrêter et de le mettre dans la basse-fosse où il meurt rapidement. Et lui-même y vit mourir un grand nombre qui disaient qu'il n'y avait pas d'autres causes de leur mort que les autorités. Et il entendit de frères de l'ordre qu'il en allait ainsi habituellement. Et il dit que nul n'était reçu dans l'ordre s'il ne donnait une grande somme, que lui-même avait versé pour sa réception cinq cents livres et que frère Robert de Malen, son compagnon avait donné autant. Furent présents à sa réception Guibert, précepteur, Jean de Valletutone, Renaud de Camesi, Pierre de Brigerus. Terrorisé (illisible), en leur présence et sous leur incitation à faire cela, il renia le Christ et il croit qu'ils l'auraient contraint à beaucoup de choses si ledit comte n'était alors arrivé. Il dit aussi qu'ils font peu d'aumônes mais qu'ils détournent à leur propre

4 *Renaud de Provins.*

usage les pourtant nombreux restes destinés aux aumônes. Jamais il ne vit se faire une correction en chapitre quand il fut dans l'ordre. Ils abusaient de lettres apostoliques indistinctement [451 r°]] et ils ont des clercs en quelque préceptorie qui en déformaient un grand nombre à leur demande. De même il dit que des puissants de l'ordre, pressentant le présent désordre se sont enfuis et que lui-même s'opposa à frère Gérard de Villers à la tête de cinquante chevaux et qu'il entendit dire qu'il prit la mer avec 18 galées, et que frère Hugues de Châlons [-sur-Saône] s'est enfuit avec tout le trésor de frère Hugues de Pairaud. Lui ayant demandé comment il put garder secret un tel fait aussi longtemps, il répondit que pour rien au monde nul n'aurait osé faire de révélation si le Pape et le Roi n'avaient ouvert la voie vu que, dès qu'on savait dans l'ordre que quelqu'un avait parlé, celui-ci mourrait. Et il dit qu'il était précepteur de Nemours au moment de l'arrestation et qu'il avait auparavant été précepteur de Marmot (?). Lui ayant demandé comment il savait que frère Renaud poussait les Templiers à retirer leurs aveux, il dit que celui-ci avait écrit à lui et à d'autres frères, d'une écriture au plomb sur parchemin, que s'ils persistaient en leurs aveux, l'ordre serait détruit, c'est pourquoi il les invitait à les retirer ; et lui-même et d'autres frères disaient : " Comment retirerons-nous la vérité que nous avons avouée, nous ne pouvons pas nous dédire puisque ce ne serait pas en vue d'aveux plus grands ", d'autres disaient : " Nous sommes confondus à jamais si nous ne les retirons pas ", et lui-même alors disait : " Je préfère être à jamais sans honneur que perdre mon âme en retirant mes aveux sincères. " Et il dit que le frère Renaud avait soutenu le retrait des aveux, à l'incitation du frère du grand maître, le doyen de Langres.

Frère Robert de Yma et Frère Jean de Valbruan, après serment, comme les autres, ont fait leur déposition en un acte public assez brièvement .

20/ IL nous semble, à nous délégués, que les recueils précédents sont conformes à l'original.

21/ De même, pour savoir ce qui dans la réception des dits témoins prouvent ceux reçus par l'inquisiteur à Paris et par les trois cardinaux envoyés par le pape, notre seigneur, on procéda ainsi. En effet, devant notre seigneur le pape, ils jurèrent après avoir touché les évangiles de dire la vérité etc., comme il a été dit plus haut au début. Et devant notre seigneur le pape, ils dirent ce que contiennent leurs dépositions et leurs dépositions furent rédigées sur place par les notaires publics présents. Et ainsi elles furent rédigées, lues et diffusées et on leur demanda s'ils voulaient faire des corrections, ajouts retraits ou changements dans leurs dépositions ; ils répondirent non, qu'au contraire ils voulaient persévérer et persister en elles comme vraies, puisqu'ils n'avaient rien omis de la vérité ni mêlé de faux et qu'ils avaient dit ce qui précède ni sur des prières, ni pour une récompense, ni par gratitude, ni par amour, ni par haine ou par crainte des tortures ou autre, mais pour dire la vérité. Et ils demandèrent humblement que le même seigneur publie son pardon et sa miséricorde envers eux, avec peu de réserve, une fois leurs dépositions lues et diffusées auprès des autres grands hommes dans leur langue, comme il convenait. Ils reconnurent les mêmes choses et persistèrent et affirmèrent vouloir persister dans leurs aveux.

[451 v°]

Frère Robert de Yma, Frère Jean de Valbruan, après serment, comme les autres, ont fait leur déposition en un acte public, le dernier transmis, assez bref de sorte qu'il n'y ait pas besoin de recueil ou de vérification de concordance à leur sujet.

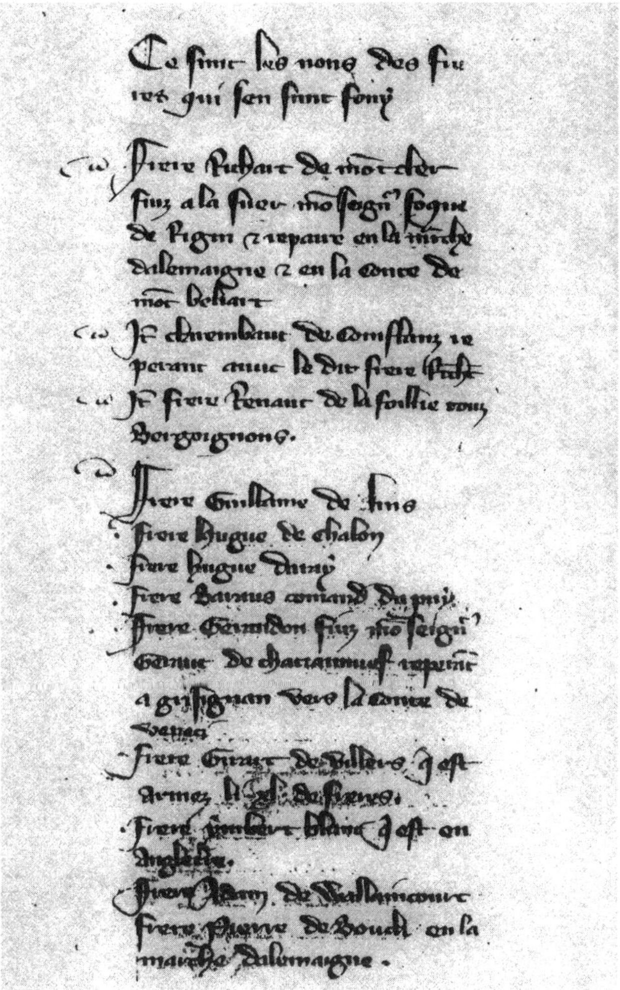

Ce sont les nons des fre
res qui sen sont foui

Frere Richart de mor cler
fiuz a la suer mo seign[illegible]
de [illegible] et repaire en la marche
dalemaigne et en la conte de
mon beliart

It [illegible] de Constanz re
perant avec le dit frere Rich[illegible]

It frere Renaut de la Fontaine [illegible]
Bergoignons.

Frere Guillaume de [illegible]
Frere Hugue de chalon
Frere Hugue dany
Frere Jaques comand[illegible] du puy
Frere Gerardon fiuz mo seign[illegible]
Gautier de chastiauneuf repaire
a Lisignan vers la conte de
Nevers
Frere Guiot de Villers qui est
armez [illegible] des freres.
Frere [illegible] qui est en
Angleterre.
Frere [illegible] de [illegible]
Frere Pierre de Bouch[illegible] en la
marche dalemaigne.

Document n° 18 :
Liste des Frères qui se sont enfuis (texte original)
Cliché Bibliothèque Nationale de France

BNF, ms lat. 10219, fol. 84

Ce sunt les nons des fre-
res qui sen sunt fouy.
Frere Richart de Montcler
fuiz a la suer monseigneur Fogue (?)
de Rigni et repaire en la marche
d'Alemaigne et en la conte de
Montbeliart.
Item Clarembaut de Comflanz re-
-perant avuc le dit frere Richart.
Item frere Renaut de la Foillie touz
Bergoignons.
Frere Guillaume de Lins.
Frere Hugue de Chalon.
Frere Hugue d'Aray.
Frere Baraus, comandeur du Puy.
Frere Geraudon fuiz monseigneur
Geraut de Chatiauneuf reperant
a Grisignan vers la conte de
Veneti.
Frere Girart de Villers qui est
armez li XL de freres.
Frere Ymbert Blanc qui est en
Angleterre.
Frere Adam de Wallaincourt.
Frere Pierre de Boucli en la
marche d'Alemaigne.

Traduction

Ce sont les noms des frères
qui se sont enfuis :
Frère Richard de Montcler,
fils de la sœur de monseigneur Fogue (?)
de Rigni, et séjour dans la marche
d'Allemagne, dans le comté de
Montbéliard ;
de même, Clarembaut de Conflans,
séjournant avec le dit frère Richard ;
de même, frère Renaud de la Foillie, tous
Bourguigons.
Frère Guillaume de Lins ;
frère Hugues de Châlon ;
frère Hugues d'Aray ;
Frère Baraus, commandeur du Puy ;
frère Géraudon, fils de monseigneur
Géraud de Chateauneuf, séjournant
à Grisignan près du comté de
Venétie ;
frère Girard de Villers qui est
armé avec 40 frères ;
frère Humbert Blanc qui est en
Angleterre ;
frère Adam de Wallaincourt ;
frère Pierre de Boucli, dans la
marche d'Allemagne.

N.B. : Aux XIème et XIIème siècles, les sources romanes utilisent le nom « Alemaigne » pour désigner tantôt la Souabe, terre d'origine du vieux peuple Alaman, tantôt la Franconie. Mais progressivement ce nom finit par désigner tout l'empire germanique. Dans ce texte, « marche d'Alemaigne » ne semble pas désigner de région précise : il faut comprendre que ces Templiers sont en Allemagne dans des régions voisines de la France. Le sens le plus commun de « marche », « région frontalière » doit ici être retenu.
L'écriture de ce texte est une mixte caractéristique du début du XIVème siècle.

Document n° 19 :
Liste des Frères qui se sont enfuis (texte en clair et traduction)
Traduction de Marc-Antoine Gautier de l'École des Chartes.

CHAPITRE XII

LE DÉVELOPPEMENT ÉCONOMIQUE, FUT-IL AUSSI UNE CAUSE DE LEUR DÉFAITE ?

Les donations, les legs, les héritages, les revenus de bonnes terres fertiles, les exemptions d'impôts, font du Temple la fortune immobilière la plus considérable de l'Occident.

Près de 9.000 commanderies couvrent l'Europe, le terme de commanderie étant pris dans le sens d'une grosse ferme fortifiée, la plupart du temps, mais disposant de bonnes terres à cultiver et à administrer. Des millions d'hectares de prairies fertiles, de forêts, de vertes vallées, des quartiers entiers à Dijon, sans parler des six hectares détenus dans la capitale, des cours d'eau, fleuves ou rivières les traversant et sur lesquels ils ont établi des moulins. Mais, indépendamment de ces vastes territoires, les Templiers finirent par posséder des rues dans les villes, des quartiers entiers, et les revenus vinrent à leur tour grossir leur trésor.

Selon Mathieu Paris, moine anglais qui écrivit vers la fin du XIIème – début du XIIIème siècle, le Temple possédait, dès 1160, près de 9.000 mesons ou maneria en Occident, et chaque maison pouvait former les chevaliers et frères sergents, pour la défense de la Terre Sainte [1].

1 M. Lavocat - Ibid page 33 " Quod libet igitur, manerium sine gravamine unum militem potest in subsidium Terrae Sanctae ".

La parenthèse que l'on peut ouvrir à ce sujet est de constater que l'Ordre constituait véritablement une armée de métier, capable d'aligner près de 20.000 guerriers expérimentés, tant en Occident qu'en Orient, c'est-à-dire plus qu'aucun état n'en eut jamais, ce qui très naturellement pouvait amener, non seulement des regards d'envie à ce propos mais, surtout le désir de s'approprier une telle force militaire.

EXAMEN DES POSSESSIONS TEMPLIÈRES

Dans la ville de Troyes, ils avaient en titre une cinquantaine de maisons, et tout à côté les 60.000 ha de la forêt d'Orient. Il en fut de même à Provins – rue de la Bretonnerie, sur Sainte-Croix – Ailleurs, ce sont par exemple deux maisons à Dammartin, deux commanderies autour d'Auxerre. De très nombreux lieux portent encore les noms de : Bures-Les-Templiers, Villers-Le-Temple, Voulaines-Les-Templiers.

En d'autres sites, la présence templière se fait sentir, ainsi de la construction de la commanderie de Chartres, contemporaine de l'édification de la cathédrale et d'où est originaire Guillaume de Chartres, un de leurs Grands Maîtres.

Parlons à présent des ports : le premier, situé en Flandres, est Berck-sur-Mer, où il existe un lieu dit « Le Temple sur Autie ». Ainsi d'un autre port, Wissant, à quelques lieues.

Les commanderies importantes se nommaient « prévôtés », dès qu'il s'agissait de gérer des possessions à l'extérieur de la commanderie elle-même. Ainsi la prévôté de Saint-Hilaire avait en administration directe Brevands, Catz, Saint-Pellerin.

A Caen, les Templiers possédaient deux maisons, rue Basse et rue de Beuvre. Nous avons dans un précédent chapitre évoqué la commanderie de La Rochelle, où les Templiers possédaient pratiquement tout le port.

Notons qu'à Toulouse, ils avaient en titre un grand quartier, situé entre l'église de la Dalbade et celle de Saint-Rémi, à

Narbonne trois rues avec une commanderie urbaine, sans parler de Montpellier, qui suppléa Marseille comme port templier entre 1210 et 1240. Autour de Nîmes, les Templiers disposaient de centaines d'hectares et nous évoquerons également Saint-Gilles, qui joua un rôle de tout premier plan dans leur histoire, puisque cette commanderie dirigea jusqu'à dix autres commanderies, installées dans le département du Gard.

Arles était aussi un point de passage obligé pour les pèlerinages ou les croisades. A l'intérieur même de la ville existent encore les vestiges des implantations templières, notamment la « Porte de la Cavalerie », la commanderie de Sainte-Luce etc. L'imposante commanderie d'Aix-en-Provence, dont il ne reste rien, occupait l'emplacement actuel entre la rue Sainte-Catherine et le Palais de justice, soit tout un quartier et ses rues.

Toulon fut également un port templier, où ils disposaient de quartiers entiers et de nombreuses rues.

Nous terminerons par le Dauphiné, car il peut être écrit sans exagération, que la moitié de l'actuel département était entre leurs mains d'après le cartulaire de Vaulx, sans parler de Lyon, dont deux quartiers actuels relevaient de l'ordre : Grange-Blanche et la Croix-Rousse.

Bref, la liste est interminable, et inépuisable, des propriétés relevant directement du Temple.

L'AMORTISSEMENT GÉNÉRAL DES BIENS [2]

Si nous avons longuement énuméré les possessions templières dans le royaume de France, c'est bien parce qu'elles

2 Signature d'un accord entre Philippe IV et le Temple au sujet de l'amortissement général des biens du Temple - Archives Nationales K37 n° 25.
Ici le terme d'amortissement est sensiblement différent de celui utilisé dans les bilans des entreprises et entend signifier que les dits biens ne seront jamais restitués à leurs propriétaires d'origine et que d'autre part les Templiers continuent normalement d'en toucher les revenus.

constituaient véritablement un problème, et un danger, pour le royaume en voie d'expansion. Comment tolérer, pour les différents rois, que le tiers ou le quart de leur royaume appartînt à l'Ordre du Temple, sans aucune contrepartie financière ?

L'impôt de la maltôte, payé sur chaque transaction, leur échappait, comme tous les mouvements de marchandises. De plus, l'Ordre n'était redevable d'aucun impôt ou taxe, ce qui n'était pas le cas du reste de la noblesse et de la bourgeoisie.

L'amortissement général de leurs biens, la mainmorte sur ces biens, provoqueraient à la longue une paralysie économique et l'absence de rentrées considérables d'argent pour le trésor du royaume. Ce qui n'était pas le cas pour les autres souverains des pays d'Europe, où les Templiers étaient beaucoup moins bien implantés.

Le problème a dû prendre une acuité nouvelle, lors de la quasi-disparition des états francs d'Orient. Tant qu'il s'était agi de la Terre Sainte à conquérir ou à reconquérir, ou à défendre, personne ne broncha vraiment.

La question se pose alors de savoir ce qu'il serait réellement advenu, si les Templiers n'avaient pas été supprimés d'un trait de plume à Vienne, en 1314, et ce, au niveau de leurs immenses possessions. Notre avis est, qu'indubitablement, on aurait reculé pour mieux sauter. Il était quasi inévitable, devant la montée des périls en Occident – à preuve le départ de la guerre de cent ans – qu'un roi se serait bien trouvé de s'approprier leurs richesses immobilières et les revenus y afférents.

La correspondance entre la montée de l'absolutisme royal, de la poussée démographique, des ambitions de la noblesse, du tiers état, de la bourgeoisie, est évidente avec l'immensité de ces territoires échappant au domaine, au niveau des redevances et surtout de la disposition.

Car, il faut bien considérer que les rois ont été, très tôt, aux prises avec une noblesse qui les soutenaient mais, à charge pour eux, de lui en être reconnaissants, en lui accordant des terres et le revenu correspondant, ce qui était pratiquement impossible à réaliser à partir de 1210. De plus, la bourgeoisie s'enrichissant était avide de titres de noblesse, d'acquisition de terres, de bois, de vignes, de maisons à louer à gros rapports. Qui les détenaient encore ? Une nouvelle fois, les Templiers.

A notre avis, le ressentiment a dû être progressif et général, concomitamment avec la disparition des raisons qui furent à l'origine même de la richesse du Temple, c'est-à-dire, combattre en Terre Sainte. Il n'y avait plus de Terre Sainte. Les Templiers devaient restituer, ce qui leur avait été donné pour ce motif.

LE PREMIER ROI FAUX-MONNAYEUR DE L'HISTOIRE DE FRANCE

En 1306, le roi Philippe IV est soudainement obligé de se réfugier dans l'enclos du Temple, poursuivi par la populace prise de fureur. Un édit royal ne vient-il pas de décider que désormais on paierait en bonne monnaie, tout en étant payé en mauvaise monnaie ? C'est la ruine pour des centaines de milliers de personnes. A commencer par le Temple, à qui tout le monde doit de l'argent.

Le rognage des monnaies, le mauvais aloi des monnaies, l'utilisation de la même valeur pour une pièce plus légère, feront de ce roi le premier faux-monnayeur de l'Histoire. Il ne dut son salut qu'aux Templiers. Il n'oublicra ni les émeutes, ni le secours des Templiers.

Une crise monétaire, sans précédent au Moyen Âge, ravage donc le royaume de France. Lorsque Philippe III meurt, il laisse à son héritier un lourd passé de dettes, aux mains des banquiers lombards. Pour rembourser, il faut emprunter mais, Enguerrand de Marigny soufflera au roi, Philippe Le Bel, l'idée de démonétiser les pièces d'argent en circulation, en leur retirant une part de leur alliage. Ainsi, le marc d'argent à 958 millième d'argent n'en contiendra plus que 718 millième. Et, pour ajouter au phénomène, le marc qui valait 54 sous au début de son règne, en vaudra 170 en 1308.

En 1291, les biens des créanciers du roi, les banquiers lombards, sont saisis et ils doivent quitter le pays. Enguerrand de Marigny empoche la contre-valeur d'environ 230.000 livres tournois[3], en procédant à la vente de leurs biens meubles et immeubles.

Mais, cela ne suffit pas. L'argent des impôts rentre mal. Des guerres incessantes opposent le roi de France à l'Aragon, ou à la Guyenne anglaise, ou à la Flandre. De nouveaux impôts sont créés. Les juifs sont sollicités de payer une dîme supplémentaire. Le mécontentement gronde et, en 1306, les juifs sont expulsés et leurs biens confisqués. Plus de 100.000 juifs sont obligés de quitter le pays[4].

Retenons la date 1306. C'est la veille de la fameuse rafle. Il est donc indéniable que Philippe Le Bel a voulu s'assurer des biens du Temple – bien qu'appartenant à un ordre relevant de la papauté – pour combler son déficit budgétaire, tout en mésestimant totalement leur valeur réelle et l'impossibilité de les faire rentrer dans le domaine royal.

LA « RÉCUPÉRATION » DES BIENS DU TEMPLE

Comment s'en prendre au trésor du Temple sans déchaîner les foudres de Rome ? Assurément pas en utilisant la force. Ce fut l'habileté de l'avocat Dubois, conseiller de Philippe IV, que de trouver, dès 1299, la faille que s'obstina à agrandir Philippe Le Bel jusqu'en 1312, date du concile.

Les moyens ? En fait, il y en a deux. Le premier celui de faire le fils du roi, roi de Jérusalem. Le second, de prêcher une croisade et la conduire lui-même.

3 Jean Favier : *Philippe Le Bel* - page 195.
4 Jean Favier : *Philippe Le Bel* - page 197.

Le mémoire de Dubois est très clair à ce sujet. Il écrit notamment :

« il serait possible au roi de faire nommer son second fils par le pape, comme roi d'Accon, de Babylone[5]. On emploierait les revenus des biens qui font partie de l'Ordre aux dépenses de cette expédition… »

Et, par ailleurs, il ajoute l'argument dont nous avons déjà fait état :

« On a fait aux Templiers des donations dont les conditions ne sont plus remplies… »

Faisant ainsi allusion à ceux, qui donnèrent au Temple pour aller combattre en Terre Sainte.

Quant au second moyen, Philippe IV décidera de l'utiliser en 1312, au concile de Vienne, en s'engageant à prendre la croix et la tête de la croisade, pour se faire attribuer – le temps de la croisade – les revenus des biens du Temple, pour la financer [6].

Le calcul d'Enguerrand de Marigny, qui n'est pas très éloigné de celui de Dubois, a dû être le suivant : les dons et legs, reçus par les Templiers, leur ont été attribués pour une cause sainte, la reconquête de Jérusalem. La Terre Sainte est définitivement perdue, il n'y a donc plus lieu de les conserver. Ils doivent faire retour à leurs légitimes propriétaires.

La papauté s'employa énergiquement à convaincre le roi, et ses conseillers, qu'indépendamment du fait que les propriétaires en 1128 – 1140 avaient disparu, ainsi que leurs descendants, la restitution d'un don ou d'un legs n'avait jamais été admis par l'Église, pour quelque motif que ce soit.

5 C'est-à-dire de Saint-Jean-d'Acre.
6 M. Lavocat - *Le Procès des Templiers* - page 207.

A notre avis, Philippe Le Bel a tenté une opération financière, tout en sachant pertinemment qu'il ne pourrait récupérer les biens meubles et immeubles de l'Ordre. Quant à se saisir d'un « trésor », nous savons ce qu'il faut entendre par là : l'argent nécessaire à la gestion d'une commanderie ou de la Maison du Temple à Paris.

Bien évidemment, Enguerrand de Marigny a pu saisir les pièces de monnaie déposées au Temple à Paris ou à La Rochelle mais, c'était sans compter la circulation monétaire sous forme de billets à ordre, déjà en plein développement. C'est bien pourquoi, la plupart des historiens s'accordent à penser qu'il trouvât finalement les caisses vides.

Trois observations dès lors peuvent être relevées.

Tout d'abord, il ne peut être nié que, dès l'arrestation des Templiers, les soldats du roi occupèrent les commanderies, sans parler de l'enclos du Temple, et s'emparèrent de tout ce qui pouvait être négociable : vaisselles, objets précieux, reliquaires, pour les vendre sur les marchés. A la différence près, qu'il n'y avait plus un marchand lombard, ni juif, pour les acheter.

L'entrée en possession des terres cultivables présenta beaucoup plus de difficultés. Nous avons observé l'organisation d'une commanderie : la culture des terres était tout naturellement entre les mains des frères casaliers, utilisant des serfs. Personne ne commandant plus, rapidement les terres retournèrent à l'abandon, sans parler des protestations véhémentes des évêques régionaux, ou seigneurs, pour les récupérer.

Il s'agissait de biens de l'Église de Rome et le roi, tout monarque absolu qu'il fut, ne pouvait se les approprier sans soulever un tollé général.

La deuxième observation a trait nécessairement à la chronologie des faits. Nous l'avons vu, le royaume souffrait d'une grave crise financière, doublée d'une crise économique. Les terres ne rendent pas suffisamment pour nourrir une population en forte croissance démographique et les prix montent. Si les lombards et les juifs sont expulsés, et leurs biens saisis, cela s'accomplit pratiquement dans l'année même de leur expulsion et personne ne viendra soulever des problèmes de propriété.

Or, les Templiers sont arrêtés en 1307 et ce n'est qu'après le Concile de Vienne, en 1312, soit cinq années plus tard, que l'attribution des biens du Temple est plus ou moins définitivement terminée. Ils reviennent aux Hospitaliers.

Le roi était entouré de très habiles conseillers, et de non moins habiles juristes, qui n'ont pas manqué de faire valoir toutes les difficultés qui seraient rencontrées à saisir, immédiatement, c'est-à-dire dès octobre 1307, les biens du Temple.

La troisième observation tient au fait que c'était la maison chevêtaine, qui était détentrice de la gestion des affaires financières de l'Ordre. Nous l'avons étudié dans le chapitre consacré à la Règle, où est apparue la fonction du commandeur de la terre de Jérusalem qui, comme son nom ne l'indique pas, était le véritable « trésorier » de l'obédience.

La vie du Temple s'est toujours déroulée en Orient, et sa maison chevêtaine, seule détentrice des fonds manipulés, se trouvait à Jérusalem, puis à Acre à la chute de la cité sainte, et enfin s'est réfugiée à Limassol, à partir de 1291. Or, tous les mouvements de fond continuaient de transiter par Limassol, la maison du Temple de Paris étant simplement une banque d'affaires, où passait évidemment tout un circuit financier sous forme de billets à ordre.

LE PARADOXE DE LA RÈGLE

La Règle, qui fit la grandeur de l'Ordre, causa sa perte.

Dans le premier article, l'Ordre ne reconnaît d'autre souverain que Dieu, et les biens lui appartenant étaient d'abord biens de l'Église[7]. Les papes confirmèrent ces dispositions, enlevant aux évêques, seigneurs et autres princes, tout droit d'intervention dans les affaires de l'Ordre, à cause de l'importance de leur armée en Terre Sainte. « Précisément », pouvaient rétorquer leurs adversaires, « la Terre Sainte se réduit comme une peau de chagrin, dès 1220, et, à partir de 1270, il n'en reste que des lambeaux ».

Mais, les Templiers possédaient toujours des villes, des ports, des millions d'hectares de bonnes terres. L'article 57 précise bien – donc dès 1128 – que les frères peuvent posséder des terres, accepter des dîmes etc. sans parler de l'article 85 qui définit les privilèges qui leur sont accordés.

L'idée des rois a donc été – poussés qu'ils furent par une noblesse turbulente et une bourgeoisie ambitieuse – de séculariser les biens du clergé appartenant au Temple. Il ne faut également pas perdre de vue, que beaucoup de familles nobles avaient été ruinées par les différentes croisades et ne pouvaient qu'être irritées par les orgueilleuses demeures de l'Ordre. A ce propos, il est intéressant de noter que la fameuse tour du Temple, située dans l'enclos du Temple, jouxtait le palais du Louvre, d'où Philippe IV pouvait très bien l'apercevoir, ce qui n'a pas peu contribué à exacerber son ressentiment à leur égard[8].

LES PAPES CESSENT D'ETRE LEURS PROTECTEURS

Les papes « protecteurs de l'Ordre » furent notamment, au cours du XIIIème siècle : Honorius III, Grégoire IX dans les

7 Une bulle d'Honorius III, le 11 janvier 1217, accorda par exemple quinze jours d'indulgence aux fidèles visitant l'Eglise du Temple à Paris et qui lui viendront en aide par des aumônes - Archives Nationales L239 n° 28.

8 En août 1279. Un accord avait été signé enter Philippe III et les Templiers au sujet des droits et privilèges du Temple de Paris. Archives Nationales K 35 n° 2.

années 1217 ou 1229 – Urbain IV et Clément IV (1265). Les Templiers sont alors nommés, dans les épîtres pontificales : « Quanto delicti fili ».

Mais, les temps ont changé et les papes n'étaient plus leurs défenseurs, pour de multiples raisons. Crises de la papauté, exil à Poitiers, élections truquées ou controversées.

L'Ordre avait fini par être détesté du clergé, à cause de ses privilèges exorbitants au niveau des aumônes, des dîmes etc. qu'il ne reversait pas à Rome. Et, la raison de ce ressentiment en a été toujours la même : plus de Terre Sainte, donc plus de raison que ce privilège leur soit maintenu.

La disparition de l'ordre était inscrite dans la logique des choses. Si on ne s'en est pas pris aux Hospitaliers, et aux Teutoniques, c'était pour la raison strictement inverse. Fidèles sujets des papes et empereurs, dont la fortune était moins importante, l'orgueil et l'arrogance moins prononcés, ils ne suscitèrent aucunement de réprobation. Les premiers ne marquaient pas un désaccord aussi catégorique que les Templiers au sujet d'une fusion avec ces derniers, ce que leur demandèrent d'ailleurs les papes, dès 1274. Les seconds se bâtissaient un empire aux marches du Saint Empire Romain Germanique, sous la parfaite protection des empereurs germaniques. La situation était donc totalement différente.

SOUPÇONNES DE COLLUSION AVEC L'ENNEMI

Ont-ils conspiré contre les rois ? Nous ne le croyons pas mais, leur attitude parfois a pu le laisser penser. Tout part de Saint Louis et de sa fameuse croisade. Contrairement aux avis des chefs francs et des ordres militaires, il décide de débarquer en Égypte et s'y fait capturer au terme d'une sinistre mascarade, qui coûta la vie à de nombreux chevaliers dont des Templiers, qui pourtant étaient défavorables au projet.

La rançon fixée était énorme. Le royaume ne pouvait payer. Joinville rapporta qu'il obligea le Commandeur de La Terre de Jérusalem, trésorier du Temple, à ouvrir des coffres transportant de l'argent devant servir en Terre Sainte et, surtout, qui n'appartenait pas au Temple. Le roi eut beau jeu de prétendre qu'ils ne volèrent pas volontiers à son secours, alors qu'il s'était froidement approprié l'argent des déposants occidentaux.

De là à parler de conspiration, il n'y a qu'un pas que Joinville a franchi, en marquant leur extrême réticence à ouvrir leurs coffres. Nous, nous serions beaucoup plus du côté des Templiers, non par sympathie particulière, mais simplement au nom d'une règle très simple de l'économie. Cependant, le royaume de France en garda l'empreinte longtemps.

La mort lamentable de Louis IX, au terme d'une pitoyable expédition, ne fit qu'aggraver le cas des Templiers, qui s'étaient totalement refusés à y prendre part. Mais, c'est oublier rapidement que leur Grand Maître, Guillaume de Sonnac, périt à la bataille de Damiette pour avoir voulu porter secours au frère du roi, le comte d'Artois.

L'échec, le double échec de Louis IX, eut d'énormes retentissements dans le royaume et les Templiers ne firent rien, pour se disculper des accusations portées contre eux. A notre avis, là encore, ils commirent une autre faute, confiants, trop confiants peut-être, en leur étoile ou en leur position. A l'évidence, la race des hauts Templiers d'un siècle plus tôt avait bel et bien disparu, qui avait certainement prévalu contre les agitateurs de toutes sortes.

Louis IX et ses successeurs ont dû, sans nul doute, envisager de nombreuses hypothèses pour s'emparer des biens de l'Ordre, sans toucher aux prérogatives de Rome, qui avait d'ardents défenseurs de leur cause et qui aurait obstinément refusé de les condamner, aucun motif sérieux n'existant à l'époque, hormis cette première accusation de Saint Louis les taxant de collusion avec le soudan d'Égypte.

Il a fallu la combinaison de papes faibles, sur lesquels les rois ont pu exercer une pression – à l'exemple de Boniface VIII – pour permettre la réalisation du phénomène révolutionnaire, que sera la fin des Templiers.

LE SORT DÉFINITIF DES BIENS DU TEMPLE

Qu'advint-il donc de ces richesses que l'on disait fabuleuses ? Le concile de Vienne se termina par ces mots :

« Avec l'approbation du Saint Concile, bien que nous ne puissions pas juger en droit, mais par voie de provision, en vertu de notre autorité apostolique, nous supprimons à toujours l'Ordre du Temple. »

Et, quelques lignes plus loin, apparaissent l'attribution des biens du Temple [9] :

«… Nous réservons au Saint Siège tous les biens, meubles et immeubles, droits, action dans toutes les parties du monde…

…. Nous les attribuons aux Hospitaliers. »

Dans l'intention du pape, les biens du Temple d'Angleterre – y compris ceux d'Aquitaine – devaient également revenir aux Hospitaliers. Nous savons qu'il n'en fut rien et que les rois d'Angleterre s'en attribuèrent la propriété, ainsi que les revenus. Peu implantés en Angleterre, les Hospitaliers ne firent rien pour contester leur attitude.

En Sicile et en Provence, les valeurs mobilières du Temple furent partagées entre Charles II et Clément V. Mais, dans les autres pays, l'attribution de biens aux Hospitaliers se passa

9 Ouvrage de M. Labbé - Tome XI *Des Conciles* page 1558 - Cité par J. Lecler dans *Histoire des Conciles œcuméniques,* VIII, Paris, 1964..

également fort mal. Ainsi en 1336, soit vingt-quatre ans après la fin du concile, le pape Urbain V tentait une nouvelle fois, depuis Avignon, d'exiger de Don Pedro IV, roi d'Aragon, de les leur restituer. Ils finirent par être dévolus à l'ordre de Montesa, en 1317.

Quant au roi de Castille, Ferdinand IV, il mit, comme le Plantagenêt, la main sur les biens du Temple, sans recevoir d'admonestation des papes. Dans les Espagnes, les biens furent attribués à l'ordre de Saint-Jacques de Calatrava et au Portugal, comme nous l'avons examiné, ils furent purement et simplement donnés à l'ordre du Christ, bien avant sa création « officielle » en 1317.

Qu'obtint en définitive Philippe IV ?

• Il ne remboursa pas, ni sa famille, les sommes qu'ils devaient au Temple.

• Il réclama aux Hospitaliers 230.000 Livres tournois, à titre de dédommagement, pour l'attribution à leur ordre des biens du Temple.

• Il s'empara vraisemblablement des richesses des églises, faisant partie du domaine du Temple : objets de cultes, reliquaires etc.

• Il fit vendre les récoltes engrangées.

Bilan final : rien. Il ne fut pas plus riche après qu'avant.

De plus, des archives disparurent et, avec elles, des documents concernant les biens immobiliers. Est-ce ces archives qu'emporta Gérard de Villers – brûlot à retardement – pressentant l'inéluctable destin de l'Ordre, plutôt qu'un trésor important ? Bref, ni le roi ni les Hospitaliers ne rentrèrent dans leurs fonds.

Des domaines entiers, ayant appartenu au Temple, se trouvèrent aux mains de nouveaux propriétaires, qui ne fournirent aucune explication, si ce n'est celle d'occuper le sol, sans parler des seigneurs en vassalité par rapport au roi de France et qui, en fait, dépendaient du royaume anglais, du comté de Provence, du Saint Empire Romain Germanique...

L'examen, à cet égard, de la carte (document n° 16, à la fin du chapitre X) est particulièrement intéressant, dans la mesure où elle nous restitue presque fidèlement les frontières entre le royaume de France et ses voisins.

Les prévôts, théoriquement chargés de la gestion, n'en rendirent pas un compte exact.

Puis, tout fut oublié. La guerre de cent ans venait d'éclater.

L'ATTITUDE DES AUTRES SOUVERAINS D'OCCIDENT

Par contre, il demeure une énigme non résolue. Jacques de Molay revient de Chypre avec le Commandeur de Chypre, abandonnant, pour ainsi dire, les Templiers de l'île à leur sort.

Lorsqu'il est arrêté et que les bulles pontificales sont envoyées aux différents souverains d'Europe, les Lusignan de Chypre le reçoivent. Que font-ils ? Obtempèrent-ils immédiatement ? Refusent-ils ? Mettent-ils beaucoup de réserves ? L'histoire est muette sur ce point, si l'on parle beaucoup de l'attitude des autres pays d'Europe, le Portugal par exemple.

On sait que des Templiers furent arrêtés à Chypre et leurs maigres biens dévolus aux Hospitaliers, alors à Rhodes, à partir de 1312. Nous écrivons « maigres biens » car les Templiers, qui curieusement n'ont jamais songé véritablement à Chypre comme base arrière, n'y possédaient que trois commanderies, avec les terres avoisinantes et deux châteaux forts. Mais, qu'en fut-il de la maison chevêtaine à Limassol où théoriquement devait se trouver le « trésor » des Templiers, ou au moins celui servant à gérer leurs biens ?

Nul n'en parle et nous n'avons, pour notre part, pu trouver aucune trace de son existence et de sa disparition. Toutes les archives ont été détruites, au cours des guerres incessantes entre Grecs et Turcs, et les archives de la famille Lusignan sont vierges de tout document à cet égard. Deux cas de figure seulement : ou leurs coffres étaient – comme ceux de la maison du Temple à Paris – désespérément vides, ou les rois de Chypre en ont fait leur affaire.

Qu'il s'agisse du Saint Empire Romain Germanique, de l'Italie, du royaume de Provence et de Naples, la disparition du Temple arrangeait bel et bien les affaires de ces royaumes.

Les Templiers qui ne finirent pas en prison, dans un couvent, ou sur le bûcher, rejoignirent les ordres chevaleresques mis en place, naturellement, par les souverains concernés. Sans amener leurs biens, comme le voulait l'usage, puisqu'ils n'en avaient plus. Et, comme depuis 1291 plus aucun don ou legs n'affluait au Temple, on peut raisonnablement penser, qu'indépendamment des très lourds tributs payés aux Mamelouks, la soi-disant richesse du Temple n'était plus qu'un vain mot et seulement l'expression d'une grandeur passée, et malheureusement disparue [10].

Il n'est donc pas possible de retenir la thèse financière pour justifier de l'assassinat des Templiers, même si elle a pu, un instant, tenter le roi. La dévolution de leurs biens aux Hospitaliers, s'accompagnant d'une redevance, ne permet pas de penser que ce fut là, la seule raison du magnifique complot ourdi par Nogaret.

Il existe d'ailleurs une contradiction flagrante dans cette thèse, qui veut que différents rois de France – Saint Louis,

10 Il ne faut pas perdre de vue qu'en 1230 déjà, le pape Grégoire IX refusa de faire la paix avec Frédéric II, s'il ne restituait pas aux Templiers les biens qu'il leur avait captés, en Sicile et dans les Pouilles. Il dut alors s'exécuter. Par la suite, Grégoire IX demanda également aux Templiers de l'aider à se débarrasser de ce même Frédéric II en Terre Sainte, ce qui explique parfaitement son animosité à leur égard.

Philippe III et lui même Philippe IV – aient décidé l'amortissement général des biens dévolus au Temple, c'est-à-dire leur appartenant définitivement, et le fait de vouloir les leur reprendre.

Il existe aux Archives Nationales deux documents en latin concernant cette affaire :

- un accord entre Philippe III et les Templiers, au sujet des droits et privilèges du Temple de Paris
- et surtout l'amortissement général des biens du Temple par Philippe Le Bel, en juin 1304 [11].

ÉTAIT-CE UNE BONNE AFFAIRE ?

Même si les Hospitaliers durent finalement acquitter, pour l'octroi des biens du Temple, une somme évaluée à 230.000 livres tournois, les archives montrent bien qu'ils mirent près de sept années pour le faire car, après la mort de Philippe Le Bel, ses successeurs durent batailler ferme, pour obtenir le paiement de cette étrange redevance.

Même si certaines valeurs saisies furent dispersées sur différents marchés, même si certains dépôts d'argent furent détournés de leurs véritables propriétaires, cela ne constitua jamais des sommes considérables.

Lorsque nous avons examiné le Temple comme étant une banque de dépôt, nous n'avons pas manqué de souligner qu'il tenait les comptes, non seulement du roi, mais de sa famille et, qu'à la chandeleur de chaque année, les dits comptes étaient présentés à leur véritable détenteur. On ne voit pas le roi spolier les membres de sa famille, au prétexte que leurs avoirs étaient détenus au Temple, encore que son attitude puisse faire admettre le fait.

11 Ces documents sont cités par Henri de Curzon dans son ouvrage : La Maison du Temple à Paris, et le second figure aux Archives Nationales sous la référence K34.m'24.

Dès lors, il devint très difficile, en raison précisément de l'habilité manœuvrière du roi, et de ses conseillers, de continuer à prétendre que seule la crise financière du royaume a provoqué l'arrestation des Templiers, au motif de saisir leurs biens pour combler le déficit budgétaire. Trop d'obstacles juridiques, ecclésiastiques, géographiques, s'opposaient à cette mainmise immédiate qui, si elle avait été réalisée dans les mêmes conditions que pour celle des lombards et des juifs, eut pu rapporter effectivement beaucoup d'argent.

Sans négliger l'aspect financier du problème templier, qui fut long à résoudre, et dans des conditions difficiles, puisqu'à la mort même des fils de Philippe IV les Hospitaliers tardaient encore à acquitter leur redevance, il faut donc considérer que l'assassinat programmé des Templiers n'avait pas pour seule raison de s'approprier leurs biens, comme certains historiens ont eu tendance à l'affirmer.

CHAPITRE XIII

LE CONCILE DE VIENNE
RAYMOND LULLE – JACQUES DE THÉRINES

Nous avons choisi d'analyser le Concile de Vienne, qui prononça la dissolution de l'Ordre du Temple, du point de vue de la défense, présentée par d'étranges avocats qui n'étaient pas Templiers.

Dans le cadre de cette thèse sur l'assassinat programmé des Templiers, il nous a paru effectivement intéressant de présenter l'articulation de cette défense, sensiblement différente d'ailleurs suivant qu'il s'agit de Raymond Lulle ou de Jacques de Thérines, dont nous allons examiner le comportement dans ce drame.

LE CONCILE DE VIENNE

Vienne donc était terre d'Empire, du Saint Empire Romain Germanique.

Située sur la rive gauche du Rhône, relevant du Comté de Savoie, avec, en face, le royaume de France, à quelques lieues de Lyon également.

Pour l'histoire, il convient de rappeler qu'un grand archevêque de Vienne, l'illustre Jean de Bernin, fut l'un des amis fidèles de l'énigmatique empereur, Frédéric II de Hohenstauffen.

On escomptait trois cents évêques. On parla de huit cents. Il en vint exactement cent quatorze.

Ouvert le 16 octobre 1311, le concile de Vienne se sépara en mai 1312. Beaucoup d'évêques, sans parler d'abbés envoyés en tant qu'observateurs, prirent plus ou moins le concile en marche. Le roi de France, pourtant au premier chef intéressé, se fit attendre à défaut de se faire prier.

Parce qu'il ne dépendait en principe que de la juridiction papale, et qu'une bulle l'avait établi, seul le Pape pouvait mettre un terme aux activités de l'Ordre du Temple.

Or, les papes, bien que corrompus, prévaricateurs, népotiques, simoniens, avides de richesses et d'honneurs, n'étaient pas aux ordres du roi de France, même si celui-ci usait à leur égard de toutes les ressources susceptibles de les amener à composer. On se souvient de Guillaume de Nogaret souffletant Boniface VIII à Agnani.

Mais, il semblerait que Philippe IV disposât à l'encontre de Bertrand de Cot, alors archevêque de Bordeaux, d'un levier puissant l'amenant précisément à négocier : l'élection papale assurée en échange de la condamnation, c'est-à-dire la dissolution de l'Ordre.

Le pape Clément V, pour des raisons historiques tenant à la complexité des relations diplomatiques, sur lesquelles nous n'avons pas à nous étendre, résidait à Poitiers [1] et non plus à Rome. S'il voulait à son tour recouvrer pleinement son intégrité territoriale et son influence temporelle, à défaut de spirituelle, il lui fallait s'imposer. Par quel biais ? L'idée du concile lui fut soufflée par le Cardinal Nicolas de Prato, en même temps que le choix de la ville.

1 Avant de transférer son siège en Avignon.

Un concile est une réunion extraordinaire d'évêques de toutes les nations, destinés à se prononcer sur un certain nombre de points liturgiques, depuis l'interprétation des canons bibliques jusqu'à l'édification des règles monastiques, occasion, au passage, de régler discrètement des comptes.

Si Clément V arrivait à rassembler suffisamment d'évêques, alors sa suprématie pourrait se réaffirmer et il en sortirait grandi. Peut-être même pourrait-il retourner à Rome ?

Un concile arrangeait aussi les rois et autres empereurs. Nous parlions de règlements de comptes. C'était l'opportunité de le convoquer, sous couvert d'une étrange proposition capable, semble-t-il, de faire l'unanimité. Il ne s'agissait pas moins que de prêcher une croisade, une autre croisade, la neuvième en quelque sorte [2].

C'était une bien curieuse idée en vérité et que rien ne pouvait justifier.

La Terre Sainte était définitivement perdue, depuis la sinistre défaite de Saint-Jean-d'Acre en juillet 1291. Il ne restait plus une place forte en possession de l'éphémère royaume franc de Jérusalem.

Mais, en même temps, les poussées hégémoniques en Europe se faisaient jour à travers les premières guerres de succession. Que l'on songe à l'extraordinaire imbroglio politique, créé par le divorce d'Aliénor d'Aquitaine d'avec le roi de France et son remariage avec Henri II d'Angleterre, à qui elle apportait en apanage le quart de la France. Ce qui fut à l'origine de la guerre de Cent Ans, quelques mois après la mort de Philippe Le Bel.

2 Lilian Wetzel - *Le Concile de Vienne* - page 14 à 23.

Une croisade en 1311/1312 ? Cela laisse rêveur. Il suffit de regarder une carte.

Les Mongols sont repartis dans leurs steppes. Les Arabes sont définitivement passés sous domination égyptienne. Un immense empire, qui allait devenir rapidement l'empire ottoman, est en train de se mettre en place, depuis l'Égypte jusqu'à Constantinople, en remontant le long de la côte méditerranéenne et englobant Damas... Et, qui aboutira à la prise de Constantinople un siècle et demi plus tard, avec des armées immenses.

Que l'on songe à Saint-Jean-d'Acre. A peine vingt mille Croisés contre cent quarante mille Fatimides et Turcs. Même si les chiffres sont exagérés – mais comme ils sont en général donnés par les commentateurs arabes eux-mêmes, peu suspects de vouloir minimiser leur victoire – on arrive à des armées impressionnantes.

Saint-Jean-d'Acre fut un véritable massacre. Et, si on excepte les curieux raids de Jacques de Molay en 1303, notamment à Tortosa [3], plus aucun Franc n'avait depuis vingt ans remis les pieds en Palestine. Alors pourquoi ?

Le concile ne donna jamais de raisons susceptibles d'emporter l'adhésion, sauf les classiques : reconquérir le tombeau du Christ etc.

Philippe IV parla également de se croiser si le sort – mais lequel – lui était favorable, sans aller cependant jusqu'à en donner la date.

Né en 1232 à Palma de Majorque, ami des princes, des rois et des papes, Raymond Lulle allait et venait entre l'Orient et l'Occident. Un singulier homme que ce Raymond Lulle. Mystique, évangélisateur, alchimiste, grand voyageur ou plu-

3 Cf. la carte des dernières possessions franques en Orient après 1291 (document n° 9, à la fin du chapitre VII).

tôt grand aventurier, il aurait rencontré Jacques de Molay à Chypre en 1302 [4].

Il encouragea très vivement, avec forte argumentation, cette ultime croisade. Cependant, c'était un homme seul. Éminemment reconnu certes, mais ne s'appuyant en principe sur aucun ordre hospitalier, aucune armée, aucun ordre monastique.

Il eut d'innombrables discussions avec un nombre non moins considérable d'hommes importants. Parvint-il à les convaincre ? Nous ne le saurons jamais. Mais, l'histoire du concile parla de cette idée de croisade, si la bulle le clôturant ne le mentionna pas.

Alors, Raymond Lulle ? Qui était-il en vérité ? Nous voulons dire l'homme énigmatique derrière le mystique, le voyageur, le poète, l'homme seul à nouveau qui va tenter une bien singulière entreprise de rénovation.

Un point, intuitif celui-ci, peut venir à l'esprit. Qui en dehors du Pape – qui ne n'en souciait pas le moins du monde – et du roi de France – seulement par jeu politique – pouvait véritablement s'intéresser, et s'intéresser encore à la Terre Sainte si ce n'était un Templier ?

Il y eut effectivement une réforme liturgique, d'ailleurs mineure, un renforcement des règles monastiques, mais rien de bien important.

Et, surtout, la dissolution de l'Ordre du Temple fut prononcée, donnant lieu à d'âpres marchandages, sans parler de menaces. Lorsque ce fut fait, Philippe IV entra dans Vienne. Il était le seul roi de toute l'Europe. Les autres ne s'étaient pas dérangés [5].

Ce fut en vérité un marché de dupes. Jamais il ne put mettre la main sur « l'inestimable trésor » des Templiers. Il

4 Cf. *Raymond Lulle* page 277 - Jean-Claude Frère. Edition Culture Art Loisirs - Paris 1972 - Thèse de doctorat à la Sorbonne en 1972.
5 Bulletin des Amis de Vienne - *Les Clémentines* - page 5 à 7.

n'avait cependant pas ménagé sa peine. N'avait-il pas soumis à ceux-ci la curieuse idée de devenir leur grand maître et que la charge soit déclarée transmissible héréditairement ?

A cet égard, le cardinal de Béziers présenta un mémoire, où il était demandé que le fils de Philippe Le Bel revêtit l'habit du Temple[6]. Mais, la proposition n'eut pas de suite.

Le roi mit sous séquestre les biens fonciers du Temple en 1307 mais, il dut les rendre à leurs propriétaires légitimes car on s'aperçut alors, par les cartulaires, que l'ensemble des biens du Temple était détenu par de nouveaux propriétaires, dont il fallait se méfier. Edouard II d'Angleterre, par exemple, pour toutes ses possessions françaises en vassalité, ou l'empereur d'Allemagne pour l'Est, ou les rois de Navarre et d'Aragon pour le sud. Sans parler de terres que Clément V « accepta » de vendre au futur ordre de Malte.

LA STRATÉGIE DE DÉFENSE DE RAYMOND LULLE

Au plus fort de la bataille et, même lorsque sept chevaliers du Temple font irruption, selon la légende, dans la cathédrale Saint-Maurice pour défendre leur Ordre, en menaçant de faire intervenir deux milles Templiers basés près de Vienne à la commanderie de Vaulx, suivant certains historiens, il ne prend pas parti.

Il parla cependant de fondre l'ensemble des ordres hospitaliers en un seul ordre. Ce qui convenait au Pape, aux différents rois, mais non à l'Empereur d'Allemagne qui se réservait les chevaliers teutoniques. L'idée était d'ailleurs très subtile.

Les unir, c'était d'abord gommer les rivalités, mais surtout soustraire à nouveau à la vindicte de Philippe Le Bel, les Templiers non encore condamnés.

6 Il ne faut pas oublier que les Templiers accordèrent exceptionnellement l'affiliation honorifique au pape, Innocent III, qu'ils refusèrent plus tard à Philippe IV.

En fait, peu d'historiens se sont réellement intéressés au concile de Vienne. Il n'existe que deux ouvrages sur le sujet. Mais, aucun ne parle de cette curieuse tentative et de croisade et de rapprochement des ordres hospitaliers.

Raymond Lulle mena un combat de retardement. Pour gagner du temps, tout autant que pour diviser les protagonistes. Il y parvint en partie, puisque Clément V et Philippe IV se séparèrent l'un de l'autre, insatisfaits. Ils ne devaient d'ailleurs plus jamais se revoir.

Raymond Lulle base, nous l'avons vu, sa stratégie sur l'impérieuse nécessité de prêcher à la fois une nouvelle croisade et de fusionner tous les ordres chevaleresques. Il est évident que si quelqu'un parvenait à rassembler, sous un même manteau à croix, les Teutoniques, les Hospitaliers, les Templiers et tous les autres ordres, avec un seul et même grand maître, la partie mériterait d'être jouée.

Si, en plus, ce même grand maître de tous les ordres est proclamé roi de Jérusalem, on détiendrait une carte majeure.

Raymond Lulle se fait fort, auprès de Clément V, d'obtenir des Templiers de passer sous la même bannière que leurs ennemis jurés.

Le problème du grand maître n'est pas difficile à résoudre, Philippe Le Bel voudrait l'être, mais il faut s'installer à Jérusalem et abandonner le royaume de France. Alors, quelque personnage recommandé par lui, un de ses fils par exemple ?

« Supposons », peut avancer Raymond Lulle à Clément V, « que Jérusalem soit plus facile à conquérir qu'il n'y paraisse… » Car, c'est cela qui effraie le Pape. Il revient d'Orient, Raymond Lulle. On pourrait bien prendre en tenaille la cité sainte, peut-il suggérer, si les Mongols se mêlaient à la partie [7].

7 *Raymond Lulle* – Jean-Claude Frère page 155 et suivantes.

Si sa démarche réussit, il fait coup double. Il réhabilite les Templiers, leur procès n'a plus lieu. Ils rentrent dans le rang, tout le monde y trouve son compte et ils sont sauvés.

Le système de Raymond Lulle échoua sur un point du droit canon, auquel il ne dut pas prêter l'attention nécessaire.

Sa proposition s'articulait sur trois axes. D'abord, fusion ou confédération des différents ordres, sous la seule autorité d'un magistère suprême qui aurait pu être un membre de la famille royale. Le frère du roi, par exemple, à défaut de celui-ci. La nomination simultanée de ce grand maître en tant que roi de Jérusalem, à condition bien évidemment que celle-ci fut à nouveau reconquise. Le troisième volet était la liberté des cultes à Jérusalem et dans les nouveaux territoires francs.

Raymond Lulle pensait assurément à la situation antérieure à 1095 à l'époque où, sous domination musulmane, Jérusalem était libre d'accès à tous les pèlerins quelle que soit leur confession. Et là, il trouva des adversaires non dans les rangs du roi, mais dans ceux du Pape, qui décidément n'avait rien appris, ni rien compris. Pas question d'une liberté du culte et encore moins de l'exercice de cultes différents dans une même enceinte sacrée. Ils en firent même la clef de voûte de leur résistance à laquelle Raymond Lulle ne s'attendait pas [8].

Il tergiversa, louvoya, présenta des contre-propositions. Rien n'y fit. Il n'était pas question de rétablir une liberté quelconque de cultes à Jérusalem. La mort dans l'âme, il dut s'incliner.

8 Il fut prêté à Philippe IV l'intention de " racheter " tant aux Lusignan de Chypre qu'aux Angevins de Naples, tous deux copropriétaires des droits sur la couronne de Jérusalem, ces mêmes droits qui deviendraient ainsi propriété du royaume de France.

JACQUES DE THÉRINES, L'AUTRE PERSONNALITÉ DE LA DÉFENSE

Jacques de Thérines est docteur en théologie. Il enseigne à Paris tout en étant supérieur d'une abbaye cistercienne, Pontigny.

La coïncidence n'est pas innocente, qui veut que ce soit lui qui se charge de la véritable défense du Temple. Mais, qui le lui a demandé ? Est-ce une initiative personnelle ? Sa dialectique est assez habile. Puisqu'ils sont coupables, de quoi le sont-ils d'abord et a-t-on également recueilli des preuves à contrario ?

Quoi qu'il en soit, dès l'hiver 1311 – 1312, Jacques de Thérines adresse simultanément une supplique au roi de France et au pape, ainsi qu'à tous les dignitaires ecclésiastiques chargés de l'instruction. L'ensemble de l'argumentation de Jacques de Thérines, reprise ci-après, est extraite de son plaidoyer figurant à la Bibliothèque Nationale [9].

Jacques de Thérines a pu préparer sa défense, en la faisant d'abord circuler amplement, puisque les instructions du Pape s'étendaient à l'ensemble de l'Europe.

Il voyage également beaucoup, s'informe, et recueille auprès des autorités pontificales les premiers aveux et les chefs d'ac cusation. Il va d'ailleurs soigneusement choisir les points forts de l'accusation, ou du moins ceux qui, aux yeux du grand public comme des accusateurs, semblent incontournables.

Avril et mai 1312, à nouveau. Fin du concile de Vienne.

Jacques de Thérines y participe, avec Raymond Lulle. Il n'est pas impossible, voire même certain, que les deux hommes se soient rencontrés. Ne poursuivent-ils pas le même but ? Les conseillers du roi et du Pape ont d'ailleurs fait valoir, que n'avoir aucun défenseur du Temple ferait précisément

9 Bibliothèque Nationale - Tome 34 - page 193 à 200 - Côte B.35. *Ouvrage des religieux bénédictins, Histoire Littéraire de la France*, Paris.

paraître très spécieux et douteux les chefs d'accusation. Par ailleurs, la présence de tels avocats prouvait à l'évidence que l'affaire était jugée sérieuse.

Et, c'est bien pourquoi leurs deux systèmes de défense, complètement opposés en apparence et fort semblables au demeurant, constituent un singulier coupe-feu, puisque le résultat est de faire traîner les choses.

Plus de cent dix évêques, abbés, cardinaux, sans compter les envoyés des souverains d'Europe, ont sous les yeux les résultats des enquêtes menées depuis 1307, même si certains pays ont été réticents à les mener. On a donc les résultats. Et, Jacques de Thérines les commente.

Ces résultats, ils sont accablants pour les accusés d'une part, et dangereux pour les accusateurs d'autre part. Les aveux, on l'a vu, sont bien complets, trop complets, trop beaux pour être vrais. Mais, s'ils sont dangereux, c'est surtout parce qu'ils sont contradictoires. Jacques de Thérines va reprendre quatre d'entre eux :

LES ARGUMENTS DE JACQUES DE THÉRINES

Les Templiers sont partis combattre en Terre Sainte pour leur salut d'abord, pour celui des donateurs à l'Ordre et enfin pour conquérir ou reconquérir Jérusalem. C'est officiellement la grande raison. Et, elle est valable et reconnue.

Ce sont des chrétiens et ce sont ces mêmes personnes, ces mêmes Templiers qui vont à présent cracher sur la croix, blasphémer, renier le Christ ?

Il y a quelque chose d'inexplicable entre la raison profonde de leur engagement et la réalité à laquelle ils sont confrontés. De plus, il existe un retournement complet de leur attitude. S'ils étaient au départ des « suppôts de Satan », cracher sur la croix relèverait alors de messes noires. Point besoin d'entrer au Temple pour cela. Première contradiction.

Ils ont tous avoué quelque chose – sous la torture – car jusqu'à ce que la torture morale et physique n'apparaisse, point d'aveux ou alors peu significatifs. Des broutilles : serment d'ivrogne, beuverie, détournement de fonds... du courant, du banal.

Dès que l'inquisition s'en mêle, on assiste à une avalanche d'aveux : sodomie, baisers obscènes, crachat sur la croix... on n'a rien oublié. Bref, tout y est et même plus encore.

Si l'Ordre du Temple, qui est un ordre de moines-soldats, un ordre chevaleresque, est constitué ainsi d'un ramassis de profanateurs en tout genre, ce qui est valable pour lui, l'est a fortiori pour tous les ordres relevant de la même idée et de la même autorité. Et, c'est très grave.

A-t-on fait comparaître des membres des Hospitaliers, de l'ordre de Saint-Esprit, des Teutoniques ? Il ne faut pas aller trop loin, car tous les ordres risqueraient d'être mis en accusation et les prisons du roi ne seraient pas assez vastes. Faut-il laver le linge sale en famille ou... ? Deuxième contradiction : il y a trop d'aveux.

La liste est parfaite, complète et donc dangereuse par extension aux autres ordres. Ce qui est valable pour l'un, l'cst forcément pour les autres [10].

Elle peut s'analyser d'un point de vue financier, à savoir la non-utilisation, à des fins chrétiennes, de l'argent donné ou mis en dépôt au Temple, et à la soi-disant conversion à l'Islam.

• Détournement de fonds ? Il s'agit de transferts commerciaux normaux, initiés par les lettres de change. S'il n'y a pas

10 Faisons nôtre la réflexion attribuée à Voltaire écrivant ironiquement " qu'ils étaient bien bêtes de maudire une religion qui les avait si bien nourris pendant deux siècles. "

d'argent ici, il y en a ailleurs. C'est un jeu d'écritures. Tout le monde peut comprendre cela.

Évasion d'argent ? Il s'agira plutôt de transferts d'argent d'Occident en Orient, qui en consomme de plus en plus. Disparition d'argent ou argent non comptabilisé ? On entre ici dans une sphère sur laquelle il faut s'aventurer à pas très mesurés, car il y a eu des prêts consentis, sans trace apparente, et consentis à qui... aux seigneurs, évêques, aux papes et aux rois. Et, à qui le propre roi de France a-t-il confié la gestion du trésor royal en 1295 ? Question très, très embarrassante, car la réponse est : au Temple.

•Conversion à l'Islam. Il ne faut pas, à nouveau, se tromper de croisade. Pour un Saint Louis, qui partait bravement sur son cheval blanc, convaincre par la force les infidèles à la foi catholique, avec le succès que l'on connaît, les Templiers opposaient une démarche plus en profondeur. Se noyer dans la masse, adopter les us et coutumes musulmanes, se vêtir comme eux et prier comme eux, ou avec eux, comme avec l'ambassadeur Ibn Usàma, dans une mosquée, celle d'Omar. Est-ce cela se convertir, ou amener par son exemple des adeptes à une autre foi ?

•Poursuite de buts différents de ceux de la chrétienté. Les Templiers sont restés plus de deux siècles en Orient. Ils y ont encore des établissements commerciaux et bancaires. Chypre est à quelques heures de Tortosa. Ils connaissent bien le pays. Les Croisés qui arrivaient en Terre Sainte brûlaient pour la plupart simplement d'en découdre avec les « infidèles ». Ils étaient venus pour cela. Les Templiers établis en Orient n'arrêtaient pas de manœuvrer, on l'a assez vu dans d'autres chapitres. Ils ont très souvent payé les pots cassés et ils sont restés quand les Croisés, eux, repartaient.

•Reniement du Christ. « Mais de quel Christ parlons-nous », dira Jacques de Thérines ? « Nous avons chacun d'entre nous une vision du Christ différente du voisin. Nous, les cisterciens, avons les premiers proclamé qu'il devait s'agir d'un Christ en majesté, celui qui figure d'ailleurs en bonne place aux vantaux des portes des cathédrales et non un Christ torturé, souffrant. Renier, certes non. Mais, avoir une vision différente, oui. »

Considérons ensuite le phénomène de masse.

Les premiers Templiers, vers 1130, sont de grands Templiers, dans tous les sens du terme. Puis, ils devinrent des milliers. Puis, des dizaines de milliers. Rien qu'en Terre Sainte ils devaient être, dans les années 1240/1250, près de dix mille au total [11]. L'instruction, la formation a fait défaut certes. La vision du Christ a été trop schématisée.

Ce qui passait pour une adaptation pour les uns devenait reniement aux yeux des autres, c'est-à-dire des Templiers eux-mêmes.

L'Église de Rome est dite l'Église de Pierre et cet apôtre, est-il besoin de le rappeler, n'a-t-il pas par trois fois véritablement renié le Christ ? Comment a-t-il fini ? sur le trône pontifical.

La quatrième contradiction est relative à l'attitude même des accusés. « Regardez », aurait-il pu dire, « ces Templiers qui finalement préfèrent la vie après la mort plutôt que le déshonneur, provoquant ainsi un légitime sursaut d'orgueil et de dignité. » La plupart se rétractèrent et finirent courageusement. Et, cela frappe davantage également les imaginations, comme si Jacques de Thérines avait inconsciemment désiré, qu'ils laissent dans la mémoire du Moyen-Âge un impérissable souvenir.

11 Il s'agit encore une fois non seulement des chevaliers du Temple mais des frères sergents, des écuyers, des turcopoles, des archers montés arabes mercenaires, des frères servants c'est-à-dire carriers, charpentiers, forgerons et des frères casaliers s'occupant des travaux des champs, sans parler des chapelains, prêtres, matelots, dépendant du Commandeur de la Voûte d'Acre.

A ce niveau, on peut donc parler d'une action à double portée. La contradiction est soulignée, et rapportée partout, et la fin des Templiers devient sublime, légendaire, comme dans une épopée lyrique.

Car si l'ensemble des Templiers avait fini en prison, que serait-il advenu d'eux dans l'esprit médiéval ? Des coupables d'abord, de pauvres hommes, qui finalement avaient mérité ce qui leur advint. Mais là, l'image des bûchers allumés un peu partout flambe elle aussi dans le légendaire de l'époque, puisque c'est ce qui aura été retenu en dernier lieu par l'Histoire.

L'œuvre de Jacques de Thérines est donc lourde de conséquences. Il aura paradoxalement, et avant sa fin dernière, réhabilité l'Ordre des Templiers.

L'argumentation de Jacques de Thérines fût très écoutée, et lue, car largement diffusée. Elle choqua les consciences par sa précision implacable. Elle étonna car la présentation des faits sonnait juste. Mais, au dernier moment, rien n'y fit également, comme dans le cas de Raymond Lulle. Les ennemis étaient trop puissants.

LE VERDICT

Il advint toutefois ce qu'il avait prédit et annoncé. La plupart des Templiers se rétractèrent et finirent sur le bûcher, un peu partout. Et, l'on alla jusqu'à dire que ce que Jacques de Thérines avait prédit dans son argumentation s'était finalement réalisé, au niveau de sa troisième contradiction.

Et, le mérite des deux hommes n'en est pas moins grand. Il s'agissait d'êtres d'une haute renommée spirituelle, reconnue de tous, jouissant d'un puissant charisme et, pour Raymond Lulle, à l'échelle européenne et orientale. Les discours de Jacques de Thérines, abbé cistercien, étaient connus de toutes les abbayes cisterciennes d'Europe.

Bref, ils disposaient d'une large audience et d'un vaste public. Ils fréquentaient les grands de ce monde, parlaient plusieurs langues et étaient très estimés. Ils disposaient donc d'un certain pouvoir, s'ils n'avaient pas de troupes.

C'est pourquoi, il est vraisemblable d'invoquer qu'il y eut d'abord concertation entre les deux hommes car il leur appartenait, ou plutôt disons le mot, il leur convenait de changer l'orientation prise. Ils se sont élevés, chacun à leur manière, contre les accusations à partir de deux systèmes de défense étonnants. Rien ne les y obligeait. Personne ne le leur avait demandé, même pas les Templiers.

Personne, à aucun moment des sept années de ce long procès, n'a cherché à savoir s'il y avait un avocat pour la défense. Par ailleurs, et ce point mérite d'être souligné, aucun des hauts dignitaires de l'Ordre – et en 1307, ils n'étaient pas tous arrêtés – ne se préoccupe de présenter une défense devant les charges accablantes et les réfuter, publiquement ou devant une autorité ecclésiastique.

Il est vrai qu'à deux reprises, deux Templiers d'Auvergne ont essayé de contrer la charge d'accusation : Bertrand de Sartiges et Guillaume de Chambonnet, qui seraient venus à Clermont ou au Puy, présenter une défense sous forme d'une supplique. Mais, cela concernait seulement le prieuré d'Auvergne et les Templiers arrêtés dans la région.

Donc, rien de général. Aucune défense élaborée au niveau européen. Car il faut bien percevoir que la défense de Jacques de Thérines fut entre les mains de centaines de dignitaires ecclésiastiques de tous les pays. Elle fut largement commentée, discutée, divulguée... Celui qui a écrit cette défense dispose, sans qu'on y prenne garde, d'un merveilleux outil de communication. Il a le pouvoir de l'utiliser et il ne s'en prive pas. Il est généralement ignoré dans la plupart des ouvrages, alors que précisément son rôle est évident.

AVOUER OU MOURIR

En 1312 la plupart des Templiers, arrêtés, torturés, ayant avoué, ont désormais le choix, donc en tant que coupables, entre :

• Maintenir leur déposition et finir en prison le reste de leurs jours, obtenir peut-être une certaine clémence à leur égard, aller se faire pendre ailleurs... bref, s'en sortir.

•Ou se rétracter. Revenir sur leurs dépositions, et ajouter par la même un blasphème de plus, à une liste déjà fort longue et finir par contre, dans les flammes, brûlés vifs, sur le bûcher.

1314 marque bien la fin de Jacques de Molay dans l'Ile de la Cité à Paris.

Jacques de Molay et Geoffroy de Chanay s'entendent donc condamner à la réclusion perpétuelle, alors qu'apparemment le roi – et le pape ? – leur avait promis la vie sauve et la liberté. Du même coup, ils se révoltent – enfin – et nient les faits qui leur ont été reprochés. Ils sont livrés au Prévôt de Paris et Philippe IV décide qu'ils seront brûlés, le soir même du 18 mars 1314.

Mais, entre 1308 et 1312, les officiers du roi n'ont pas attendu pour brûler allégrement les Templiers. Or, l'argumentation de Jacques de Thérines consiste précisément à présenter les rétractations de la plupart, comme une quatrième contradiction. Car entre finir, peut-être misérablement, mais en vie quand même, ou finir sur le bûcher, il y a une différence considérable d'attitude. Et, elle concerne la plupart des Templiers.

Ce n'était peut-être pas des héros, les Templiers de ce début du XIVème siècle. Ils n'avaient peut-être pas combattu en Terre Sainte et Saint-Jean-d'Acre, quelques années plus tôt, était loin.

Peut-être certains d'entre eux avaient-ils combattu les Mongols aux marches polonaises, ou les musulmans dans la péninsule ibérique. La plupart même devait être âgée. Ce n'était peut-être pas des héros mais, des hommes courageux qui finalement préférèrent les flammes du bûcher au déshonneur.

CHAPITRE XIV

TENTATIVES D'EXPLICATION ET EXAMEN DES CONTRADICTIONS

Bien qu'il ait été une organisation supranationale, ne relevant que de l'autorité pontificale, l'Ordre du Temple a été constitué à l'origine par Hugues de Payen en terre française. La majeure partie de ses forces militaires était d'origine française également, la France étant prise dans la large acceptation du terme au Moyen Âge, c'est-à-dire, exploitant des territoires relevant aussi bien des Plantagenêts que des Hohenstauffen.

Graduellement, la volonté de Frédéric II et des Plantagenêts d'avoir à leur disposition des ordres mi-hospitaliers mi-chevaleresques, ne relevant temporellement que de leur autorité, réduisit véritablement l'Ordre du Temple à n'être qu'un Ordre de France, même si, à l'évidence, des Templiers ont existé en Espagne, Portugal, Italie etc.

De la même manière, la disparition d'une suprématie spirituelle des papes – vacance du siège de Saint-Pierre, coexistence de papes et d'antipapes, exil en Avignon – mit un terme à leur autorité sur les ordres militaires et religieux, à commencer par celui des Templiers.

De ce fait, l'Ordre du Temple n'eut, vers la fin du treizième siècle, de l'importance que dans l'état monarchique de Philippe Le Bel et constitua véritablement un état dans l'état, ce que l'absolutisme de ce dernier ne pouvait tolérer.

UNE POLITIQUE DIRIGÉE CONTRE LE TEMPLE

C'est bien pourquoi les croisades des états latins d'Orient, ayant été littéralement portées à bout de bras par les ordres militaires, le déclin puis la chute de ces états entraînèrent tout naturellement le même résultat pour ces ordres.

Vouloir une autre croisade, la fameuse neuvième croisade, allait à l'encontre du piège imaginé par Philippe Le Bel. Organiser une croisade, reprendre les lieux saints, se réinstaller en Orient, impliquait à nouveau la main mise de l'Ordre du Temple sur l'Orient. Les musulmans ne s'y sont pas trompés, qui voyaient bien dans les Templiers leur pire ennemi, la force armée la plus redoutable même si, et c'était un but politique, ils acceptèrent des compromis avec l'Ordre.

Désormais, la lecture des propositions d'alliances rejetées des Ilkhans de Perse à Philippe Le Bel se fait différemment. Il n'y sera pas répondu ou par des atermoiements. Même si en 1312, Philippe Le Bel parle à nouveau de se croiser, les jeux sont faits.

Indépendamment du fait que les lettres citées en référence constituent véritablement les premiers documents à notre disposition à cet égard, les correspondances longtemps échangées entre Rome et les Khans de Perse prouvent à l'évidence ce désir de reconquérir la Terre Sainte. Les Mongols n'allaient-ils pas jusqu'à prétendre qu'ils avaient reconquis

Jérusalem ? Et Riccardo de Monte-Croce, qui vécut à cette date, de penser qu'ils l'avaient peut-être fait [1, 2].

Ce point nous a été confirmé par le descendant actuel, le prince Guy de Lusignan.

.Peut-on perdre la même guerre deux fois ?

Une seule cause produisit deux effets, à vingt ans d'écart. A notre avis, le refus de Philippe Le Bel de s'allier aux Mongols contre les Mamelouks était dirigé contre l'Ordre du Temple.

Si une alliance avait été conclue avec les Mongols et si la fameuse neuvième croisade, dont on parlait tant, avait été montée à la même période, la puissance égyptienne eut été abattue, les cartes du Proche Orient redistribuées et l'Ordre du Temple plus puissant que jamais, malgré les pertes inévitables.

Le principal responsable de la chute de Saint-Jean-d'Acre est Philippe le Bel. Il abattit la puissance militaire du Temple, qui faisait de l'Ordre une chevalerie invincible et redoutée.

L'héroïque défense de la cité fut connue dans toutes les commanderies d'Europe et dans toute l'Europe. Mais, l'Ordre n'existait plus militairement parlant. Désormais, on pouvait s'en prendre à lui sans risquer de représailles.

C'est pourquoi, Baïbar et ses successeurs n'ont pas attaqué les cités maritimes les unes après les autres parce qu'elles ne respectaient pas les accords d'armistice mais, parce qu'ayant

1 Référence est faite à la lettre d'Irkhun, khan de Perse, à Philippe IV – Archives Nationales – AE.J.937.

2 Cf Karl Ernst Lupprian , *Die Beziehungen der Päpste zu islamischen une mongolischen Herrschen im 13 Jahrhundert anhand Ihres Briefwechsels,* 1991, Bibliothèque Apostolique Vaticane, précédemment cité sur la correspondance échangée entre les papes et les Mongols.

appris que jamais les Francs d'Occident ne concluraient d'alliance avec les Mongols et que de ce fait ceux-ci ne reviendraient plus en Proche-Orient, il prit prétexte des inévitables violations de traités pour attaquer les dites cités qui, si elles avaient été soutenues, auraient tout aussi bien pu lui résister.

A la veille de Saint-Jean-d'Acre, le Temple est encore puissant et redouté ; la personnalité charismatique de Guillaume de Beaujeu y est pour beaucoup. La défense des derniers bastions de la Terre Sainte attire toujours les jeunes chevaliers avides de prouesses. Le Temple en tant que force militaire est impressionnant.

Et l'on voit bien là se dessiner le très habile plan ce Philippe IV. Ne pas conclure d'alliance avec les Mongols – même si on parle avec eux – ne pas s'embarquer pour une nouvelle croisade – même si l'on n'arrête pas de la proclamer – et ne pas envoyer de secours surtout.

Il a pour modèle Frédéric II de Hohenstauffen qui s'est constitué rapidement son propre ordre monastico-chevaleresque, bien à lui : les chevaliers teutoniques, tout puissant à présent aux marches de l'empire et lui obéissant aveuglement.

Mais, il ne pourra jamais obtenir des Templiers qu'ils se soumettent à sa volonté et comme il n'a pas le temps, ou l'envie de créer un autre ordre militaire, il va le faire disparaître.

L'habileté du Pape et du roi fut de faire revenir le Maître du Temple en France, alors qu'il se trouvait à Chypre, dont il n'aurait jamais dû sortir. C'est bien pourquoi, la mince affaire des Templiers apostats trouva un si bon terrain pour se développer.

Pour Guillaume de Nogaret, il ne fallait surtout pas combattre les Templiers à visage découvert ni les armes à la main, avec des épées, des armures... mais, ruiner de l'intérieur l'Ordre du Temple.

Les archives de la famille de Lusignan sont très claires à cet égard [3]. Les deux rois de Lusignan, ayant régné à l'époque, déconseillèrent formellement à Jacques de Molay de s'embarquer pour l'Europe, afin de venir s'expliquer avec le pape.

C'était fort bien vu, car mettre les pieds en Europe, où les Guillaume de Nogaret commençaient à se compter, c'était à n'en pas douter se retrouver très vite dans un cul de basse fosse.

Que serait-il arrivé si Jacques de Molay n'était pas parti et qu'il eut simplement délégué au maître pour la France, Gérard de Villers, qui lui sut s'échapper à temps, le soin de présenter la défense des Templiers aux accusations du roi de France ? Et, si le Grand Maître avait commis les grands défenseurs que l'on vit s'élever en 1312, pour illustrer une contre expertise, c'est à dire Raymond Lulle et Jacques de Thérines ? L'histoire en eut-elle été changée ?

L'Histoire s'interrogera également sur l'opportunité, pour Jacques de Molay, de prendre le parti du roi Philippe IV contre le pape Boniface VIII, lors de l'affrontement, qui devait se terminer par la mort tragique de Boniface VIII. Les papes sauront s'en souvenir et notamment Clément V.

Les Templiers avaient cessé de faire recette et on ne se privait plus de les critiquer. Du coup, on leur trouva tous les pêchés du monde. Et, on les attaqua sur le seul terrain où normalement ils auraient du être inattaquables : leur propre engagement religieux.

L'image du soldat s'estompait déjà. La figure du moine tomba par terre et les morceaux en furent éparpillés.

Curieusement, ils ne furent pas accusés sur le plan financier, même si tout le monde y pensait à commencer par les

3 Ce point nous a été confirmé par le descendant actuel, le prince Guy de Lusignan.

conseillers du roi. Le terrain de prédilection de Nogaret [4] et de Philippe IV ne fut pas financier mais bel et bien les ordures, les colportages malfaisants, les descriptions hideuses et odieuses, de quoi satisfaire la populace et les grands avec elle. Puis, on s'occupa sérieusement de leurs mouvements financiers entre gens de bonne compagnie.

A quel moment se produisit l'incident, qui sans mettre le feu aux poudres, provoqua chez Philippe IV un très amer sentiment d'humiliation ?

Nous voulons parler de l'hypothèse avancée par plusieurs auteurs, dont Michelet [5], et relative à la demande d'affiliation du roi à l'Ordre du Temple, avec l'arrière-pensée d'en devenir le Maître.

Mais, nous ne retiendrons pas cette idée car, Philippe Le Bel connaissant fort bien les rouages de la Règle, savait qu'il trouverait une très forte opposition à ce projet bouleversant l'organisation statutaire de l'obédience.

Ce sentiment exacerbé d'humiliation chez ce roi de fer dut s'accompagner d'un très vif ressentiment, car l'épisode se serait produit lorsque le roi, chassé par les émeutes, avait dû demander asile et protection aux Templiers.

Dans ce cas, il est parfaitement compréhensible que les deux attitudes – le fait d'être contraint à se réfugier chez les Templiers qui, comme on l'a vu précédemment, pouvait précisément se trouver à l'origine même de la sédition et le fait d'être rejeté car les Templiers ont deviné sa manœuvre – contribuèrent grandement à l'accélération du conflit.

Or, toute considération de personne mise à part, il faut bien considérer que les Templiers ne relevaient que des Papes et

4 Psychologiquement, il n'est pas inintéressant de noter que le grand-père de Guillaume de Nogaret fut brûlé comme hérétique à Saint Félix de Caramon en 1234 dans le diocèse de Toulouse.

5 J. Michelet – *Histoire de France* – tome III.

qu'il n'était pas question pour ces derniers de voir apparaître au sein d'une obédience, qu'ils avaient théoriquement créée pour leurs propres besoins, un souverain d'Europe aux avidités territoriales évidentes. Ne serait-ce d'ailleurs point là l'étrange attitude de Frédéric II de Hohenstauffen à l'égard des Templiers, lui qui avait prétendu être des leurs, qui fut un temps leur ami, pour devenir un de leurs plus acharnés ennemis ?

L'hypothèse reste très valable d'autant qu'au moment du concile de Vienne, comme nous l'avons étudié, Raymond Lulle ira jusqu'à proposer, avec la fusion de tous les ordres militaires – on ne parlait plus depuis longtemps de moines-soldats –, la nomination au magister suprême, sinon du roi, du moins d'un des membres de sa famille. Il pouvait bien ajouter : à titre héréditaire.

DES ERREURS FATALES AU TEMPLE

Les Templiers, entre 1298 et 1304, commirent une faute politique très grave : ils ne s'aperçurent pas que Guillaume de Nogaret et Philippe Le Bel étaient au pouvoir dans presque tous les pays d'Europe et que le pape, soi-disant chef suprême de la chrétienté, était à ce point pauvre que c'était le roi de France qui lui assurait ses fins de mois. Et, pourtant ils étaient au courant, puisque trésoriers à la fois du pape et du roi. Mais, ils négligèrent assurément les conséquences.

L'autre maladresse politique fut également de ne pas observer correctement le comportement de Guillaume de Nogaret. S'attaquant à très forte partie, ce dernier ne se hâta point, car prendre les Templiers de front revenait à susciter la réprobation générale. Il y eut également là un coup d'état silencieux, basé sur la désorganisation des Templiers comme résultat d'une gigantesque campagne d'ignominies.

Les Templiers tombèrent car ils ne surent, ou ne purent, jamais répondre à cette désinformation sournoise de l'opinion publique. Une rumeur, même fausse, surtout fausse, acquiert inexorablement un air de crédibilité lorsqu'elle est répandue par les pouvoirs publics, a fortiori par le pouvoir, que tout le monde commence à craindre et à soupçonner des pires exactions.

Philippe Le Bel sait bien, lui, que les accusations de Guillaume de Nogaret ne sont pas fondées. Mais, il fait comme si. Et, ses cousins d'Europe, qui virent grandir l'absolutisme français par l'édification non d'un royaume mais d'un véritable état, sentent bien qu'il a raison dans son projet constitutionnel.

Ils ne vont pas s'en prendre aux Templiers de la même façon mais, ils ne les protégeront pas. Car les Templiers n'ont rien fait véritablement pour se défendre, estimant curieusement qu'on ne s'en prendrait jamais à eux. Et, eux-mêmes n'élèveront pas de barricades devant l'enclos du Temple. Ce fut en fait une banale affaire de police.

Finalement, tout parut très simple aux cours européennes. Quoi ? C'était cela les Templiers. Un château fort qui n'était qu'un château de cartes. Philippe Le Bel, instigateur lui de ce coup de maître qui valait bien un coup d'état, fit bien connaître aux souverains d'Europe la très dangereuse idée des Templiers de réunir des états généraux. Les états généraux ont sans aucun doute un petit air de révolution. Chacun comprit bien le message.

Quel but final Philippe IV poursuivait-il en s'en prenant d'une manière aussi spectaculaire à l'Ordre du Temple ?

Il faut distinguer et les raisons et les objectifs poursuivis :

Le roi tira les conclusions vers la fin du XIIIème siècle de la perte définitive de la Terre Sainte.

Il parlera bien sûr d'une neuvième croisade, de se croiser

lui-même mais, n'a-t-il pas refusé d'écouter les observations des khans mongols avant 1291, à un moment où peut-être tout était encore possible ? Les croisades sont bel et bien terminées et, il a d'autres préoccupations en Europe. Il doit se battre au sud contre les Aragonais et la guerre de cent ans a commencé déjà – sous une autre forme – avec les Anglais, depuis bien des années.

Guillaume de Nogaret et Enguerrand de Marigny lui font remarquer que l'Ordre du Temple a été créé à l'époque des croisades, pour mettre à la disposition des papes une armée de métier, afin de combattre les infidèles.

Ce sont les infidèles qui apparemment ont gagné. La Terre Sainte est redevenue musulmane. Les ordres militaires et les ordres religieux-militaires n'ont tout simplement plus de raison d'être. Il reste bien sûr la péninsule ibérique mais, il y a longtemps qu'il n'y a plus de croisade à cet égard. « L'Ordre du Temple », fait observer le conseiller du roi, « n'a plus de raison d'être ».

Avec les conséquences importantes qu'on peut tirer de sa disparition, l'Ordre du Temple, en France, était un état dans l'état. Des milliers de commanderies, des milliers de soldats – rentrés de Terre Sainte par l'île de Chypre – ce qui sera examiné ultérieurement – des millions d'hectares de bonnes terres entre leurs mains, pas de paiements, de redevances, au contraire tout un système d'exemption.

La guerre coûte cher, la monnaie a été dévaluée à plusieurs reprises, les banquiers juifs et lombards ne veulent plus prêter de l'argent… La machine infernale est en marche.

Procéder à la même heure du même jour, dans tout le royaume, à la « rafle » de milliers de Templiers, relève d'un singulier sens de la mise en scène, destiné à frapper les habitants du royaume, comme les souverains d'Europe. C'est également faire la démonstration que le roi ne risque aucune réaction. Il a très souvent été écrit que les Templiers s'étaient laissés arrêter « facilement ».

Se servir d'une mince déposition de chevaliers apostats, renvoyés de leur maison pour certains motifs, voire même de non Templiers, déposition évoquant pêle-mêle des pratiques contraires à la décence, peut prêter à sourire sans être considérée comme un grave chef d'accusation. D'ailleurs, les tribunaux ecclésiastiques demeuraient seuls compétents, puisqu'indépendamment des sanctions ou pénalités prévues par le roi, l'Ordre ne dépendait que des autorités pontificales. Il fallait donc bien être convaincu que ses chefs d'accusation trouveraient un écho très favorable dans le public.

Mais, il ne s'agissait pas d'une simple affaire soulevée à Toulouse. D'étranges bruits parcouraient le royaume, favorisés par l'argent de Guillaume de Nogaret, à telle enseigne que les Templiers tombèrent dans ce premier piège voulu. L'affaire leur sembla, à ces Templiers, suffisamment d'importance, pour demander au Pape de mener une enquête. Ne pouvaient-ils de leur côté diligenter une telle procédure ?

Si les pratiques dites sulfureuses et contraires à la décence dans la « réception » des frères templiers ont existé, sur les deux siècles de l'existence de l'Ordre, compte tenu des dizaines et des dizaines de milliers de frères Templiers, elles auraient dû être connues, commentées, dénoncées… Et, il y aurait eu des réactions à commencer par les papes, protecteurs ou non de l'Ordre.

Que l'on imagine un instant Bernard de Clairvaux, fondateur de la Règle, mis au courant de ces pratiques ! Or, de 1128 à 1304, si ces pratiques ont existé, personne n'a bronché, soulevé de problèmes, dénoncé de pareilles attitudes. En fait, personne n'y prêta attention, sauf si un beau jour on en fait une large diffusion, un vaste mouvement d'information.

Les bruits se répandent alors, se colportent, l'argent circule pour les faire se colporter et tout le monde brusquement de s'interroger « alors, c'était ça les Templiers ? »…. Le terrain était donc très favorable.

On demeure confondus par l'ingéniosité, et de la dialectique employée et de la mise en scène. Si l'imprimerie avait existé en 1307, le procès des Templiers et leur condamnation n'auraient pas duré sept années mais, sept mois.

Ce furent des gens singulièrement habiles que les conseillers du roi. Ce fut un personnage remarquable que ce roi faux-monnayeur, pour avoir imaginé la disparition de l'Ordre de cette manière aussi spectaculaire.

A l'exclusion, nous l'avons vu, de quelques élections, qui eurent lieu « en public » celle de Gérard de Ridford par exemple, les convents élisaient dans le plus parfait secret leur futur Maître – avec des arrières pensées bien calculées – Ce fut le cas pour l'élection de Guillaume de Beaujeu qui, élu en 1272, trouva la mort à Saint Jean d'Acre en 1291.

Bien qu'allié par sa famille au roi de France, bien qu'ayant vécu en Italie, donc connaissant bien Grégoire X, Guillaume de Beaujeu avait de quoi leur tenir tête. Cela pouvait justifier et le désir secret de Philippe IV de devenir à son tour Maître de l'Ordre et l'idée du Pape de ne pas voir un adversaire devenir Maître de l'Ordre qui en définitive, statutairement, ne dépendait que de lui.

La destinée du Temple eut-elle été modifiée si Guillaume de Beaujeu n'avait pas trouvé la mort à Saint-Jean-d'Acre ?

Si les conditions de la création de l'Ordre demeurent énigmatiques quant à la soudaine explosion numérique, les circonstances de sa disparition posent également un certain nombre d'interrogations.

Pour certaines raisons, les Templiers, qui avaient d'abord acheté l'île de Chypre, l'ont rétrocédée n'y gardant que quelques commanderies sans réelle signification, alors que les Hospitaliers s'y étaient durablement installés. Les Teutoniques avaient leurs véritables bases ancrées en Poméranie, Courlande et Prusse Orientale. Il semblerait donc que rien n'ait été prévu, au niveau de la stratégie militaire du repli au cas où, comme il le paraissait inévitable aux yeux mêmes des moins avertis, l'on serait amené à évacuer les dernières places fortes, qui se comptaient sur les doigts de la main et la cité de Saint-Jean-d'Acre, en fin de compte.

Nous savons que le Maître Thomas Gaudin, parvenant à s'échapper de Saint-Jean-d'Acre à la dernière minute à bord d'une galère vénitienne, ira d'abord débarquer à Sidon puis, sous la pression des Mamelouks, dut s'embarquer pour Chypre, avec les derniers Templiers restés en Terre Sainte.

Or, il semblerait que la dernière année de la maîtrise de Guillaume de Beaujeu, celui-ci ait essayé de battre le rappel des commanderies d'Europe, pour faire arriver en Orient des renforts, qui durent débarquer d'abord à Chypre. Ces renforts, ainsi que les derniers Templiers revenus d'Orient, occupèrent les maigres espaces ménagés à Chypre, qui ne fut jamais considérée comme une base arrière, d'où on aurait pu envisager une nouvelle invasion car, rien n'y était préparé.

Les rois de Chypre leur étaient plus ou moins défavorables, d'autant que le dernier d'entre eux venait d'être accusé d'avoir lâchement abandonné la bataille, au début du siège de Saint-Jean-d'Acre. Les Templiers ont dû se sentir à l'étroit dans l'île, alors que déjà les Hospitaliers préparaient leur repli sur Rhodes, qu'ils surent défendre vaillamment contre les musulmans.

Ultérieurement, cette absence de préparation, au vu d'une situation allant en se dégradant depuis 1274, laisse perplexe. Si les Templiers avaient voulu, ou pu conserver l'île comme leur propriété – ce qui eut été somme toute très logique après l'avoir achetée –, ils auraient parfaitement pu l'utiliser comme base arrière, implantée pour non seulement se replier mais, pour des futures reconquêtes. Il ne semble pas qu'il en eut été jamais question.

Ont-ils pu s'aveugler sur leur maintien en Terre Sainte, même en payant des tributs exorbitants aux sultans d'Égypte ? Alors même que leurs recettes allaient s'épuisant ? Espéraient-ils une neuvième croisade, alors que seules des bonnes paroles étaient prononcées depuis Saint Louis ?

Nous ne disposons d'aucune archive permettant d'éclairer ce point énigmatique, si ce n'est que nous savons que certains Templiers rentrèrent dans leur pays respectif : Espagne, Angleterre, Allemagne, Italie, France...

Il serait très intéressant de comptabiliser les Templiers survivants après 1291, entre ceux qui réchappèrent des dernières cités d'Orient et ceux demeurant dans les commanderies d'Europe. La séparation dut désormais s'opérer entre frères chevaliers et frères servants.

Même si l'Ordre disposait de 9000 commanderies – et nous savons ce que nous devons entendre sous le vocable – le nombre de chevaliers a dû diminuer considérablement au même titre que les sergents d'armes, les autres frères servant l'ordre ont vu également leurs membres considérablement s'affaiblir.

Leur nombre devait être inférieur à 1000 chevaliers pour toute l'Europe et Chypre. Ce chiffre doit être révisé à la baisse, si l'on tient compte des Templiers ayant rejoint les rangs des chevaliers teutoniques, dès la chute de l'Ordre en Orient, ou ne se sentant plus tenus par une obligation quelconque à l'égard d'un ordre chevaleresque ayant perdu sa raison d'être.

C'est pourquoi un chiffre voisin de 500 frères chevaliers peut être raisonnablement envisagé, ce qui effectivement peut justifier de l'attitude des souverains d'Europe.

Déjà, certaines commanderies se trouvaient à l'abandon faute d'entretien, de personnel compétent. C'est bien pourquoi, il fut si facile pour les agents du roi, de les faire rentrer dans le domaine royal, dans certains cas la disparition d'archives arrangeait bien les choses.

POURQUOI NE SE SONT-ILS PAS DÉFENDUS ?

La deuxième interrogation est relative à l'absence totale de défense de la part des Templiers.

Il semble qu'ils aient été, ou totalement anesthésiés par la brutale rafle le même jour, ou totalement convaincus de leur innocence.

Il fut dit que l'Ordre avait été abandonné par ses propres troupes et cette hypothèse mérite d'être examinée. Alors que Philippe IV dispose d'une batterie de légistes acharnés à dénoncer l'Ordre, à l'abattre sous un flot d'accusations parfaitement circonstanciées, de procureurs et d'inquisiteurs les accablant sous des textes de lois ecclésiastiques, en face il n'y a personne.

Même les dignitaires de l'Ordre se récusent eux-mêmes. Ils ne savent « ni lire ni écrire », selon la propre expression de Jacques de Molay.

Entre 1307 et 1312, même si des cas isolés montrent des Templiers se défendant eux-mêmes, il n'y eut à aucun moment parmi les Templiers non arrêtés – puisque l'on sait que la vague d'arrestations toucha l'Europe à des moments différents – un groupe constitué de théologiens, de légistes, de polémistes, capables de renverser la situation.

Non seulement le Temple subit sans broncher les pires accusations – même les cathares n'en ont pas reçues autant – non seulement les dignitaires eux même reconnaissent avoir – sans avoir été torturés – renié le Christ, craché sur la croix etc. mais, personne ne s'élèvera pour contre attaquer.

C'est là que l'on peut constater la disparition de l'élite des Templiers.

Passe encore d'avoir de valeureux combattants pour défendre Saint-Jean-d'Acre mais, où était passée l'élite intellectuelle ?

Il semble avéré, qu'à partir de 1303-1305, le recrutement ait été tari. Les Templiers survivants sont donc des hommes d'âge mûr ou âgés. L'élite intellectuelle, qui rejoignit l'Ordre à ses débuts, va cruellement manquer et faire défaut.

L'Ordre n'attirait plus, ni les chevaliers brûlant d'en découdre avec les infidèles, ni les théologiens à la dialectique redoutable. Si les dignitaires eux-mêmes reconnaissaient ne savoir ni lire ni écrire – même si cette expression ésotérique revêt une autre signification – qu'en était-il des pauvres chevaliers arrivant à confondre « vénérer » et « adorer », lorsqu'on parlait d'adoration d'idole ?

Jacques de Thérines et Raymond Lulle auraient dû, eux ou leurs homologues, se lever dès 1307.

En 1312, même si l'argumentaire de Jacques de Thérines fut dévastateur dans son étourdissante dialectique, il était déjà trop tard. Cette absence de lettrés, de théologiens, de véritables combattants de la foi, se levant pour combattre ce flot d'accusations aussi dangereuses, a fait cruellement défaut. Ou alors, c'était tellement vrai que ça n'en valait absolument pas la peine ? D'où le douloureux problème du véritable sens des accusations.

La troisième interrogation réside dans le fait que les dignitaires Templiers se soient laissés arrêter.

Car, de toute évidence, depuis des mois les menaces se précisaient, les rumeurs allant persistant sur la dissolution des mœurs à l'intérieur de l'Ordre, au point que le Maître du Temple demanda au Pape qu'un expert soit diligenté – preuve que ces rumeurs n'étaient pas forcément le seul fruit de machinations ourdies par les légistes du roi.

Et, à aucun moment, la pensée d'être arrêtés à leur tour n'effleura les dignitaires. A aucun moment, les menaces du roi sur les spoliateurs des finances royales ne les portent à s'interroger. Les juifs ne viennent-ils pas d'être arrêtés, et pour la plupart expulsés du royaume ?

Ils se conduisent comme si rien ne devait leur arriver. Ils sont surpris dans leur lit, ce fameux jour d'octobre 1307. Ou bien le roi était un singulier dissimulateur, ou bien ses ordres, envoyés dans toutes les sénéchaussées et baillies du royaume, n'ont pas laissé filtrer le moindre indice révélateur – et c'est vraiment la preuve d'une superbe machination ou silence – ou bien ils pensaient ne rien redouter et alors, c'est beaucoup plus grave.

C'est la preuve que l'Ordre tout entier, et pas seulement quelques personnes coupables d'apostasie et d'hérésie, était coupable mais aussi, aveuglément persuadé de ne rien risquer.

Les différentes politiques appliquées en Orient, la constitution d'une banque de dépôt, d'affaires, l'armement de deux flottes, l'achat de milliers d'hectares, après les dons et legs… constituent une politique que l'on peut suivre, appréhender, comprendre, expliquer. Pourtant, depuis Saint-Jean-d'Acre la politique suivie par l'Ordre demeure incompréhensible.

Il aurait mieux valu que les derniers Templiers se fassent massacrer à Saint-Jean-d'Acre et on aurait parlé d'eux, comme des Troyens, et on en aurait fait une magnifique épopée.

C'est bien pourquoi parler de tragédie templière est complètement inexact et ce n'est pas le fait d'être brûlé à Paris, en 1314, qui changera la face des choses. Depuis 1308, on brûlait déjà les Templiers et personne n'y voyait l'annonce d'aucune tragédie.

C'est la postérité, pour des raisons bien diverses d'ailleurs, qui s'efforcera en les réhabilitant – ce qui n'est pas chose si facile ni évidente, comme nous venons de le voir – de les présenter comme les seules victimes du roi de France.

Nous sommes pour notre part très critiques à l'encontre des Templiers, à partir de la chute de Saint-Jean-d'Acre, si nous pensons à l'inverse, que leurs activités entre 1128 et 1250 ont été non pas dignes d'éloges mais, dignes d'un examen très favorable.

Mais, entre la création et la disparition de l'Ordre, il s'est quand même écoulé près de deux siècles, et tout a lentement dérivé, dévié, basculé. Ils ont perdu la tête finalement et sont allés jusqu'à confirmer que toutes les accusations étaient vraies.

L'absence de défenseurs, en Europe et pas seulement en France, procure un sentiment de malaise, allant jusqu'à soupçonner que tout cela finalement pouvait être vrai.

L'absence de position de repli est révélatrice d'un curieux sens de la stratégie, si l'absence de défenseurs prouve la difficulté à assurer une pareille défense.

L'arrestation sans problème de milliers de frères Templiers – chevaliers et sergents – résonne ainsi comme le glas de leur agonie, après Saint-Jean-d'Acre.

Il convient alors de s'interroger sur la véritable destinée des Templiers, leur fin réelle – ou celle de leur Ordre – et sur le fait que, bien qu'arrêtés pour la plupart dans leur lit – le 13 octobre 1307 – un certain nombre de dignitaires, mais pas nécessairement le Maître de l'Ordre, le Visiteur Général…, se soient enfuis, mystérieusement prévenus.

LES CONTRADICTIONS DE L'ACCUSATION

Parmi les contradictions, nous devons en relever une dont il n'a peut-être pas été fait assez état : le reniement du christ.

Si les Templiers, lors de leur entrée dans le Temple, étaient sommés de renier le Christ – et qu'ils en acceptaient l'ordre – pourquoi des centaines d'entre eux périrent-ils sous les coups des cimeterres des musulmans, au lieu d'abjurer leur foi lorsqu'ils étaient faits prisonniers ? Tous refusèrent sur les deux siècles de leur histoire en Orient. Un des cas le plus connu est la prise de la citadelle de Safed, où Baïbar fit exécuter tous les Templiers prisonniers pour ce motif.

Par contre, à aucun moment, à propos du reniement du Christ et de crachat sur la croix, on n'invoqua le fait que les Templiers attendirent 1150 pour coudre une croix rouge sur l'épaule gauche de leur manteau. N'avait-on point là une admirable preuve de leur « infidélité » et de leur « apostasie » ?

L'article 122 de la Règle française prévoit que le Commandeur de Jérusalem, et neuf chevaliers, sont particulièrement préposés à la garde de la « vraie croix », qui les accompagnait dans les batailles, notamment celle de Hattin où elle fut perdue et récupérée par Saladin, qui refusa de la rendre en 1192. Par là, on pourrait démontrer que les Templiers se faisaient bien tuer pour sa défense.

Il existe sur le fameux « reniement du Christ », reconnu même par Jacques de Molay, une interprétation dialectiquement dangereuse qui consiste à considérer cette pratique, lors de la prise de l'habit, comme une « mise à l'épreuve » pour vérifier la sincérité de l'impétrant et son futur comportement, s'il était fait prisonnier et amené de ce fait à abjurer sa foi.

Cette expression a été souvent employée par les confesseurs des frères Templiers, après qu'ils eussent – en principe – renié le christ, ils en recevaient l'absolution.

Désormais, ils étaient prêts à combattre en Terre Sainte. Or, pour les musulmans, le Christ n'est pas un faux prophète, c'est un prophète vénéré, reconnu, à preuve le troisième minaret de la mosquée des omeyyades à Damas, qui lui est consacré. Renier le Christ – si cette épreuve était demandée par les « infidèles » – revenait à renier un prophète reconnu par l'Islam, ce qui est totalement contradictoire avec le Coran.

Si vraiment les Templiers ont renié le Christ et craché sur la croix pendant les deux siècles de leur histoire, cela devient véritablement un chef d'hérésie. Et, personne ne s'en serait rendu compte ou aurait été gêné par cette situation ? Des dizaines de milliers de personnes ont pris l'habit de frères chevaliers, sans paraître émus par cette soi-disant épreuve ?

Nous rejoignons dès lors les attendus de Jacques de Thérines, qui sont examinés lors du Concile de Vienne. Ou c'est vrai, alors ils ont mille fois mérité la mort et le bûcher, ou c'est faux et personne ne s'est dressé pour combattre cette infamie, s'appliquant à des milliers de Templiers et ayant avoué cette faute.

Mais, en tout état de cause, torturés ou non, ces aveux pèsent très lourd dans la balance. Ils demeurent inexplicables, appréhendés sur une aussi grande échelle et jettent un total discrédit sur l'Ordre.

La deuxième contradiction, juridique celle-ci, réside dans le fait que si l'Ordre du Temple a été dissous, il n'a pas été condamné.

Ce sont des frères chevaliers pris séparément, individuellement, qui, ayant reconnu les chefs d'accusations qui leur sont présentés, sont condamnés au bûcher ou à la prison perpétuelle, ou encore à une cellule obscure dans un non moins obscur monastère. C'est ainsi qu'en Angleterre, ceux qui furent reconnus coupables, furent condamnés à la pénitence perpétuelle et admis à entrer dans des ordres monastiques.

La troisième contradiction tient dans l'imbroglio, juridictionnel lui, du procès.

Les Templiers relèvent du pape et sont justiciables devant les tribunaux ecclésiastiques.

Ce sont les archers du roi qui viennent les arrêter et, si des cardinaux se déplacent pour entendre les seuls dignitaires, les Templiers sont traduits devant des tribunaux du royaume, où siègent des ecclésiastiques, que président même des archevêques, celui de Sens notamment, frère d'Enguerrand de Marigny, après avoir été longuement entendus – c'est-à-dire torturés – par des frères mineurs, relevant eux aussi, en tant qu'ordre monastique, du pape.

La quatrième contradiction réside dans l'attitude même de Clément V, fait pape par le roi et qui lui doit tout, y compris le paiement de ses dettes.

Ce pape n'est pas ennemi de ses intérêts, encore moins de ceux des siens. Il pratique le népotisme sur une grande échelle, allant jusqu'à nommer cardinaux quatre membres de sa famille.

C'est peu de dire que le protecteur, ou le souverain suprême des Templiers, était loin d'être à la hauteur de ses fonctions.

Mais, toujours est-il qu'il fit preuve par moment d'indécisions ou de revirements. Il n'est pas totalement convaincu, en 1307, de la culpabilité des Templiers, ni des accusations portées contre eux.

Il recommande une enquête – provoquée d'ailleurs par Jacques de Molay et demandée par lui – pour gagner du temps mais, les aveux – qui n'ont même pas été arrachés sous la torture – de Jacques de Molay, Geoffroy de Charnay et les autres dignitaires, doivent le laisser dans la plus grande perplexité.

A ce moment là vraiment, il lâchera les Templiers, car l'effondrement du Grand Maître et de hauts personnages de l'Ordre, absolument imprévisible, lui font ordonner sur le champ – le roi n'a pas attendu, lui – l'arrestation de tous les Templiers.

La cinquième contradiction tient au personnage de Jacques de Molay, personnalité complexe, difficile à cerner, sur laquelle beaucoup a été écrit, du vrai et du faux.

Si l'on en croit l'histoire officielle, il a été élu Maître du Temple contre son rival, Hugues de Pairaud et effectuera des raids en Orient. Ne tiendra-t-il pas Tortosa jusqu'en 1303 ?

A partir de 1306, tout bascule. Les premières rumeurs sur des pratiques contraires à la décence circulent en France de l'époque.

Jacques de Molay quitte Chypre, contre l'avis des rois de Lusignan. Ce n'est peut-être pas la seule raison de son départ mais, elle en fait partie. Donc, théoriquement, il est possible de penser qu'il réagit à une accusation infondée.

En principe, l'histoire officielle indique que le pape a convoqué à Poitiers, et le Maître de l'Hôpital et le Maître du Temple, pour parler d'une nouvelle croisade et de la fusion des ordres, suite à la défaite de Saint-Jean-d'Acre.

Quoi qu'il en soit, Jacques de Molay est en France en 1307. Il est au courant non seulement des rumeurs mais, des témoignages recueillis par Nogaret. Il propose lui-même une enquête. Il est donc apparemment surpris, lui aussi, ou alors il s'agit d'un très habile négociateur.

Or, qu'arrive-t-il quelques semaines plus tard ? Les Templiers sont tous arrêtés, à commencer par lui-même et aussitôt, il avoue. Il reconnaît les accusations blasphématoires de reniement du Christ, etc.

S'il est vraiment coupable, il s'est délibérément jeté dans la gueule du loup et c'est bien là que réside la contradiction. Rien ni personne ne l'ont obligé à avouer. Pas un document ne confirme qu'il ait été torturé, ce qui n'est peut-être pas le cas pour Hugues de Pairaud.

Jacques de Thérines fut peut-être celui qui offrit aux Templiers le moyen de s'en sortir, plutôt d'envisager une belle fin et d'effectuer, comme au théâtre de l'Histoire, une belle sortie : les flammes du bûcher comme celles du commandeur dans Don Juan. Finir dans les geôles humides du Châtelet eut été à coup sûr une sinistre destinée, dont on ne se serait même plus souvenu une décennie plus tard car, personne n'entendit plus jamais parler du visiteur général de l'ordre, Hugues de Pairaud, second personnage de l'Ordre et qui disparut au fond d'un cachot, au contraire d'un Jacques de Molay et Geoffroy de Charnay, dont la disparition dans les flammes alimente toute une littérature héroïque.

Document n° 20 :
Supplice de Jacques de Molay, dernier Grand Maître du Temple, 1314.
Copyright Roger-Viollet

CONCLUSION

LE PARADOXE DES TEMPLIERS

La fin prématurée, programmée, annoncée, de l'Ordre du Temple, constitue un vaste sujet d'enquêtes et souvent, elle ne représente que des chapitres relativement secondaires, dans la plupart des livres sur l'histoire des Templiers. Il a été consacré par contre plus de récits relatifs à Philippe Le Bel ou Guillaume de Nogaret et à la fin sur le bûcher de Jacques de Molay, comme pour présenter aux amateurs d'histoire une image d'Epinal, familière même aux moins avertis.

Dater l'exécution de l'Ordre de l'arrestation des frères chevaliers, en 1307, apparaît comme une certitude et, en règle générale, les extravagances sur le fameux trésor du Temple revêtent plus d'importance, que les circonstances réelles du drame.

Or, nous avons voulu apporter la preuve qu'il faut, d'une part, remonter dans le temps, vers le milieu du XIIIème siècle, pour déceler, détecter les premières approches du mal et que, d'autre part, la décision de leur suppression était plus motivée par leur attitude et leur politique en Orient, que par l'importance de leurs circuits financiers d'Europe.

Bien évidemment, le fantastique développement économique et social du bas Moyen Âge a joué un rôle considérable, aboutissant curieusement à un renforcement de l'absolutisme royal dans tous les pays d'Europe. Mais, là encore, il s'agissait d'un mouvement tendanciel, apparu au milieu du XIIème siècle, car il a été souvent répété que les souverains d'Europe ne pouvaient accepter, sur leurs territoires, la présence d'un état dans l'État.

Les Templiers étaient donc d'abord des orientaux, avant d'être des occidentaux, et ce n'est pas là le moindre aspect paradoxal de leur histoire, à commencer par leur création. Sur ce sujet, les récits datent de 1118-1119, l'arrivée à Jérusalem de neuf chevaliers, venus pour défendre l'accès aux lieux saints, alors qu'il faut se pencher sur les circonstances historiques, politiques et religieuses, survenues vers la fin du XIème siècle, pour comprendre les mécanismes de leur soudaine apparition.

Il est fréquemment mentionné que les sources relatives aux Templiers ont pratiquement disparu, empêchant tout inventaire réel de leur organisation. Toutefois, la Règle du Temple est à ce point précise, détaillée, qu'elle prévoit toute la vie des frères chevaliers, depuis leur initiation jusqu'aux pénalités sanctionnant leurs fautes, au fil des 657 articles et retraits la composant. Il suffit de l'étudier pour y découvrir un très riche fond d'informations.

Ainsi, cet ouvrage, dont l'objet est la fin programmée des Templiers, s'il ne prend pas en compte, ou accessoirement, les récits chronologiques des batailles, défaites, croisades... pour confirmer un fait historique, s'est surtout attaché à présenter avec précision :

• Les événements à l'origine de la création de l'Ordre.

• L'étude approfondie de la Règle, permettant d'éclairer l'attitude des Templiers.

• L'examen attentif de leur puissance financière, source de bien des erreurs dans leur interprétation.

• Et surtout, à partir de 1260, le déroulement d'événements

ayant finalement et inéluctablement amené la chute de Saint-Jean-d'Acre en 1291.

• Enfin, la partie terminale de l'ouvrage, consacrée plus particulièrement à l'élaboration de la manipulation ayant abouti à la suppression de l'Ordre au concile de Vienne, indépendamment de la présentation de données historiques nouvelles sur le sujet, a été consacrée à l'examen notamment de :

- l'organisation du complot,
- l'absence ahurissante des avocats de la défense,
- la disparition de hauts dignitaires, la veille de leur arrestation.

En guise de conclusion, nous nous sommes efforcés de démontrer que l'exécution – car c'est bien le terme qu'il convient d'employer – de l'Ordre du Temple, était sans doute parfaitement inscrite dans le temps et de ce fait très logique.

Nous ajoutons même, et cela ne constituera qu'un des aspects supplémentaires du paradoxe, qu'il a mieux valu pour les Templiers disparaître dans une fin dramatique, (que n'aurait pas désavoué le Crépuscule des Dieux de Wagner), plutôt que de finir en une banale association caritative.

Les plus belles histoires d'amour ne sont-elles pas celles qui finissent le plus mal ?

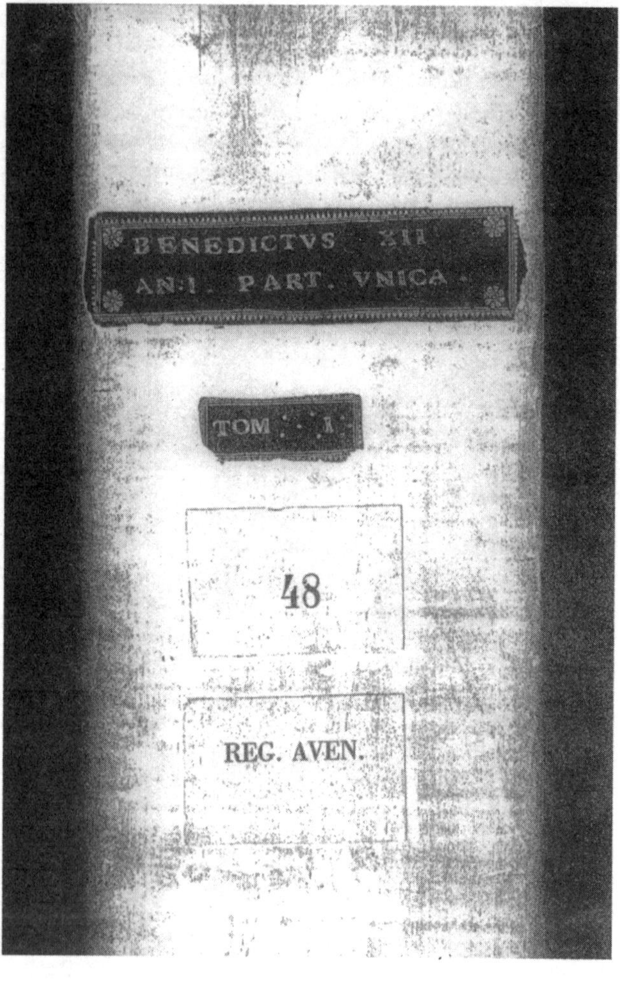

Document n° 21 :
Extraits d'interrogatoires de Templiers, en latin médiéval
tirés des Archives Secrètes du Vatican.
© *Archives Secrètes du Vatican*

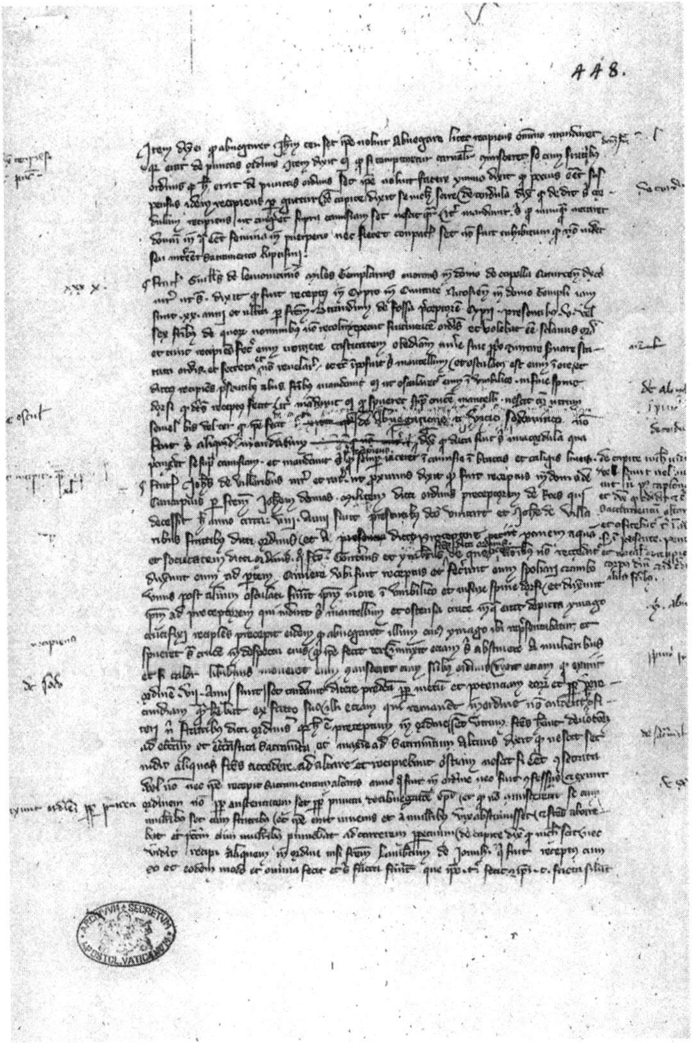

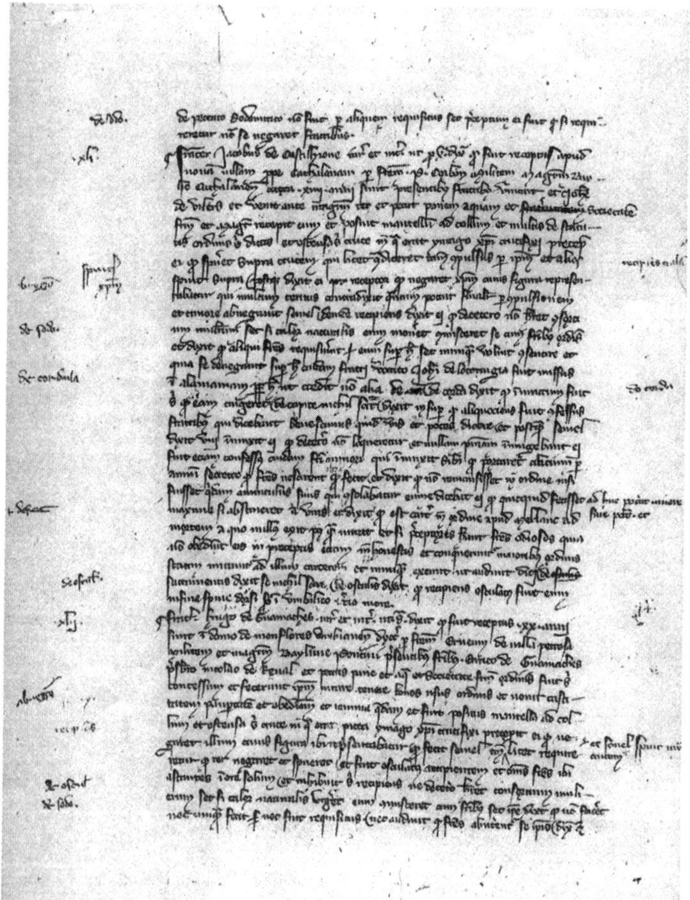

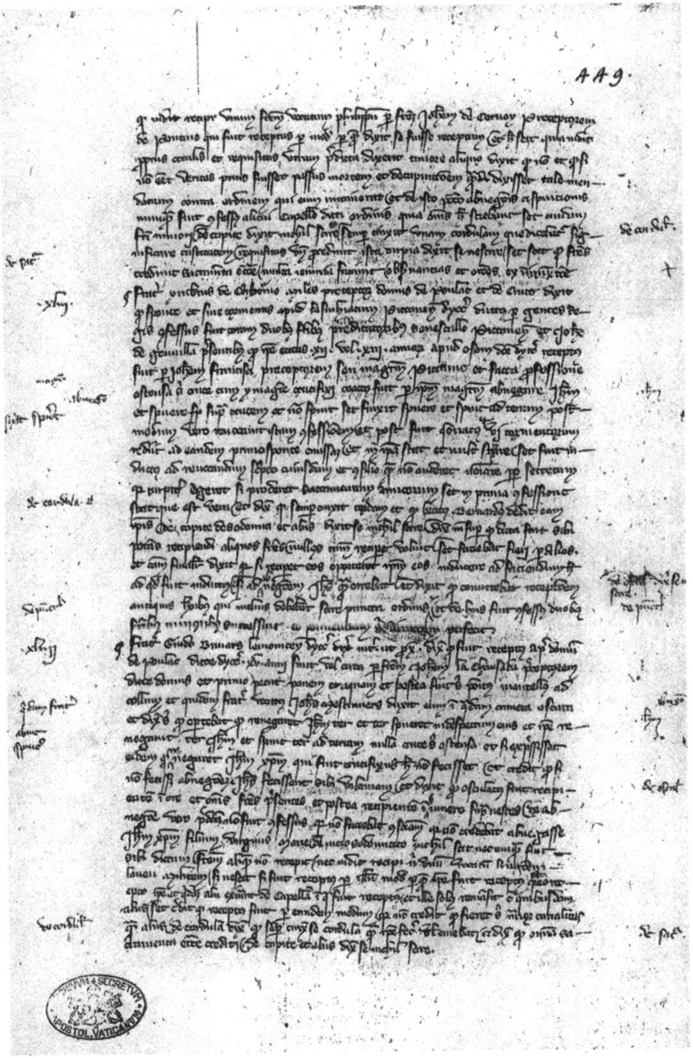
449

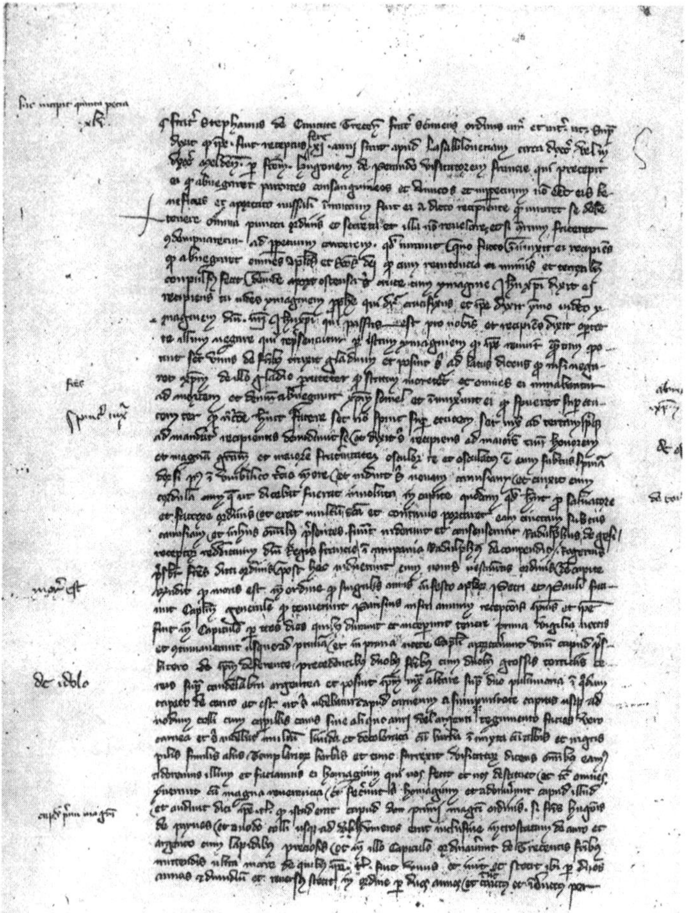

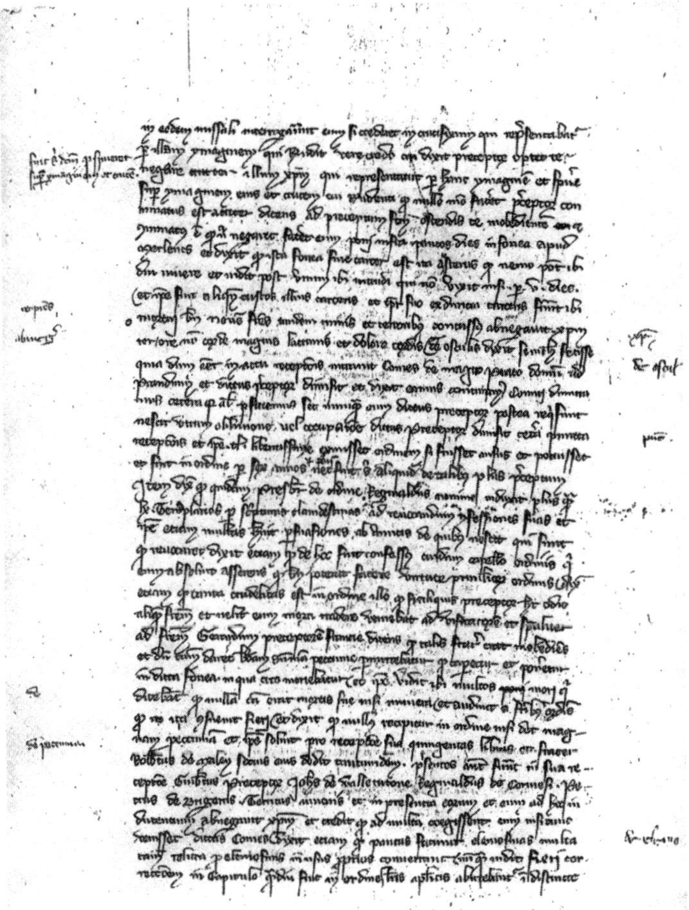

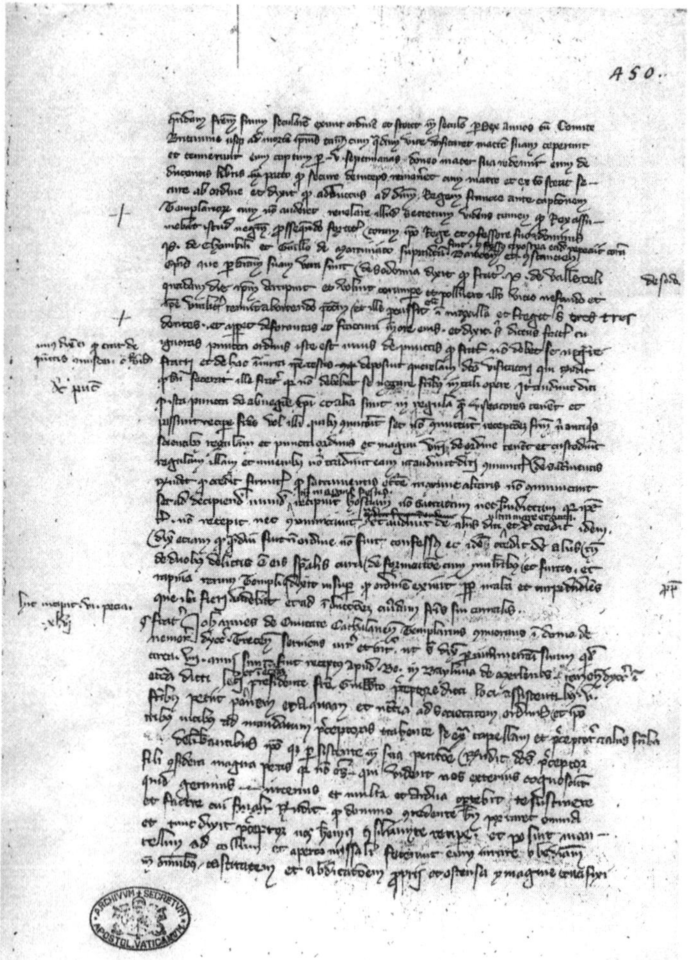

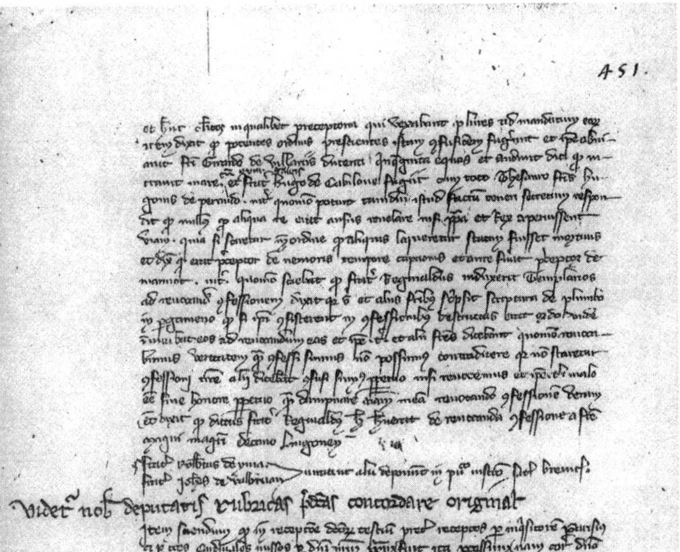
451.
ARCHIVUM SECRETUM
APOSTOL. VATICANUM

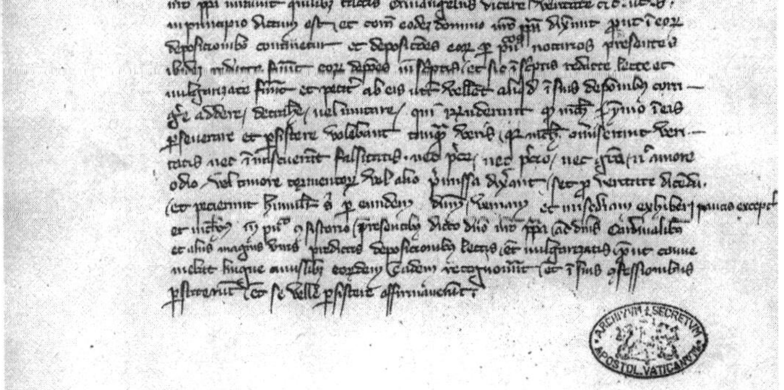

LISTE DES GRANDS MAÎTRES DE L'ORDRE

1. Hugues de Payen	1118 – 1136
2. Robert de Craon	1137 – 1149
3. Everard de Barres	1149 – 1152
4. Bernard de Tremolay	1152 – 1153
5. André de Montbard	1153 – 1156
6. Bertrand de Blanquefort	1156 – 1169
7. Philippe de Naplouse	1169 – 1171
8. Eudes de Saint-Amand	1171 – 1179
9. Arnaud de Torroja	1180 – 1184
10. Gérard de Ridfort	1185 – 1189
11. Robert de Sable	1191 – 1193
12. Gilbert Erail	1194 – 1200
13. Philippe du Plessis	1201 – 1209
14.Guillaume de Chartres	1209 – 1219
15. Pierre de Montaigu	1219 – 1252
16. Arnaud de Périgord	1233 – 1244
17. Richard de Bures	1244 – 1247
18. Guillaume de Sonnac	1247 – 1250
19. Renaud de vichiers	1250 – 1256
20. Thomas Béraud	1256 – 1273
21. Guillaume de Beaujeu	1273 – 1291
22. Thomas Gaudin	1291 – 1293
23. Jacques de Molay	1294 – 1314

INTÉRÊT DES SOURCES UTILISÉES ET DES DOCUMENTS REPRODUITS

SOURCES

Plus de dix chroniqueurs arabes se sont penchés sur la guerre sainte contre les Francs, depuis la proposition d'alliance pour le partage de la Palestine dès 1095 – avant la première croisade donc – jusqu'à la minutieuse description des ruines franques par Ibn Battuta, au lendemain de la défaite de Saint-Jean-d'Acre, en 1291.

Les historiens arabes parlent des différentes campagnes, des traités avec les Croisés pour la surveillance des territoires syriens, du désastre de La Forbie, comme des invasions mongoles.

Les mouvements financiers et l'évolution économique au bas Moyen Âge pourraient être retracés au moyen de l'histoire quantitative et, si elle disposait des mêmes éléments que pour d'autres études, c'est-à-dire de séries et dans cette hypothèse le remarquable travail de L. Delisle constitue une précieuse source d'informations, sans parler du Recueil des Historiens des Croisades et des layettes de l'École des Chartes.

L'alliance avec les Mongols, qui a soulevé beaucoup de controverses, est une réalité dès lors que les Archives Nationales disposent de lettres adressées par Arghun, Ilkhan de Perse, à Philippe le Bel lui parlant des défaites infligées aux Mamelouks et proposant une alliance contre la puissance montante du futur empire ottoman. Par ailleurs, la Bibliothèque Vaticane a édité un livre sur la correspondance échangée entre les Mongols et les papes.

L'appellation de moines-soldats, qui sera développée dans un chapitre particulier, n'est pas seulement née de la volonté d'une chevalerie menant une guerre sainte, en Occident. Déjà, en Espagne musulmane, l'existence de rabitas aux marches frontières attestaient chez les musulmans la présence d'un corps de volontaires de la foi. De la même manière, en Syrie, un mouvement parallèle s'est développé de soldats de la foi, imprégnés en outre d'un idéal d'absolu, semblable à celui développé plus tardivement en Europe par Wolfram Von Eschenbach. Il s'agit de la chevalerie spirituelle de l'écrivain Sohravardi, décapité par Saladin. A cet égard, les ouvrages de Henri Corbin apportent de précieuses indications.

Enfin, en ce qui concerne le Concile de Vienne, malgré les recherches entreprises par le Conservateur du Musée de Vienne, il ne reste pas un document le décrivant. Nous avons privilégié l'argumentaire de Jacques de Thérines – Bibliothèque Nationale – pour la présentation et la défense des Templiers.

La situation générale de l'Orient, après le désastre de Saint-Jean-d'Acre et l'état de l'ancien royaume latin de Jérusalem, a été étudiée à partir de l'historien Ibn Battuta, rendant compte, très minutieusement, des destructions systématiques entreprises par les Mamelouks d'Égypte sur les villes ou forteresses franques et templières. Le récit a été écrit au début du XIVème siècle.

INTÉRÊT DES PLANS ANNEXES ET DOCUMENTS

Les plans détaillés de Saint Jean d'Acre et de Jérusalem ont été reconstitués grâce aux éléments trouvés chez les chroniqueurs arabes et dans la règle templière.

> A Saint Jean d'Acre, le positionnement plus ou moins correct de quartiers templiers et vénitiens, le lieu dit de La Voûte – signe de l'amirauté templière – la tour du dernier combat en 1291, la situation de la rade et du port et des comptoirs tant vénitiens que génois et pisans.
>
> Le plan de Jérusalem est tout aussi digne d'intérêt car il a été établi à partir des descriptions d'Ibn Battuta situant très exactement les deux mosquées d'El Aqsar et du Dôme du Rocher et surtout le site des Templiers au niveau superficie. S'y trouvent également répertorié l'emplacement présumé des « écuries » du Temple de Salomon et ce temple lui-même sous les constructions d'El Aqsar.
>
> Le dôme figurant sur certain sceaux templiers, notamment dès le XIIème siècle et également vers 1250 sous Renaud de Vichiers, est celui du Rocher.

De la même manière, nous avons systématiquement recherché les mouvements des monnaies frappées en Orient et pouvant l'avoir été par des fondeurs vénitiens pour le compte de l'Ordre. C'est ainsi que nous avons retrouvé des pièces en or, des dirhams qui selon le cabinet numismatique Vinchon ont été frappés à Acre en 1245. Il sont intéressants car au verso figure la croix pattée des Templiers.

BIOGRAPHIE DES PRINCIPAUX HISTORIENS ARABES dont les récits figurent dans les Récits Orientaux des Croisades

BAHA-AD-DIN – 1145/1234

Un des plus fidèles serviteurs de Saladin qui le nomma cadi de ses troupes. A La mort de Saladin, il fut nommé cadi de la ville d'Alep. Très connu car il a écrit un remarquable ouvrage sur les « Vertus Yousoufiennes » dont le titre vient du prénom de Saladin. C'est à lui que nous devons les termes les plus directs sur la personnalité de Saladin.

IBN-AL-ATHIR – 1160/1233

D'une grande famille kurde, est considéré par les musulmans comme le plus grand historien du monde arabe puisque ses récits commencent à la mort du prophète et sont très précieux en ce qui concerne notamment Zengi et Nur-ad-Din. Il lui arrive même de parler de l'Espagne musulmane. Ce qui constitue un inépuisable vivier d'anecdotes sur cette épopée arabe en Europe. Très curieusement il est le plus réservé sur le rôle exact de Saladin.

IBN-AL-QALANISI

Ses textes nous sont également précieux car il traite remarquablement de la première et de la deuxième croisade et notamment de l'administration de la Syrie puisqu'il joua un rôle au plan gouvernemental. Il semble lui aussi réservé sur le rôle de Nur-Al-Din, son opinion semblant plus favorable à la dynastie de Tughtekin, le rival Turc de ce dernier.

IBN USAMA – Émir de Shaizar – 1095/1188

Il revient très souvent sur le devant de la scène car il joua notamment un double jeu permanent, grand ami des Templiers en même temps que serviteur fidèle de Saladin qui pourtant se méfiait de lui. C'était un homme complet, érudit, poète, chevalier, parlant plusieurs langues. Une phrase de lui est désormais célèbre : « Lorsque j'entrais dans la mosquée Al Aqsa, lieu de séjour de mes « amis « Templiers… »

IBN WASIL – 1207/1298

Si son nom apparaît dans cet ouvrage, c'est qu'il joua lui aussi un rôle éminemment important d'ambassadeur du redouté Baïbar auprès du successeur de Frédéric II, c'est-à-dire Manfred. Il parla très cyniquement de la croisade de Saint Louis.

IMAD-AD-DIN -1125/1209

Est surtout connu pour avoir été successivement le secrétaire de Nur-ad-Din puis de Saladin. Indépendamment du fait d'avoir écrit une histoire de la poésie arabe, il occupa un poste administratif de tout premier plan lui donnant aussi accès à des faits historiques très importants, notamment la conquête de Jérusalem. Son livre « L'éclair de la Syrie » relate les hauts faits de Saladin.

KHAMAL-AD-DIN

Son histoire d'Alep est fort intéressante car elle nous livre des renseignements précieux sur les différentes opérations s'étant déroulées dans la Syrie du nord au XIIème siècle au moment de l'alliance de Damas avec les Templiers.

RASHID-AD-DIN – 1237/1297

Son rôle et ses commentaires sont de la plus haute importance car c'est pratiquement le seul historien ismaélien dont il a été conservé des écrits. Il faut se souvenir que les ismaéliens du Vieux de La Montagne, de tendance shiite, étaient considérés, par Saladin lui-même, comme des hérétiques. C'est à lui que nous devons de précieuses indications sur les probabilités d'assassinat de Conrad de Montferrat par des européens, et non par les musulmans.

TAQIY-AL-MAQRIZI

Grand érudit Égyptien, grand géographe qui plus tardivement que les autres chroniqueurs, mais avec un certain recul, nous livre une histoire de la campagne des Mamelouks contre l'état Franc.

IBN BATTUTA

D'origine berbère ? Il serait né dans le Maghreb et entreprend très jeune un long voyage qui l'amènera jusqu'en Transoxianie, aux limites de l'empire mongol. Il fut appelé « Le voyageur de l'Islam », car il rendit notamment parfaitement compte de la reconquête turco-musulmane à partir de 1280.

SOURCES BIBLIOGRAPHIQUES CONSULTÉES

CHAPITRE I : LE TEMPLE DE SALOMON

Ibn Battuta, Voyages, Traduction de C. Defremery 1858
« Plan de la Ville de Jérusalem et du Temple de Salomon – page 284 – Chapitre : Syrie-Palestine. »

La Bible – Le livre des Rois VI.7.

La Bible – Le Cantique des Cantiques.

CHAPITRE II : LES ORIGINES ORIENTALES DU TEMPLE

Cahen (Claude), *L'Islam, Des origines au Début de l'Empire Ottoman*, Ed. Hachette, 1970, « Les Conquêtes du VIIIème siècle »

Corbin (Henry), *En Islam Iranien*, Ed. Gallimard, 1972, Tome IV, Chap. III, « La Chevalerie Spirituelle »

Corbin (Henry), *Face de Dieu Face de l'Homme : Herméneutique et Soufisme*, Ed. Flammarion, 1983, « Le Récit du Graâl chez Sohravardi »

Lewis (Bernard), *Les Assassins – Terrorisme et Politique de l'Islam Médiéval*, Ed. Complexe, 1982

Thoraval (Yves), *Dictionnaire de Civilisation Médiévale*, Ed. Hachette

CHAPITRE III : LES TEMPLIERS : DES MOINES-SOLDATS

Clément (Claude), *Saint Bernard ou la Puissance d'un Grand Initié*, Sorlot/Lanovre, 1987

Duby (Georges), *La Société Chevaleresque*, Ed. Flammarion, 1988, « Chapitre : Noblesse et Chevalerie »

Flori (Jean), *L'idée de Reconquête dans la Correspondance Pontificale*, « Cahiers de civilisation médiévale X-XII », Poitiers, 1997

Gutton (Francis), *La Chevalerie Militaire au Portugal : L'Ordre du Temple*, Éditions Lethielleux, 1982

Labourdette (Jean François), *Histoire du Portugal*, Ed. P.U.F., 1995, « Le Portugal avant le Portugal »

CHAPITRE IV : LA RÈGLE DU TEMPLE, CODE DE CONDUITE DES TEMPLIERS

Albon (Marquis d'), *Cartulaire Général de l'Ordre du Temple,* Bibliothèque Nationale, Nouvelles Acquisitions Latines MS 5 à 71, Paris, Ed. Champion, deux volumes, 1922

Lavocat M., *Procès des Frères et de l'Ordre du Temple*, Ed. Plon 1884

Curzon (Henri de) : *La Règle du Temple.*

Il n'existe que peu d'exemplaires de la Règle primitive. Celui conservé à la Bibliothèque Nationale serait le manuscrit latin de l'abbaye Saint Victor. Un deuxième exemplaire figure à la bibliothèque Nationale et il s'agit d'un texte français qui proviendrait de la bibliothèque florentine des Corsini.

La Règle du Temple, et notamment ses classifications dues à Henri de Curzon, a été éditée en 1886 par la société de l'Histoire de France et fait référence à ces quatre manuscrits.

L'ouvrage d'Henri de Curzon a été consulté à la Bibliothèque Mazarine. Il figure sous la référence 40923.

Enfin les éditions Dervy ont publié de Laurent Daillez *Règle et Statut de l'Ordre du Temple*, édition argumentée et présentée par J.P. Lombard en 1996.

CHAPITRE V : UNE TRILATÉRALE AVANT LA LETTRE

De nombreuses références ont été tirées de documents des Archives Nationales et de la Bibliothèque Nationale.

Bahad-Ad-Din, *Recueil des Historiens des Croisades*, « Saint-Jean d'Acre et Saladin ».

Layettes de l'École des Chartes, Tome III page 330 et Tome IV page 113.

Curzon (Henri de), *La Maison du Temple à Paris*, Ed. Hachette, 1898 – Bibliothèque Mazarine cote 47815 (avec plan)

Demurger (Alain), *Vie et Mort de l'Ordre du Temple*, Ed. Seuil, 1989

Langlois (Charles-Victor), *Règne de Philippe Le Hardi*, Bibliothèque Mazarine

Recueil des Historiens des Croisades, Tome XV page 496 à 502 et Tome XIX page 705

Sauval, *Antiquités de Paris*, Bibliothèque Mazarine, Tome II

Shirley, *Letters illustratives of the reign of Henri III*, British Museum

CHAPITRE VI : LES CROISADES, UNE GUERRE ÉCONOMIQUE

Braunstein (P.) / Delort (R.), *Venise – Portrait d'une Cité*, Ed. Seuil, 1971

Deschamps (Paul), *Les Châteaux des Croisés en Terre Sainte*, Bibliothèque Archéologique et Historique tome XXXIV – Bibliothèque Mazarine N° A 18596

Duby (Georges), *L'Art Cistercien*, Flammarion, 1979

Curzon (Henri de), *La Règle du Temple*.

Richard (Jean), *Histoire des Croisades*, Ed. Fayard, 1996

La gestion domaniale des biens des commanderies de Provence – Côtes 56 H 5160 à 5325 – Fonds du Grand Prieuré de Saint-Gilles. Archives départementales des Bouches du Rhône.

Les numéros des manuscrits de la Bibliothèque Nationale et des Archives Nationales sont cités en renvois de bas de page.

CHAPITRE VII : L'IMPOSTURE DES CROISADES

Boulle (Pierre), *L'étrange croisade de l'empereur Frédéric II*, Ed. Flammarion, 1968

Lupprian (Karl Ernst), *Die Beziehungen der Päpste zu islamischen und mongolischen Herrschern im 13 Jahrhundert anhand Ihres Briefwechsels*, Bibliothèque Apostolique Vaticane, 1981.

Prawer (Joshua), *Histoire du Royaume Latin de Jérusalem*, CNRS, 1970

Romans (Humbert de), *Opera de vita regulari*, Bibliothèque Vaticane, Rome, 1888, Tome II

CHAPITRE VIII : LE CONCILE DE LYON – 1274

Amargier (Paul), 1274 – *Année Charnière, Mutation et continuité* page 495 à 501, CNRS, Paris 1977, Acte du colloque international 558, « La Défense du Temple devant le Concile de Lyon en 1274 »

Ibn Wasil – tome IV, Rashid ad Din – Tome V, et Taqiy-al.Maqrizi, *Récits Orientaux des Croisades*, Bibliothèque Mazarine

Labbé (M.), *Histoire des Conciles*, Bibliothèque Nationale – Tome XI

Lavocat (M.), *Procès des Frères et de l'Ordre du Temple.*

Lupprian (Karl Ernst), *Die Beziehungen der Päpste zu islamischen und mongolischen Herrschern im 13 Jahrhundert anhand Ihres Briefwechsels*, 1991, Bibliothèque Apostolique Vaticane.

Tisserand (Eugène), *Mélanges*, Volume II, « Orient Chrétien », 1ère partie, Bibliothèque Vaticane, 1964.

CHAPITRE IX : LA CHUTE DE SAINT-JEAN-D'ACRE – 1291

Clot (André), *L'Égypte des Mamelouks*, Ed. Perrin, 1996.

Ibn Battuta, *Récits de Voyages*, Ed. La découverte, 1982.

Michelet (Jules), *Le Procès des Templiers*, Bibliothèque Mazarine – Collection de documents inédits sur l'Histoire de France, deux volumes, 1851.

Monte Croce (Fra Riccoldo de), *Epistolae ad Ecclesiam Triumphantem*, Hanovre, Ed. Champion, 1997.

Prawer (Joshua), *Histoire du Royaume Latin de Jérusalem.*

Rashid-Ad-Din, Ibn Wasil, et Abou Fida – Tome V, *Recueil des Historiens des Croisades / Récits Orientaux des Croisades.*

CHAPITRE X : LE COMPLOT, LES ARRESTATIONS, LE PROCÈS

Demurger (Alain), *Vie et Mort de l'Ordre du Temple*, Ed. Gallimard

Favier (Jean), *Philippe Le Bel*, Ed. Fayard, 1978

Gylmour – Brisson (Anne), *Le Procès des Templiers dans les États du Pape*, Bibliothèque Vaticane, 1982, page 264 et suivantes

Lavocat (M.), *Procès des Frères et de l'Ordre du Temple*, Plon, 1888

Lizerand (Georges), *Le Dossier de l'Affaire des Templiers*, Paris, 1923, consultation à la Bibliothèque Mazarine.

Melville (Marion), *La Vie des Templiers*, Gallimard, 1974

Michelet (Jules), *Le Procès des Templiers*, Bibliothèque Mazarine – Collection de documents inédits sur l'Histoire de France, deux volumes, 1851

Archives Départementales des Bouches du Rhône – Registre B151 à 158. Fonds de la cour des comptes de Provence contenant notamment les lettres de Charles II, roi de Sicile, ordonnant leur arrestation et l'inventaire des biens meubles et immeubles.

CHAPITRE XI : LES TRÈS CURIEUX INTERROGATOIRES DES NOTAIRES APOSTOLIQUES – LA FAMEUSE LISTE DE TEMPLIERS ENFUIS

Aubarbier (Jean-Luc) et Binet (Michel), *Les sites Templiers de France*, Ouest France, 1995.

Archives Secrètes du Vatican, Déposition du frère Jean de Châlon

Bonneville (Nicolas de), *Le Secret des Templiers au XIVème Siècle*, Londres, 1788, Éditions du Prieuré, 1993

Lettres de Clément V, Manuscrit MS-10919, page 84 – Bibliothèque Nationale

CHAPITRE XII : LE DÉVELOPPEMENT ÉCONOMIQUE, FUT-IL AUSSI UNE CAUSE DE LEUR DÉFAITE ?

Curzon (Henri de), *La maison du Temple à Paris*, Archives Nationales K34 à 24

Favier (Jean), *Philippe Le Bel*, Ed. Fayard, 1978

Lavocat (M.), *Le Procès des Frères du Temple*

Lecler (J.), *Histoire des Conciles œcuméniques*, VIII, Paris, 1964.

Rolland (Jacques), *L'ordre Noir des Templiers*, « Le cartulaire de Vaulx », Ed. Traditionnelles, 1997

CHAPITRE XIII : LE CONCILE DE VIENNE, RAYMOND LULLE – JACQUES DE THÉRINES

Bulletin des Amis de vienne 1912, Les Clémentines

Frère (Jean-Claude), *Raymond Lulle*, Ed. Art Loisirs, 1972, Thèse de doctorat en Sorbonne

Ouvrage des religieux bénédictins, *Histoire Littéraire de la France*, Paris, Imprimerie Nationale, 1914, Tome 34 – page 193 et page 198 à 200 – cote B35, BN.

Wetzel (Lilian), *Le Concile de Vienne*, Ed. Dervy, 1993

CHAPITRE XIV : TENTATIVES D'EXPLICATION ET EXAMEN DES CONTRADICTIONS

Correspondances entre les khans mongols et les papes

Lettre d'Arqhun, Ilkhan de Perse à Philippe IV, Archives Nationales, AE202, J937 II n° 8, 1289.

Lupprian (Karl Ernst), *Die Beziehungen der Päpste zu islamischen und mongolischen Herrschern im 13 Jahrhundert anhand Ihres Briefwechsels*, 1991, Bibliothèque Apostolique Vaticane.

Michelet (Jules), *Histoire de France* – « Les Templiers ».

TABLE DES MATIÈRES

Dans la même collection :

L'Évangile selon Thomas, traduit et commenté par Émile Gillabert, Pierre Bourgeois et Yves Haas
Daniel Alleman, *9 jours qui vont changer votre vie*
Françoise Bonardel, *La Voie hermétique. Introduction à la philosophie d'Hermès*
Seymour Brussel et Dr Rodolphe Meyer, *Le corps autoguérisseur*
Titus Burckhardt, *Principes et méthodes de l'Art sacré*
Philippe Camby, *L'Érotisme et le sacré*
Camille Creusot, *La Face cachée des nombres*
Marie-Claire Dolghin-Loyer, *Les Saisons de l'âme, des labours aux moissons*
Isabelle Filliozat, *Utiliser le stress pour réussir sa vie*
Isabelle Filliozat et Anne-Marie Filliozat, *« Maman, je veux pas que tu travailles ! » Concilier vie familiale et vie professionnelle sans culpabiliser*
Marie-Louise von Franz, *Psychothérapie. L'expérience du praticien.*
Émile Gillabert, *Judas, traître ou initié*
— Jésus et la gnose
Alphonse et Rachel Goettmann, *Initiation à la méditation. L'Au-delà au fond de nous-mêmes*
Alejandro Jodorowsky, *La Tricherie sacrée*, entretiens avec Gilles Farcet
Richard Khaitzine, *La Langue des oiseaux. Quand littérature et ésotérisme se rencontrent*
Paul Le Cour, *L'Évangile ésotérique de saint Jean*
Jean-Luc Leguay, *Le Maître de lumière*
Jean-Yves Leloup, *Aimer…* malgré tout, rencontre avec Marie de Solemne
Dr Kenneth Mc All, *Médecine psychique et guérison spirituelle*
Claude Mettra, *Saturne ou l'herbe des âmes*

Boris Mouravieff, *Écrits sur Ouspensky, Gurdjieff et sur la Tradition ésotérique chrétienne*
Dom Neroman, *Le Nombre d'or. Clé du monde vivant*
Marcel Picard, *Tarots*
Bertrand Portevin, *Le Monde inconnu d'Hergé*
– *Le Démon inconnu d'Hergé*
Bruno Repetto, *Bienheureuse maladie*
Georges Romey, *Le Rêve éveillé libre*
Frithjof Schuon, *Le Soufisme, voile et quintessence*
Robert-Jacques Thibaud, *Dictionnaire de l'art roman*
– *Dictionnaire de mythologie et de symbolique grecque*
– *Dictionnaire de mythologie et de symbolique nordique et germanique*
Jean Tourniac, *Melkitsedeq ou la tradition primordiale*
Tarthang Tulku, *Les Clés de l'énergie et de l'épanouissement*
Jean Varenne, *Zoroastre le prophète de l'Iran*
Paul Vulliaud, *La Pensée ésotérique de Léonard de Vinci*

Achevé d'imprimer en octobre 2011
sur les presses de la Nouvelle Imprimerie Laballery
58500 Clamecy

Dépôt légal : octobre 2011
Numéro d'impression : 110090

Imprimé en France

La Nouvelle Imprimerie Laballery est titulaire de la marque Imprim'Vert®